Geschichte im Buch

Die moderne Darstellung der Historie
Ein Querschnitt
I

Herausgegeben von Dr. Uwe Paschke

Autoren: K. Arten, Dr. Wolfgang Mayer, Dr. Franz Metzger,
Peter Orzechowski, Hariet Paschke, Dr. Uwe Paschke,
Dr. Hans-Peter von Peschke, Rainer Rast, Bernd Rill, Jürgen Wilhelmi

IDEA

ISBN 3−88793−015−0

© 1982 IDEA Verlag GmbH, Puchheim
Alle Rechte vorbehalten

Satz: C. Spitko, Meitingen
Gesamtherstellung: Druckerei M.+A. Fischer, Weilheim
Printed in Germany

Inhalt

Zu diesem Katalog 5
Anmerkung 8
Weltgeschichte — Kulturgeschichte 9
Religionsgeschichte — Kirchengeschichte 16
Länder- und Staatengeschichte —
   Dynastiengeschichte — Kulturgeschichte
   der Staaten und Länder 25
Frühgeschichte — Antike — Spätantike —
   Frühes Mittelalter 47
Mittelalter 53
19. und 20. Jahrhundert — Überblicke
   und Einzelthemen 60
Zeitgeschichte: Weimarer Republik und Drittes Reich —
   Zweiter Weltkrieg 72
Zeitgeschichte: Nach dem 2. Weltkrieg 85
Biographien — Lebensbeschreibungen und -bilder —
   Historische Gestalten im Roman —
   Historische Porträts — u. a. 92
Die außereuropäische Welt 142
Quelleneditionen und Bilddokumente 146
Einzelthemen 151
Zu den Rezensenten 169
Erklärung der Siglen 170
Autorenregister 171
Titelverzeichnis 173

Den Freunden des historischen Buches

Zu diesem Katalog

In einem 1955 in der Zeitschrift "Die Sammlung" erschienenen Aufsatz stellte der Historiker Hermann Heimpel die ganz im Zeichen des Erlebten, der deutschen Katastrophe stehende Frage "Kapitulation vor der Geschichte?", die er, zehn Jahre nach Beendigung des Zweiten Weltkriegs aus der Situation der Nachkriegsära heraus, zum Teil düster-pessimistisch, aber auch mit einem gewissen Hoffnungsschimmer beantwortete: "Wie unfertig, wie ungeklärt, aber auch wie spätzeitlich die deutsche Geschichte unseres Jahrhunderts noch war, zeigt das 'Treibgut' der Ideen, das sich zum katastrophalen Ende zusammenfand: Verlassen der religiösen Überlieferung (Luther) und der humanen Tradition (Lessing), Fetzen der Aufklärung im Kampf gegen die Kirchen, Richard Wagnersche und Gobineausche Spätromantik im Germanenmythus, darwinistischer Naturalismus, Nietzsches Willen zur Macht als Argument für eine dem Geist Bismarcks entfremdete Realpolitik. Eine Spätepoche deutscher Geschichte wie der Weltgeschichte, da die Deutschen die Weltmächte der Zukunft, Rußland und Amerika, zu Feinden hatten, in Unterschätzung des alteuropäischen Vernunftglaubens, der sich jenseits des Ozeans sein neues Reich gebaut, der Rußland nicht zu einer großgermanischen Kolonie, sondern zu einer Macht der Zukunft bestimmt hatte." Das Aufkeimen der Hoffnung aber beantwortete er so: "Er wird nach den Früchten einer leidenschaftlich auf das Wohl des Nächsten gerichteten, maßvollen und geduldigen Politik fragen. In ihrem Sinne kapitulieren wir wirklich 'nie': vor der Geschichte".

Ähnlich urteilte Friedrich Meinecke kurz nach dem Zweiten Weltkrieg über die Ursachen der "namenlosen Katastrophe", die er in einer weit zurückliegenden säkularen Entartung des deutschen Bürgertums und des deutschen Nationalgedankens sah. Geschichte verhieß für die Deutschen damals nach den Erfahrungen des Nationalsozialismus und unter dem Signum der totalen Niederlage keine Sinngebung mehr, allenfalls trug sie das Element der Sinnlosigkeit in sich, und die "Kapitulation vor der Geschichte" äußerte sich in einem "Unbehagen an der Geschichte", in einem "Verlust von Geschichte", um vielgebrauchte Schlagworte zu zitieren, als könne man vor der Realität des Geschehenen einfach davonlaufen, indem man Geschichte schlichtweg negierte.

Heute, Jahrzehnte nach Kriegsende, haben auch die Deutschen wieder ein anderes Verhältnis zur Geschichte gewonnen, neue, von der "Katastrophe" unberührte Generationen, auch wenn sie immer noch von ihr in vielem tangiert werden, sind herangewachsen und sehen Gegenwart und Vergangenheit in einem unbefangeneren Licht: das Erbe, sei es im Guten, sei es im Bösen, gewinnt eine neue Qualität, und seine Aufarbeitung und Integration verliert etwas von der düsteren Problematik, die ihr zunächst anhaftete. Zugleich aber keimen im Verblassen des Schrecklichen der unmittelbaren Eindrücke neue Versuchungen auf, neue Verführungen und neue blendende Verheißungen vom einzig gehbaren Weg oder gar der einzig wahren Sinngebung menschlichen Daseins, zunächst im Verborgenen noch, wenig wirksam zumeist, aber doch gefährlich dort, wo das Wissen um das Zusammenspiel von Vergangenem und Gegenwärtigem fehlt und wo das klare Maß, die Mitte des

Ausgleichs, des Harmonischen verlassen wird hin zum Extremen, zum Radikalen des Standpunkts, was so viel dynamischer, lebensvoller, effektiver wirkt als eben das Maßvolle, Geduldige, welches Hermann Heimpel in seinem angeführten Aufsatz andeutungshaft, tastend als neuen Hoffnungsschimmer angesichts der noch ganz gegenwärtigen Katastrophe beschwor. Ein neues Fundament wurde auch von den Deutschen erreicht, ein demokratisches, das sich als tragfähig erweist und damit auch als zukunftsweisend, das aber zugleich warnen läßt vor einer neuen Totalität des Denkens, einer neuen radikalen Festschreibung des Menschen auf e i n e n Begriff, wie auch immer geartet er sei: "Geschichte als Aufklärung befreit uns heute von der neuen Macht, von Ideologien und Utopien, die Vernunfts- und Zukunftsziele setzen und monopolisieren wollen, ihre Werte und Parteinahme mit dem Anspruch der Wissenschaft durchsetzen wollen, und danach ein Bild der Geschichte präsentieren . . . Geschichte durchbricht die Gehäuse, die wir uns immer bauen, indem sie Vergangenheit unbefangen und unverzerrt vor Augen bringt . . . In diesem Sinne kann Geschichte heute Aufklärung sein." (Thomas Nipperdey: Geschichte als Aufklärung, in: Die Zeit, 22.2.1980).

Insofern erreicht die Aneignung von Geschichte eine neue, völlig andersgeartete Dimension: als ein Weg zur Erlernung des richtigen Maßes, dem sich keiner zu entziehen vermag, wenn er es ernst meint mit der Suche nach dem neuen Menschen und dem neuen Gehäus, in dem dieser zu leben vermag. In diesem Sinne versteht sich auch dieser Katalog als eine notwendige Heranführung breiter Kreise an das historische Buch, an das ausgewogene gleichermaßen wie auch an das extremere Positionen vertretende: das sichere Urteil allein nimmt den Extremen ihre Wirksamkeit und entlarvt sie als das, was sie sind: Verführungen, die nur selten überhaupt einen begehbaren Weg aufzeigen.

Und es läßt sich konstatieren: das Interesse an Geschichte ist wieder gewachsen, und dieses gestiegene Interesse äußert sich in einem breiten Spektrum an angebotener historischer Literatur, die vom Bildband geschichtlichen Inhalts zur wissenschaftlichen Quellensammlung reicht, vom Sachbuch zur wissenschaftlichen Arbeit. Die zu Tage tretende Meinungsvielfalt aber schließt eine Einseitigkeit der Standpunkte oder gar ihre Totalität aus, das Hineinrennen in Sackgassen und das Abirren auf Nebenwege ideologischer Verzerrung und Fehldeutung, der Pluralismus in der Geschichtsbetrachtung aber trägt andererseits auch die Gefahr in sich, das er aus einem Verwirrtsein angesichts der Vielfalt des Angebots heraus davon abhält, sich dem historischen Buch anzunähern – dem vorzubeugen, stellt sich als Aufgabe dieses Katalogs.

Denn auf Grund des vielfältigen und vielschichtigen Angebots ist für denjenigen, der sich für Geschichte interessiert, sich aber nicht unbedingt professionell damit befaßt, die Fülle an geschichtlicher Literatur zumeist auch unüberschaubar geworden. Die Verlagswerbung vermag nur selten noch echte Orientierungshilfe zu sein, da es nicht ihre Aufgabenstellung sein kann, ein Buch ernsthaft und richtig zu etikettieren als das, was es ist und was es nicht sein kann, die Besprechungen in den verschiedenartigsten Medien tragen vielfach nur den Waschzettel der Verlage vor oder vermeiden eine Einstufung, bibliographische Datensammlungen, wie sie in

Katalogen zumeist gebracht werden, vermögen nur wenig auszusagen, da oft schon die gewählten Titel irreführend sind. Der Leser aber möchte wissen, was ihn in einem jeweilig ausgesuchten Buch erwartet. Die Problematik des Beurteilens liegt dabei nicht einmal so sehr in der Anwendung einer qualitativen Wertskala für Bücher, wie sie zuweilen gebraucht wird. Denn es stellt sich dabei immer die Frage, von welchem eingenommenen Standpunkt aus die qualitativen Merkmale angewandt werden. Natürlich gibt es Niveauunterschiede der Bücher untereinander, und es wäre verkehrt, Bücher verschiedener Ebenen miteinander zu vergleichen und gegeneinander abzuwägen, unterschiedlich ist ja auch das Publikum, an welches sie sich wenden; die Bücher sollten jedoch alle als die gekennzeichnet sein, was sie jeweilig sind und nicht mit falschen oder irreführenden Etikettierungen einherkommen. Kriterien des Ausscheidens sind zumeist Verfälschungen, Halbwahrheiten, das fehlende Bemühen um Objektivität und der Mangel an Methode und ernsthaftem Umgang mit den von der Forschung erarbeiteten Tatsachen, um nur einiges aufzulisten; insgesamt aber kann natürlich nicht jedes Buch ein Meisterwerk seiner gewählten Gattung sein, der Rezensent sollte jedoch wenigstens der erkennbaren Ernsthaftigkeit im Ringen um ein Thema gerecht werden. All das wird dem Informationsbedürfnis des potentiellen Lesers entgegenkommen und ihm brauchbare Hilfestellung bei seinen Entscheidungen geben.

Solche Zielsetzungen versucht der vorgelegte Katalog, der einen Querschnitt durch die deutschsprachige historische Literatur gibt, zu verwirklichen. Der historisch Interessierte hat damit eine wertvolle Orientierungshilfe in Händen, die es ihm ermöglicht, das für ihn Geeignete aus dem breiten Angebot herauszufinden. Die Palette ist dabei auf Grund der Verlagsprogramme im Bereich der historischen Biographien am intensivsten, einige Gebiete sind nur dürftig vertreten, weil sie noch nicht die allgemeine Aufmerksamkeit erlangt haben. Die Stärke des Katalogs ist sein objektives Bemühen, d. h. die Beurteilungen der Autoren erfolgten unabhängig und frei von den jeweiligen Verlagen und deren Empfehlungen. Natürlich spiegeln die Rezensionen auch subjektives Meinen der Verfasser wider, die durchwegs Fachleute sind, aber die Beurteilungen sollen ja nicht das Lesen der Bücher selbst ersetzen, sondern nur Hilfe bei ihrem Erwerb sein. Wenn dieser oder jener Leser zu einem anderen Urteil gelangt, so ist das nur natürlich, das Ziel des Kataloges aber ist erreicht: die Weckung des Interesses am historischen Buch, denn die Geschichte ist nicht tot, sie wirkt verborgen und offen in einem Strom der Kontinuität in Gegenwärtiges und Zukünftiges hinein, Kenntnisse von historischen Gegebenheiten zu besitzen aber, ist ein wertvolles Gut bei einer klaren und sicheren Urteilsfindung über Probleme der Gegenwart.

Nicht so ephemer wie andere Medien trägt das Buch, wenn es ernsthaft ist, etwas von Dauer, von ausgewogener Kenntnis in sich, es unterliegt nicht so sehr wieder rasch verblassender Aktualität und besitzt ein statisches, bewahrendes Moment in einer überschwappenden Informationsflut, die keine Fixpunkte mehr beziehen läßt. Allen Freunden des historischen Buches sei daher dieser Katalog gewidmet.

Anmerkung

Dieser Katalog I bringt einen ersten Querschnitt durch die deutschsprachige historische Literatur. Zielsetzung ist es, in aufeinanderfolgenden Katalogen die historische Literatur insgesamt zu erfassen, es werden somit gleichermaßen Neuerscheinungen wie ältere Titel besprochen.

Die Preisangaben unterliegen den von den Verlagen von Zeit zu Zeit vorgenommenen Veränderungen, für den Erwerb sind immer die neuesten von den Verlagen festgesetzten Ladenpreise gültig.

Weltgeschichte – Kulturgeschichte

Gerhard Hellwig/Gerhard Linne
Daten der Weltgeschichte
544 Seiten, Leinen, DM 29,80 (Mosaik)

Welt- oder Universalgeschichte in Daten vorzulegen, ist immer ein schwieriges Unterfangen, da die Aufnahme aller bekannten Fakten jeglichen Rahmen sprengen würde; jedes Unternehmen dieser Art wird also auf eine notwendige Auswahl der Fakten hinauslaufen, und oft handelt es sich entsprechend dem vorgegebenen Rahmen bei Sichtung, Niederschrift und Redaktion um die Kunst des Weglassens. Dennoch ist es ein begrüßenswertes Unterfangen, gibt es doch dem sich "Geschichte" Annähernden, sei es aus beruflichen, sei es aus Studiengründen, sei es um des reinen Interesses willen, ein notwendiges Gerüst zur chronologischen Einordnung und eine erste orientierende Information in der Fülle der geschichtlichen Daten, die jederzeit vertieft werden kann. Historisches Verstehen, die kausale Erklärung, den Zusammenhang von Ursache und Wirkung, die gesamtgeschichtlichen Verknüpfungen kann und will ein solches Nachschlagewerk nicht vermitteln, dies ist Aufgabe der Universalgeschichtsschreibung. Ziel ist es, eine Sammlung der wichtigsten Daten, Namen und Ereignisse im chronologischen Ablauf zu geben.

Die bekannteste Faktensammlung zur Weltgeschichte wurde bereits im 19. Jahrhundert mit dem "Ploetz" geschaffen, wobei teilweise schon ein Ansatz zu epochaler Geschichtsschreibung gemacht ist, neuartig an dieser vorliegenden "Weltgeschichte in Daten", die komprimierter gehalten ist, ist die synchron-optische Übersicht. Erreicht wird dies durch eine Einteilung in vier bzw. fünf Spalten auf jeder Doppelseite, was die Gleichzeitigkeit historischer Abläufe auf der ganzen Welt verdeutlicht. Zweifelsohne entspricht dies der Erkenntnis der modernen Geschichtsschreibung von dem Nebeneinander großer Kulturkreise, die oftmals miteinander verzahnt waren, durch die Jahrtausende hindurch, ferner dem Wissen von der zu einer Einheit zusammenwachsenden Welt in einem globalen Zeitalter, wo sich politisches und damit geschichtliches Geschehen grundsätzlich zumeist nur noch universal niederschlägt. Dem deshalb enorm angewachsenen Informationsbedürfnis gegenüber den außereuropäischen Kulturen trägt dieses geschichtliche Datenlexikon Rechnung.

Das umfassend-informative, übersichtliche, gut redigierte Nachschlagewerk gibt eine simultane Übersicht der wichtigsten historischen Ereignisse in den Kulturkreisen Asiens gleichermaßen wie des euro-mediterranen Raumes, die Nebeneinanderstellung zeitlich gleicher Ereignisse vermeidet lästiges Vor- und Zurückblättern und erleichtert die chronologische Einstufung. Allerdings ist das Prinzip nicht ganz konsequent durchgeführt, da die vorkolumbianische Geschichte der afrikanischen und amerikanischen Kulturen, die zum Teil Hochkulturen waren, herausgespalten und stark komprimiert ist. Durch die Gliederung des gesamten Stoffes in Zeitblöcke, die sich in der Neuzeit immer mehr verkürzen, ist es möglich, die Faktenflut der Gegenwart einigermaßen unterzubringen, eine erste

Ordnung, Systematik und Wichtung zu geben. Ein umfangreiches Register rundet das Werk ab und macht es damit zu einem noch besseren Hilfsmittel. Für den Benützer interessant wäre noch ein Hinweis, welche Transkription bei der Schreibung der Namen verwendet wurde, um bei dem weniger mit der Materie Vertrauten nicht Verwirrung zu stiften, wenn er in anderen Quellen auf andere Schreibweisen stößt. Das Buch bietet sich als nützliches Nachschlagewerk für einen breiten Leserkreis an, wofür auch der sehr günstige Preis spricht, für den Schüler ist es ein gutes Lernmittel.

(pa)

Meyers Illustrierte Weltgeschichte in 20 Bänden
Herausgegeben von der Redaktion Geschichte des Bibliographischen Instituts unter Leitung von Werner Digel. Etwa 3.200 Seiten mit rund 2.500 meist farbigen, großformatigen Abbildungen sowie etwa 70 Zeichnungen und 80 Karten. Aus dem Italienischen.
Subskriptionspreis pro Band bis auf Widerruf: DM 34,– (Bibliographisches Institut)

"Das Bild des Menschen und seiner Zeit – durch 5.000 Jahre Menschheitsgeschichte" will diese Reihe aus dem bekannten Bibliographischen Institut zeigen. Bei den 20 Bänden handelt es sich um die Übersetzung des 1973 erschienenen italienischen Werkes "L'uomo e il tempo", die dann von der Redaktion Geschichte des Instituts noch bearbeitet wurde. Anhand von zwei Beispielen soll die Reihe vorgestellt werden.

Band 17: Der Kampf um die nationale Einheit (1815 - 1870)

Eines der wichtigsten Charakteristika des 19. Jahrhunderts sind die nationalen Bewegungen. Sie bilden das Leitmotiv dieses Bandes. Die Darstellung setzt ein mit einer Schilderung Europas nach dem Wiener Kongreß, dessen restauratives System noch kurze Zeit die nationalen und revolutionären Bewegungen niederhalten kann. Anders auf dem amerikanischen Doppelkontinent, dem das zweite Kapitel gewidmet ist: Südamerika emanzipiert sich, die Vereinigten Staaten werden zur Wirtschaftsmacht. Der dritte Abschnitt beschäftigt sich mit der Revolutionswelle in Europa, der fünfte zeigt die italienische Einigung. Den deutschen Kriegen in Europa und dem amerikanischen Bürgerkrieg ist das siebte, der Lage des riesigen Osmanischen Reiches das achte Kapitel gewidmet.

Wie in jedem Band folgt nun unter dem Titel "Personen, Fragen, Dokumente" ein Teil mit Beiträgen, die ergänzend Einzelprobleme vertiefen sollen. Der Bogen spannt sich von innerrussischen Auseinandersetzungen über Kolonialprobleme, die Meidschirestauration in Japan bis zu Leben und Werk Otto von Bismarcks. Die Auswahl erscheint etwas unmotiviert, vermutlich hat die Redaktion der Gedanke geleitet, einige im Buch zu kurz oder gar nicht angesprochene Fragen aufzuwerfen. Ebenfalls etwas verblüffend, aber nicht uninteressant, ist das aus dem Rahmen fallende vierte Kapitel des Hauptteils. Anhand eindrucksvoller Bilder werden Schlaglichter auf die Epoche geworfen: auf Industrialisierung, Kunst, Geistesleben, die Exotik fremder Länder.

Angesichts des knappen Raumes beschränkt sich die Darstellung meist auf die Schilderung der Ereignisse, Zusammenhänge und Verknüpfungen werden kaum angesprochen. Den Mangel vermag auch der Anhang mit Beiträgen nicht auszugleichen. Für den deutschen Leser mag die eigene Geschichte zu kurz gekommen sein, er wird aber durch die interessanten Kapitel zur italienischen Einigung und zum Osmanischen Reich wenigstens etwas entschädigt.

Band 18: Imperialismus, Bolschewismus, Faschismus

Siebzig schicksalhafte und ereignisträchtige Jahre behandelt dieser Band von "Meyers Illustrierter Weltgeschichte". Ob man die Zeit von 1870 bis 1938 unter den Schlagworten "Imperialismus, Bolschewismus und Faschismus" fassen, die Darstellung 1938 enden lassen kann, ist sicher zweifelhaft. Unter einigen Kapiteln stehen die Namen deutscher Historiker. Vermutlich hat der Verlag im Hinblick auf sein hiesiges Publikum einzelne Abschnitte nacharbeiten oder neu schreiben lassen.

Das lohnt sich, wie man beim ersten Kapitel über die Vorgeschichte des Ersten Weltkrieges sieht: Professor Düwell gelingt eine angesichts des knappen Raums ansprechende Analyse. Das zweite und dritte Kapitel — Themen sind der Erste Weltkrieg und Rußlands Weg zur Großmacht bis 1941 — bleiben dann meist in der Schilderung und Aufzählung von Fakten stecken. Aus dem Rahmen fällt das vierte Kapitel, es belegt mit exzellenten Bildern die "Macht der Propaganda". In den beiden letzten Abschnitten werden zunächst die politischen, dann die sozialen Probleme der Zeit zwischen den Kriegen behandelt. Es zeigt sich, daß sich — trotz Nacharbeitung — die Autoren zu viel vorgenommen haben: Der Laie wird durch die Faktenfülle und ansatzweisen Analysen erschlagen, dem Fachmann dürfte das alles zu wenig sein. Diesem Mangel versuchen die, wenn auch etwas willkürlich ausgewählten, Beiträge im Anhang abzuhelfen. Sie reichen von Artikeln über die Friedensbemühungen vor dem Ersten Weltkrieg, zur Frauenbewegung und zur sozialen Frage bis hin zu nationalsozialistischer Ideologie und Spanischem Bürgerkrieg.

Meyers Illustrierte Weltgeschichte in 20 Bänden hinterläßt — zumindest nach Lektüre dieser zwei Bände — einen zwiespältigen Eindruck. Sie ist gut bebildert und betont einfach geschrieben. Daß sie aus Italien stammt, hat seine positiven Seiten. Sie berücksichtigt manchmal Ereignisse, die die deutsche Geschichtsschreibung oft links liegen läßt. Die besten Ideen haben die Autoren dann, wenn es gilt, den Zeitgeist in Bildern einzufangen. Auf der anderen Seite bleibt die Darstellung oft in der Schilderung, ja in einer Aneinanderreihung von Fakten stecken, die Schwerpunkte wirken gelegentlich willkürlich gesetzt, der übergreifende Gesichtspunkt, unter dem man eine Epoche fassen will, spielt dann im Text eine zu geringe Rolle. Im Anhang wechseln interessante mit doch recht belanglosen Themen ab.

(pe)

Panorama der Weltgeschichte
Herausgegeben von Dr. Heinrich Pleticha und Dr. Gregor Siefer,
Dr. Peter Stromberger, Will Teichert. Einleitung von Golo Mann.
Wissenschaftliche Beratung: Prof. Dr. Heinrich Euler
Band I: Urgeschichte und Altertum — Vom Beginn der Menschheit
bis zum Ende Roms. 400 S. mit mehr als 450 ein- und mehrfarbigen Fotos, Zeichnungen, Karten und graphischen Darstellungen.
Band II: Mittelalter und Neuzeit — Vom Frankenreich bis zur Französischen Revolution. 400 S. mit mehr als 480 ein- und mehrfarbigen Fotos, Zeichnungen, Karten und graphischen Darstellungen.
Band III: Die Moderne — Von Napoleon bis zur Gegenwart. 400 S.
mit mehr als 350 ein- und mehrfarbigen Fotos, Zeichnungen, Karten und graphischen Darstellungen.
Jeder Band mit Schwerpunktregister, Namens- und Sachregister
(mit rund 4.000 Stichwörtern) und einem Transparentdruck.
Großformat 26,5 x 38,5. Baskalineinband mit Goldprägung und
mit fünffarbigem laminiertem Schutzumschlag, je Bd. DM 130,50
(Lexikothek-Verlag)

Versuche, die Geschichte der Menschheit in ihrer Entfaltung
und Ausgestaltung von den Anfängen bis in die Jetztzeit universal
zu sehen, d. h. in einem Überblick aller Kulturen und der sukzessive aufeinanderfolgenden Geschehnisketten, die sich teilweise berühren und überschneiden, um in der Neuzeit immer mehr in einem
einzigen großen Ereignisstrom einzumünden, hat es zu allen Zeiten
gegeben, von da an, als der Mensch mit seinem Eintritt in das hochkulturelle Stadium zurückblickte und die scheinbar wirre Aufeinanderfolge von Geschehen zu systematisieren und zu werten unternahm; dies entspricht seinem ordnenden, verstehen wollenden
Geist, in diesem Sinne sind auch die frühen Ansätze zur Welt- und
Vergangenheitsdeutung in den Kosmogonien und Mythologien zu
sehen. Mit dem Fortschritt bei der Erfassung der Fakten, ihrer Einordnung und Gliederung durch die historischen Wissenschaften, die
ihre Methoden mehr und mehr ausbaute und verfeinerte, wurde
Universalgeschichtsschreibung zugleich auch immer diffiziler.
Dennoch wird auch heute noch von einzelnen Historikern der Versuch unternommen, Universalgeschichte zu schreiben, stärker ist
jedoch die Neigung, Weltgeschichte durch ein Team von Wissenschaftlern zu verfassen. Beides trägt sein Für und Wider in sich,
beim ersteren besteht die Gefahr, daß der Einzelne nur seine
"Sicht" der Geschehnisse hineinträgt, das Subjekt also zu sehr dem
objektiv Geschehenen seinen Stempel der Interpretation und Vermittlung aufprägt bis hin zur Verzerrung in der Ideologie, beim
zweiteren, daß nur eine Aneinanderreihung von Beiträgen verschiedener Wissenschaftler mit unterschiedlichen Ansatzpunkten und
Ansichten ohne Vereinheitlichung erfolgt, der universalgeschichtliche Zusammenhang aber nur schwer auszumachen ist.

Eine solche Gefahr hat das dreibändige Werk "Panorama der
Weltgeschichte" in Kauf genommen, um "Weltgeschichte in komplexen Zusammenhängen darzustellen und gleichzeitig über die Beschreibung der politischen Ereignisse hinaus Hintergründe zu erhellen sowie strukturgeschichtliche Komponenten herauszuarbeiten.
Das heißt: Im Gegensatz zu den herkömmlichen Geschichtsdarstel-

lungen wird Geschichte nicht nur als bloße Chronologie von Kriegs- und Staatsaktionen, sondern betont auch als eine Untersuchung wirtschaftlicher, sozialer, religiös-kultureller und ideologischer Vorgänge verstanden".

Dies ist an sich nichts Neues und wird längst in der historischen Forschung gepflegt, obgleich der Klappentext den Eindruck erwecken möchte, als handle es sich um eine erstmalige, nur in diesem Werk zur Darstellung gebrachte Errungenschaft.
"Panorama der Weltgeschichte" hat die Zielsetzung, sich an ein breites Publikum zu wenden, also eine populärwissenschaftliche Darstellung der Menschheitsgeschichte zu sein, ohne daß man diesen wertenden Begriff — lobend sei es erwähnt — im Text zu sehr verflacht, d. h. es wird ein bestimmtes Anspruchsniveau gehalten, stärker tritt die populärwissenschaftliche Konzeption in der üppigen Bebilderung, vor allem bei den Graphiken und Karten, hervor — sie zielen auf eine den Text unterstützende didaktische Information. Der Wille, Qualität zu bieten, äußert sich auch darin, das gewaltige Gebiet der Menschheitsgeschichte von einem möglichst breiten Autorenkreis (rund 60!), sehr viele davon aus der Wissenschaft kommend, schreiben zu lassen und damit die Seriösität der einzelnen Beiträge gewahrt zu sehen. In Kauf nahm man dafür die bereits oben erwähnte Gefahr einer gewissen Uneinheitlichkeit, wenn auch die redaktionelle Bearbeitung dies wieder auszugleichen versuchte; die Fülle des dargebotenen Stoffes, noch angereichert durch Ausschnitts- und Querschnittskapitel, kann jedoch dazu führen, daß der weniger historisch Gebildete zuweilen den weltgeschichtlichen Zusammenhang oder zumindest epochalen Aspekt aus den Augen verliert oder er ihm nicht ganz klar wird, da die Überblickskapitel oftmals sehr verknappt sind. Andererseits erreicht das Werk dadurch auch wieder stärkeren lexikalischen Charakter und eignet sich vorzüglich als gutes Nachschlagewerk für breite Kreise. "Panorama der Weltgeschichte", ergänzt durch eine umfangreiche Zeittafel, Namens- und Sachregister, ist durch Karten, Graphiken, Bilddoppelseiten und eine Vielzahl von Abbildungen in Schwarz und Weiß und in Farbe bestens ausgestattet und empfiehlt sich als Informationswerk zum Thema Weltgeschichte für ein breites Publikum. (pa)

Zeitalter der Menschheit
20 Bände, ca. 192 Seiten je Band, ca. 70 vierfarbige Abbildungen, 130 s/w-Fotos, Illustrationen und Karten. Halbleinen, DM 41,—
(Time-Life)

In 20 reich bebilderten Bänden wollen die Time-Life-Bücher "jedermann die Möglichkeit geben, einen Rückblick auf die Jahrtausende der Menschheitsgeschichte zu gewinnen." Anhand von zwei Beispielen soll untersucht werden, wie die Autoren und die Time-Life-Redaktion diesem selbstformulierten Anspruch gerecht werden.

Peter Gay, Zeitalter der Aufklärung

Die Zeit des ausgehenden 17. Jahrhunderts bis zur Französischen Revolution stellt der amerikanische Geschichtsprofessor Peter Gay unter den Oberbegriff "Aufklärung". Sicher richtig, handelt es sich doch um eine Denkströmung, die in ganz Europa nicht nur die Wissenschaft, sondern auch Politik und gesellschaftliches Handeln entscheidend beeinflußt. "Aufklärung ist der Ausgang des Menschen aus seiner selbstverschuldeten Unmündigkeit . . . Sapere aude! Habe den Mut, dich deines eigenen Verstandes zu bedienen!" Ausgehend von diesem Kant-Zitat stellt der Autor in verschiedenen Kapiteln fünf Stränge aufklärerischen Denkens vor: die in Isaac Newton gipfelnde rationale Naturwissenschaft; das durch die Abkehr vom Wunderglauben veränderte Verhältnis des Menschen zur Religion; die Suche nach einer idealen, auf Vernunft gebauten Gesellschaft; die Entwicklung neuer Gefühls- und Moralvorstellungen; die Anfänge der Psychologie und ihre Folgen für das Menschenbild und die Gesellschaftstheorie. Das informative sechste Kapitel über "Große Musiker" fällt etwas aus der Konzeption heraus, und auch dem siebten Kapitel über das 18. Jahrhundert in Deutschland fehlt etwas der Zusammenhang zum vorher Gesagten. Das abschließende Kapitel beschreibt, wie sich die gärenden Gedanken der Aufklärung in Handeln umsetzen.

Jedem Kapitel ist ein Bildteil angefügt, der aber oft nur sehr locker mit den vorangehenden Ausführungen verbunden ist. Dabei sind großartige Ideen, etwa anhand einer Serie des englischen Malers Hogarth die "Laster und Ausschweifungen" der Zeit zu zeigen. Überhaupt geben diese sorgfältig ausgesuchten Bilder einen guten Einblick in das Leben der großen und kleinen Leute, dokumentieren den Stand der Wissenschaft, des Kunsthandwerks, gehen aber auch auf amüsante Randgebiete wie Wunderheiler und Goldmacher ein. Eine Darstellung der politischen Geschichte bringt dieser Band nicht, das war wohl auch nicht geplant. Der historische Hintergrund wird immer wieder eingeflochten, leider nur beschreibend und gelegentlich oberflächlich. Wer aber eine Ideengeschichte der Aufklärung haben will und gleichzeitig einen gewissen Einblick in das Leben dieser Zeit, ist mit dem Buch, das zum Weiterlesen anregt, gut bedient.

Joel Colton, Das zwanzigste Jahrhundert

Der abschließende Band von "Zeitalter der Menschheit" ist offenbar als Krönung der Reihe gedacht. Die Herausgeber wenden sich in einem Vorwort direkt an den Leser, am Ende des Buches steht, sonst nicht üblich in der Reihe, ein langer analysierender Epilog. Es gehört Mut dazu, ein solch komplexes Thema wie unser Jahrhundert in 176 Seiten zu pressen. Der amerikanische Professor Joel Colton stellt sich dieser Herausforderung, indem er Mut zur Gliederung, zum Weglassen und zur Konzentration auf wesentliche Aspekte beweist.

Ausgangspunkt ist die Welt des Imperialismus und der Kolonialherrschaft, ebenso unsentimental und informativ das zweite Kapitel über Vorgeschichte und Verlauf des Ersten Weltkriegs. Es folgt eine angesichts des knappen Raumes präzise Beschreibung der Weltwirtschaftskrise und ihrer Folgen. Ebenso sachlich die Darstellung des Zweiten Weltkrieges und der vorhergehenden internationalen Entwicklung, wenn auch die Schilderung von Hitlers Aufstieg für den deutschen Leser unbefriedigend ausfallen mag. Auch die abschließenden Kapitel über das Erwachen der Völker der Dritten Welt und das neue Gleichgewicht der Kräfte, die Welt zwischen den Machtblöcken entspricht den Tugenden amerikanischer populärer Geschichtsschreibung: klar, reich an Information, zurückhaltend mit Kommentaren. Wie immer schließt sich jedem Kapitel ein Bildteil an, dessen Glanzlichter wohl ein koloniales Tagebuch und die eindrucksvollen Zeichnungen eines KZ-Häftlings sind.

Im Epilog versucht William Mc Neill noch einmal den Bogen vom ersten zum letzten Band der Reihe zu spannen, beschreibt die Schwierigkeiten der Welt und endet in einem vorsichtig optimistischen, aber nicht aufdringlichen Ausblick des "Traums einer Weltkultur". Bei allen Einschränkungen, die man wegen der Kürze der Darstellung und der deshalb oft fehlenden historischen Tiefenschärfe machen muß, ist es doch ein in sich rundes Buch geworden.

Die Time-Life-Reihe "Zeitalter der Menschheit" ist anregend und populärwissenschaftlich geschrieben, sie macht neugierig auf Geschichte. Sie beschäftigt sich aber weniger mit der Großen Politik, das liegt wohl an ihrem Konzept, als mit Denkströmungen, Kunst und Alltagsleben. In dieser Hinsicht ist sie eine gute Ergänzung zum Schulwissen. Alle Bände sind sorgfältig bebildert, insbesondere die den Kapiteln angegliederten Bildteile stecken voller Ideen. Daß es sich bei den Autoren um amerikanische Professoren handelt, hat Vor- und Nachteile: Positiv ist die Sachlichkeit, die größere Distanz und damit leidenschaftslosere Haltung zu den Querelen der Alten Welt. Negativ ist oft das nur Beschreibende, nicht in die Tiefe gehende, das Nicht-Herstellen von Querverbindungen. Aber insgesamt sind die 20 Bände doch eine spannende Erstinformation, Bücher, in denen man immer wieder gerne blättert. (pe)

Otto Zierer
Welt- und Kulturgeschichte
10 Bände, Lederstruktureinband mit Goldprägung, Format 12,4 x 18,9 cm, insgesamt ca. 5.000 Seiten mit 776 ein- und mehrfarbigen Abbildungen und Karten. Subskriptionspreis von DM 198,– für das Gesamtwerk (Fackelverlag)

Otto Zierers Welt- und Kulturgeschichte, die vom Format (13 x 19) her vergleichsweise eher unscheinbar wirkt, hebt sich von mancher anderen, äußerlich aufgebauschten Universalgeschichten dem Inhalt nach wohltuend ab: Hier wird nicht Geschichte in Schulbuch-Manier chronologisch heruntergeleiert, sondern hier werden Einzelthemen zu Epochen unkonventionell und locker aneinandergereiht, die am Ende ein viel einprägsameres Bild der Vergangenheit wiedergeben. Die Bände können als Geheimtip für solche Leser empfohlen werden, die nicht nur Gelehrsamkeit erwarten, sondern zugleich Stoff zum Schmökern suchen. Sie sind außerdem eine Fundgrube selbst noch für ein Publikum mit einschlägigen Vorkenntnissen.

Was diese Welt- und Kulturgeschichte aus dem Rahmen fallen läßt, ist einerseits der Präsens-Stil, andererseits die Schwerpunktlegung der Einzelthemen auf die Alltagswelt. Da folgt — etwa im Band VII über die Kulturgeschichte des Mittelalters — auf die Hanse und die Vitalienbrüder die Behandlung des Humanismus als neues Bildungs- und Lebensideal im 14. Jahrhundert und unmittelbar danach der "Entfesselte Eros" an den Fürstenhäusern jener Zeit; oder es geht in der Reihenfolge um die Ostkolonisation, um Pilgertum, Bauhütten, Musik und den Sittenverfall während der Pestjahre.

Zierer schreibt sachlich und zugleich sehr fesselnd, weil eben alltagsbezogen; er weist nicht nur einen phantasievollen Sprachstil, sondern auch unwahrscheinlich viele Detailkenntnisse auf — wobei in diesem Fall die Flüssigkeit des Textes dadurch gewinnt, daß weitgehend auf Quellenbezüge verzichtet wird. Allerdings geht darüber bisweilen die Analyse der politischen, ökonomischen und sozialen Zusammenhänge von Zeitphänomenen unter.

Als äußerst gelungen muß auch die Auswahl der zahlreichen Abbildungen bezeichnet werden. Die Ausgabe ist offensichtlich liebevoll und mit Engagement für die Sache zusammengestellt, und zeigt, daß die Geschichte kein steriles Fach sein muß. (my)

Religionsgeschichte — Kirchengeschichte

Erich Beyreuther
Geschichte des Pietismus
448 Seiten, gebunden, DM 42,— (Steinkopf)

Zum Verständnis dieses Werkes ist es unerläßlich, Grundkenntnisse in Theologie zu haben, am besten in evangelischer. Ebenso wird die Vertrautheit mit Luthers Gedankenwelt vorausgesetzt. Damit ist schon gesagt, daß das Buch sich an einen relativ kleinen Kreis Interessierter wendet, zumal sein Thema nicht mit vordergründiger Dramatik aufwarten kann. In diesem Rahmen ist ihm aber sowohl stilistisch als auch inhaltlich volle Anerkennung auszusprechen. Die Darstellungsweise ist flüssig und klar, ohne theologisierende Wissenschaftlichkeit (das Durchlaufen einer solchen wird eben vorausgesetzt!), in der Skizzierung des Lebens der "Patriarchen" des Pietismus auch anschaulich. Das Urteil des Autors ist stets nüchtern und ruhig; er beherrscht seinen Stoff zu souverän, um es nötig zu haben, das Anbringen von "Gags" zu versuchen — ohne daß er dadurch Langeweile hervorrufen würde. Auch wo man sich erregen könnte, wie zum Beispiel bei der Interpretation von Speners "Hoffnung zukünftiger besserer Zeiten" oder bei den chiliastischen Kombinationen des Württemberger Pietisten Bengel, bleibt der Autor beherrscht und dient damit umso wirkungsvoller der kirchengeschichtlichen Informationsvermittlung. Die Bewegung des Pietismus wird in ihren großen geistesgeschichtlichen Zusammenhang eingeordnet: In die Erstarrungsgefahr der evangelischen Orthodoxie, aber auch in den Anbruch des naturwissenschaftlichen

Zeitalters und seine Abkehr vom christlichen Glauben, der entgegenzutreten sich Spener, August Herrmann Francke und Graf Zinzendorf zum Ziel gesetzt haben. Schließlich in dem Bestreben, etwas zur Überwindung des Grabens zwischen den christlichen Konfessionen zu tun. Die Ansatzpunkte Naturwissenschaft und orthodoxe Erstarrung führen den Verfasser dazu, auch Jakob Böhme zu den Ahnherren des Pietismus zu rechnen, da dieser in seinem Versuch, eine spirituelle und umfassende Weltdeutung zu geben, gegen die säkularisierenden Tendenzen seiner Epoche gewirkt habe, ebenso wie später Spener und andere. Und das Experiment als typische Erkenntnisquelle der Naturwissenschaft sei, so erfahren wir, auch für Spener ein wesentliches Element des christlichen Lebens geworden, sofern nämlich das gelebte Leben selbst für ihn die Erprobung der Nachfolge Christi darstelle. Im dritten der erwähnten Punkte erweist sich das Thema sogar als überraschend aktuell — die modernen Kirchen können tatsächlich von den Herrnhutern Zinzendorfs etwas lernen!

Es fällt allerdings auf, daß die Gegner der Pietisten nicht ausführlich zu Wort kommen, und das hätte doch auch sein müssen, um den Standpunkt dieser Bewegung in der Kirchengeschichte plastischer zu machen. Hier führt die Zuneigung des Verfassers zum Pietismus zu einem literarischen Fehler — oder ist Ursache seine Vornehmheit, die ihn die Gelegenheit zu Polemik und Pamphlet vermeiden läßt? (ri)

Hans Kühner
Das Imperium der Päpste
378 Seiten, DM 10,80 (Fischer)

Der Band enthält chronologisch angeordnete Portraits aller Päpste, die mit jeweils angefügten historisch-politischen Zeittafeln in den Zusammenhang der Welt- und Kirchengeschichte gestellt werden. Es handelt sich um die Neufassung des "Lexikons der Päpste", das Kühner erstmals 1960 in der gleichen Edition veröffentlichte, 1965 schon einmal zum "Neuen Papstlexikon" erweiterte und das auch heute noch seinen Stellenwert in der geschichtlichen Literatur nicht verloren hat.

Die Fülle der Portraits — von Petrus bis zu Johannes Paul II. — gestattet zwar zwangsläufig nur eine oberflächliche Darstellung und manchmal nur pauschale Beurteilung der Persönlichkeiten auf dem Stuhl des Pontifex maximus und kann mit speziellen Biographien, soweit vorhanden, nicht konkurrieren. Der Band gibt aber dennoch ein abgerundetes Bild über die Päpste und ist für den Interessenten der Kirchengeschichte ein nützliches Nachschlagewerk, für den nicht spezifisch kundigen Leser gleichzeitig eine empfehlenswerte Möglichkeit des Einstiegs in die Thematik. Kühner zeigt dabei, daß die Geschichte der Päpste so spannend und manchmal so abenteuerlich ist wie kaum ein anderer Faden durch die Vergangenheit. Es gelingt dem Autor durch das Zusammentragen des (bisweilen freilich recht spärlichen) Wissens gleichzeitig, Kennzeichen ganzer Epochen herauszuarbeiten.

Schon aus dem Vorwort geht hervor, daß Kühner alles andere als eine unkritische Verklärung der Päpste als Stellvertreter Christi im

Sinn hat. Seine Thesen: Jesus konnte nie auch nur entfernt eine Machtkirche und schon gar nicht eine absolutistische Monarchie im Sinn gehabt haben, als welche sich der Kirchenstaat über Jahrhunderte hinweg präsentierte. Petrus habe nicht viele Nachfolger gehabt, die das Petrusamt im Sinne Jesu erfüllten. Ohne Beschönigung zählt das Buch Intrigen, Pomp, Kriege, Nepotismus, menschliche Schwächen, Eingriffe in die Weltgeschichte sowie politische Versäumnisse auf. Übrig bleibt die Frage, die aus der Sicht einer konservativen katholischen Amtskirche unversöhnlich, wenn nicht provokativ klingen muß: Wie weitgehend war Jesus den Papst-Monarchen nur Mittel zum Zweck? (my)

Karl Kupisch
Die Freiheit des geschichtlichen Denkens
Protestantismus und Geschichte
155 Seiten, Paperback, DM 9,60 (Steinkopf)

Ausgehend von dem nicht zu bestreitenden Satz, daß erst das Christentum den Völkern Europas den Horizont zu universalgeschichtlicher Betrachtung erweitert hat, handelt der Autor auf ebenso gedankenschwere wie flüssig lesbare Weise eine Fülle historischer Einzelthemen in unabhängig voneinander verständlichen Aufsätzen ab: Grundsätzliches, Luther, Reformationsgeschichtliches, Bartholomäusnacht und Gustav Adolf, Bismarck und Wilhelm II. aus protestantischer Sicht, Karl Barth, die Balfour-Deklaration von 1917.

Die grundsätzlichen Betrachtungen sind in ihrer Skizzierung des deutschen Geschichtsverständnisses des 20. Jahrhunderts sehr lesenswert auch für solche, die den dezent angebrachten religiösen Überhöhungen im Text nicht folgen wollen. Geschichtsphilosophische Information wird seriös und doch in fesselndem Stil angeboten. Während der kurze Abschnitt über Luther hauptsächlich die Rezeption seiner Persönlichkeit zu Beginn des 20. Jahrhunderts abhandelt, beschäftigt sich der Teil "Leo X. und die Reformation" sachlich und schwungvoll mit dem Verhältnis Luthers zum Papsttum von 1517 bis 1521, also die Zeit, in der er sich zum Bruch mit ihm entschloß. "Philipp – der großmütige Landgraf" ist ein lebensvolles Porträt dieses "enfant terrible" der Reformation, nicht ohne Humor, wie überhaupt mystisch verhangene Leisetreterei des Verfassers Sache nicht ist, bei aller Ernsthaftigkeit. So geht es weiter mit den Essays "Von Luther zu Calvin", "die Pariser Bluthochzeit", "Gustav Adolf". Den Aufsatz über Karl Barth können wahrscheinlich nur evangelische Theologen richtig würdigen. "Zwischen Dom und Gedächtniskirche" beschreibt recht bunt, wie Kaiser Wilhelm II. auch in theologischen Fragen sich bewegte wie der Storch im Salat. Der Artikel "der protestantische Bismarck" kann auch bei nicht religiös Interessierten auf Aufmerksamkeit rechnen, und mit der "Balfour-Deklaration" beweist der Verfasser abschließend, daß er ein interessanter Plauderer ist, der Information in locker und geschmackvoll hingeworfenen Essays zu verabreichen versteht. Sein protestantisch-kirchlicher Ausgangspunkt hindert diese Fähigkeit

in keiner Weise. Er exerziert "Freiheit des geschichtlichen Denkens" überzeugend vor.
Fazit: ein empfehlenswertes historisches Nachtkasten-Büchlein, sogar mit Tiefgang! (ri)

Rupert Lay
Die Ketzer
Von Roger Bacon bis Teilhard
336 Seiten, geb. mit Schutzumschlag, DM 30,— (Langen Müller)

Der Erwartungshorizont des Lesers bei einem Titel wie "Die Ketzer" ist weit gespannt, zunächst vermutet man eine Geschichte der Ketzerei, exemplarisch dargestellt anhand einiger ihrer herausragenden Vertreter, das Historische ist jedoch nur notwendiger Hintergrund für ein andersgeartetes Anliegen des Autors: die Kluft aufzuzeigen, welche zwischen der Theologie der katholischen Kirche und den Profanwissenschaften seit Beginn der Neuzeit aufgebrochen ist, als das scholastische Weltbild des Mittelalters, die 'ordo' schlechthin, zusammenstürzte, und auf die mögliche Synthese hinzuweisen, die sich für den Autor, seit 1952 Mitglied des Jesuitenordens, in Teilhard de Chardins Werk abzeichnet: als Versöhnung von Glauben und Wissen, von Transzendenz und profanwissenschaftlicher Erkenntnis. Die Konflikte zwischen Profanwissenschaft und Orthodoxie, popularisierend dargestellt an einigen der spektakulärsten "Fälle" — Roger Bacon, Galileo Galilei, Charles Darwin, Sigmund Freud und Karl Marx — werden dabei in dramatischem Lichte gesehen, und der Autor gelangt letztendlich zu dem eifernd vorgetragenen Schluß, daß es allerhöchste Zeit für die katholische Theologie und Kirche ist, ihre nun beinahe zweitausend Jahre tradierte Position aufzugeben mit ihrer "wunderlichen Sprache" und ihren "eigentümlichen Überzeugungen" und auf den von Teilhard de Chardin aufgezeigten Weg überzuwechseln — nur darin liege das Heil, und die unselige Unterscheidung zwischen profaner und theologischer Wissenschaft hätte endlich wieder ihr Ende.

Damit ist hinreichend klar, was hier vorliegt, eine Kampfschrift oder noch härter ausgedrückt ein Pamphlet. Der Hinweis des Umschlagtextes: "Die Auseinandersetzung der Kirche mit ihren großen Herausforderern aus dem Bereich der neuzeitlichen Wissenschaft" ist schlichtweg falsch und irreführend, von einer Auseinandersetzung der Kirche kann keine Rede sein, eher handelt es sich um eine private des Autors. Dem Verfasser gelingt es dabei nicht, einen von seinen Subjektivismen freien Standpunkt zu beziehen und sich einem annähernd objektivierenden — und damit akzeptablen — Blickwinkel anzunähern, und so verteilt er — bei oft falschem oder unhaltbarem Urteil, vielfach aus seiner moralisierenden Tendenz gespeist, seinem Glaubensverständnis schlechthin — aus einer souverän sich gebenden Warte — ohne so recht klar machen zu können, woher er seinen überheblichen Standpunkt ableitet — Lob und Tadel, Sympathie und Antisympathie, wobei seine Sympathien auf seiten der von ihm als Ketzer Apostrophierten liegen, seine Antisympathie sich aber mit Vehemenz gegen die für ihn ganz und gar verstockte Orthodoxie richtet, die nur noch rückwärts gewandt verharren kann. Den sich entladenden Eifer wird der tolerant gesinnte Leser mit einem spöttischen Lächeln quittieren, mit wissenschaftlicher Auseinandersetzung aber hat das alles — auch bei einem popularisierenden Buch — reichlich wenig zu tun, und so schimmern auch durch die brauchbaren Passagen immer Räsoneurtum, Larmoyanz und blanke Polemik hindurch; das liest sich dann so: ". . . dann hätte sie (die Kirche) den Kulturschock ebenfalls aufgearbeitet und könnte unbefangener und ohne die häufigen Ausbrüche von Profilneurose, die in manchen ihrer Vertreter zutage treten . . ." — ". . . er öffnete ein Tor, das aus den muffigen Amtsstuben des etablierten religiösen Geistes" — "Am Ende stand dann kein Christentum mehr, sondern allenfalls ein christlich gestalteter Kult, an dem man im Gehorsam gegen irgendwelche archaischen Überich-Befehle noch gelegentlich teilnahm — oder auch, um seine emotionalen Bereiche ein wenig anzuheizen" — "Der blinde und stumme, der dumme und einfältige Gehorsam, der in den letzten Jahren in den Kirchen Mitteleuropas das offizielle Bild vom 'guten' Christen ausmacht" — "Er ist zugleich religiöser, naturwissenschaftlicher wie politischer Ketzer, dem all das nicht heilig ist, was die Etablierten als heilig erachten", usw. usw.

Sicherlich, es mag in diesem Buch um Weltanschauliches gehen, und da verliert manch einer seine Contenance, die Urteile und Meinungen werden jedoch zumeist so wenig ausgewogen vorgetragen, daß man dem Autor ein wenig mehr an "con discrezione" wünschen möchte, auch mehr an Kenntnis, kritischer Distanz und abgeschwächter Überheblichkeit. Auffallend ist der Hang zur Vereinfachung oft recht komplexer Dinge, so einfach sind die Probleme jedoch nicht zu lösen, etwa die höchst komplizierte Frage nach der Determination des Menschen: "Sicher kann niemand beweisen, daß es eine 'Entscheidungsfreiheit an sich', also unabhängig von psychischen Vorgaben und Zwängen, nicht geben könne. Doch mir ist weder bei meiner eigenen noch bei irgendeiner Fremdanalyse auch nur ein Zipfelchen einer solchen Freiheit begegnet."

Wir sind glücklicherweise wieder etwas skeptischer geworden in Bezug auf Reduktionismen, "etwa hinsichtlich des Ökonomismus des dialektischen Materialismus, der Omnipotenz psychoanalytischer Erklärungsschemata, des neopositivistischen Physikalismus", inwiefern sich mit dem Evolutionsbegriff, der sich zunächst auf die evolvierende materielle Welt bezieht, auch die transzendente Komponente abdecken läßt (mit Hilfe des Evolutionsmodells in die Zukunft zu schauen, muß nun einmal Spekulation bleiben), verlangt auch weiterhin einen gehörigen Anteil an Mystik, den aufzubringen, nicht jedermann gewillt ist.

Vollends müßig ist es, zu spekulieren, wie das Verhältnis Kirche/Theologie — Profanwissenschaften heute aussehen würde, wenn das Heilige Offizium sich den naturwissenschaftlichen Ketzern gegenüber anders verhalten hätte. Es ist hier anzumerken, daß es aus seinem jeweiligen in seine Zeit eingebundenen Verständnis und dem geschichtlich gewachsenen Universalanspruch der Kirche heraus gar nicht anders zu handeln vermochte. Die nachträglich wertende konjunktivische Spekulation, wie sie der Autor gerne betreibt, bringt aber für die historische Beurteilung und Einstufung gar nichts und ist allenfalls taschenspielerischer Zeitvertreib des Geistes. (pa)

Bruno Moser (Hrsg.)
Das christliche Universum
Die illustrierte Geschichte des Christentums von den Anfängen bis heute
500 Seiten, über 800 Abbildungen, die meisten farbig, 16 Seiten Zeittafeln 2-fbg., 16 Seiten Register, Format 20,5 x 28 cm
Leinenband mit farbigem Umschlag, DM 148,– (Südwest)

In einem Zeitalter, wo atheistische Weltanschauungen längst ihre politische Umsetzung erfahren haben und auch zur Bedrohung des christlichen Gedankengutes geworden sind, wo in den noch verbliebenen christlichen Kulturkreisen eine gesteigerte Tendenz der Massen besteht, mehr oder minder außerhalb der christlichen Lehre, d. h. säkularisiert, zu stehen, ist es sicherlich Wagnis und Aufgabe zugleich, ein Buch mit dem Titel "Das christliche Universum" herauszubringen. Wagnis weniger im politischen oder wirtschaftlichen Sinne, da ein solches Werk sicherlich in christlich orientierten Kreisen auf breites Interesse stoßen wird, Wagnis vielmehr als Aufgabenstellung, dem gesteckten großen Thema gerecht zu werden.

Es war der abendländische Kulturkreis, der über Jahrtausende von christlichem Gedankengut und christlichem Geist geprägt wurde, europäisches Denken ist selbst in seinen Loslösungserscheinungen noch gekennzeichnet von der Auseinandersetzung mit dem christlichen Weltbild. Berührungspunkte nach außen, zur nichtchristlichen Welt, waren das gesamte Mittelalter hindurch mit dem Islam gegeben, der im afrikanisch-maghrebinischen und vorderasiatischen Teil des einstigen Römischen Reiches nach der Niederringung der Sassaniden und der germanischen Völkerwanderungsreiche Fuß gefaßt hatte und sich gegen Ende des Spätmittelalters anschickte, den Erben Ostroms, Byzanz, zu vernichten. Mit dem Ausgreifen des christlichen Europa über seine eigentlichen Grenzen hinweg verbreitete sich der christliche Glaube überall in der Welt, in statistischen Zahlen, allein den Katholizismus betreffend, liest sich das heute so: jeder sechste Erdbewohner ist katholisch, 700 Millionen von rund 4 Milliarden Menschen, die Mehrzahl der Katholiken lebt heute schon in der Dritten Welt.

Ausgehend von dem Untertitel "Die illustrierte Geschichte des Christentums von den Anfängen bis heute" wird der Leser zunächst mehr oder weniger eine historische Darstellung der Entwicklung der christlichen Religion erwarten, eine Art Kirchen- oder Religionsgeschichte, dies ist jedoch nur ein Teilaspekt des Ganzen: das Werk entpuppt sich vielmehr als der Versuch, die christliche Religion und ihre geschichtsprägende Kraft möglichst umfassend darzustellen, entsprechend der Entwicklung seit dem Spätmittelalter, als das scholastische Weltbild zusammenbrach, das Phänomen Christentum möglichst komplex zu sehen. Der Bogen spannt sich daher von den "Religiösen Welten vor dem Christentum" über "Christliches Gedankengut", "Der Weg des Christentums durch die Geschichte" bis zu "Das Christentum im Umbruch der Gegenwart". Es werden dabei die unterschiedlichsten Teilaspekte untersucht wie etwa "Die Evangelistensymbole", "Menschwerdung der Frau im Christentum", "Glocken und Orgeln", "Linkskatholiken und linke Christen". Entsprechend breit und unterschiedlich angelegt ist auch der Mitarbeiterstab.

Das Buch erweist sich somit als ein Sammelwerk von Einzeldarstellungen zu den unterschiedlichsten Themen des Phänomens Christentum, das auch heute noch nicht seinen Abschluß gefunden hat, sondern als lebendige zivilisatorische, kulturelle, geschichtsbildende geistige Kraft weiterwirkt. Entgegen dem irreführenden Untertitel ist das Buch nicht ausschließlich als historisches Werk zu werten, obgleich der geschichtliche Aspekt in Wort und Bild keineswegs zu kurz kommt. Unter Kenntnis dieses methodischen Ansatzes ist "Das christliche Universum" eine reiche Quelle an Informationen und Details, jeder der Einzelartikel ist in sich abgeschlossen und schließt sich mit den anderen zu einem großangelegten Nachschlagewerk zum Thema Christentum unter den verschiedenartigsten Gesichtspunkten zusammen. Die Vielseitigkeit der einzelnen Darstellungen wird angereichert durch eine Fülle an Abbildungen (über 800), die meisten farbig, so daß der Leser, der sich dem Werk sowohl vom historischen Standpunkt als auch vom kirchlichen oder religiösen annähern kann, ein opulent ausgestattetes Werk in Händen hält. Gleichzeitig versteht sich das Buch auch als Abgrenzung zu anderen weltanschaulichen Lehren vom Menschen und möchte "Glauben durch Wissen" vertiefen, sein Geist ist ökumenisch. (pa)

Mythologie
Eine illustrierte Weltgeschichte des mythisch-religiösen Denkens
Herausgegeben von Richard Cavendish und Trevor O. Ling
304 Seiten mit ca. 400 meist farb. Abb., Großformat, geb. mit farbigem Schutzumschlag
Subskriptionspreis DM 98,–, engültiger Preis ab 30.9.1982 DM 118,– (Christian)

Bei dem Band handelt es sich, wie bereits der Obertitel "Mythologie" besagt, um kein Buch, das sich mit realem Geschehen beschäftigt, wie es sich in irgendeinem Kulturkreis zu irgendeinem Zeitpunkt einmal abgespielt haben mag und nun zur Darstellung durch die historische Retrospektive und Aufarbeitung gelangt, Thema sind vielmehr die Mythen der Welt in allen Zeitaltern – allenfalls also ein Rand- oder Teilgebiet einer Religions- oder Kulturgeschichtsschreibung. Dennoch sind es aber gerade die Mythen, welche mit ihrem Anspruch, eine grundlegende Wahrheit über das Universum oder das menschliche Leben auszusagen, in die geschichtliche Welt hineinwirken (sogar noch in die durch Rationalität, Wissenschaft und Technik "aufgeklärten" vielschichtigen modernen Gesellschaften, die sich vielfach – wie der Herausgeber hervorhebt – auch ihre eigenen Mythen schaffen), und die Unterschiede in der geschichtlichen Ausprägung der Kulturkreise und Gesellschaften sind ohne genaue Kenntnis der Mythen oft nur schwer zu verstehen und einzustufen. Der historisch Interessierte wird sich daher immer auch mit den Mythen eines Volkes, eines Staates, einer Religion, eines Kulturkreises vertraut machen müssen, will er bestimmte typologische Erscheinungsformen, soziale Gegebenheiten und das Geschehen beeinflussende Traditionen ausloten und in ihrer Tiefe begreifen. Der Wahrheitsgehalt der Mythen ist zwar historisch oder wissenschaftlich nicht belegbar, alle Deutungsversuche der Mythen, auch von der psychoanalytischen Seite her, zweifelhaft, unbestritten ist jedoch ihre geschichtsbildende Kraft.

Das aus dem Englischen übersetzte Werk "unternimmt es, in die den ganzen Erdball und alle Zeitalter umspannende Welt der Mythen und Religionen einzuführen", das mythisch-religiöse Denken in der Weltgeschichte, das sonst in einer Vielzahl von Einzeldarstellungen abgehandelt ist, ist hier in einem großangelegten Band zusammengefaßt. Der Bogen ist tatsächlich weit gespannt, in 30 Kapiteln, die wiederum in sechs regional gegliederten Abschnitten zusammengefaßt sind, werden die wichtigsten Mythen eines Religionsgebietes oder Kulturkreises innerhalb der Menschheitsgeschichte in knapper verdichtender Form abgehandelt, neben den Weltschöpfungs- und Göttermythen Mesopotamiens und Altägyptens, der klassischen griechischen Mythologie stehen gleichermaßen die magischen Volksreligionen Afrikas wie moderne "Mythen" — ein enzyklopädischer Ansatz, der in bester britischer Manier Wissen einem breiten Publikum vermitteln will. Entsprechend weit gefächert ist auch der Kreis an Autoren, der sich aus Religionswissenschaftlern, Anthropologen, Völkerkundlern und Sprachwissenschaftlern zusammensetzt. Die kenntnisreichen Texte sind durchweg verständlich geschrieben, d. h. die auf wissenschaftlicher Grundlage stehenden Aufarbeitungen des Wissensstoffes werden in einer auch den Laien ansprechenden Form vermittelt, ohne das Ganze wiederum zu sehr mit wissenschaftlicher Terminologie zu befrachten. Eine Fülle meist farbiger Bilddokumente begleitet ergänzend die textlichen Informationen, ein ausreichendes Register macht den Band auch als Nachschlagewerk benützbar, eine ausfürliche Bibliographie ermöglicht die Vertiefung — alles in allem ein guter "Bildungsband", der ein weit gestecktes Publikum ansprechen wird. (pa)

Bernd Rill
Die Inquisition und ihre Ketzer
480 Seiten, 36 Abbildungen, gebunden mit farbigem Schutzumschlag, DM 48,— (Idea)

Zu den für modernes Verständnis bedrückendsten Entwicklungen abendländischer Geschichte darf die Inquisition (von lat. inquirere = untersuchen) gerechnet werden, jenes strafrechtliche Verfahren der Kirche, in dem dieselbe Instanz Anklage erhob, die Untersuchung durchführte und das Urteil fand, ohne zureichendes Verteidigungsmittel des Angeklagten — geistliches Instrument einer sich zunehmend politisierenden und von weltlicher Machtanmaßung durchdrungenen Kirche zur Verfolgung von Abweichlern und Andersgläubigen, Ausdruck einer kämpferischen Kirche, die von ihrem Absolutheitsanspruch her keine Häresien dulden konnte und diese ab dem 12. Jahrhundert bis zur physischen Vernichtung der sogenannten Ketzer verfolgte. Mit den Ketzer- und Hexenverbrennungen wurde der Grundsatz, daß die Kirche kein Blut vergieße, in heuchlerischer Weise ausgehöhlt: zwar wurde formal das Vollstrecken der Urteile der sich durch ihre Grausamkeit auszeichnenden weltlichen Gerichtsbarkeit mit der Bitte um Milde überlassen, die Urteile aber fällte die Inquisition; von einem Geist der Versöhnung, Verzeihung und Liebe konnte für heutiges Verstehen und damit Rückbesinnung auf die ursprüngliche christliche Idee nicht mehr die Rede sein. Die Zahl der Opfer der Inquisition war ungeheuerlich, allein bei den Hexenverfolgungen schätzt man etwa eine Million viehisch gefolterter und verbrannter unschuldiger Frauen, Folgen eines von der Kirche entfachten Wahns, ein Menschenschlächter wie der erste spanische Großinquisitor Thomas de Torquemada ließ unter seinem Generalinquisitoriat 10220 Todesurteile vollstrecken und nahezu 98000 Spanier zu Kerker- oder Galeerenstrafen verurteilen. Dieses dunkle Kapitel kirchlicher Schreckensherrschaft ist auch heute noch ein die katholische Kirche schwer belastendes Verhängnis, das einer gewissen Brisanz, wenn auch in abgewandelter, gemäßigter Form nicht entbehrt.

Inquisition muß aber nicht nur als abgeschlossener historischer Vorgang verstanden werden, übergreifend kann dieses Phänomen gedeutet werden als eine dem Menschen innewohnende Neigung, Weltanschauungen, seien sie sakraler, seien sie profaner Art, zu verabsolutieren und dann alle Abweichler, Andersdenkenden, Gegner bis hin zu deren Vernichtung zu verfolgen; auch heute noch geschieht dies immer wieder, in unterschiedlichen Systemen aufflakkernd, brachialisch unter Einsatz der Folter oder sublimer mit chemischen Mitteln in psychiatrischen Anstalten. Unabhängig von der historischen Eingrenzung versteht sich Inquisition so als Gewalt von Machthabern, sei es im religiösen, sei es im staatlichen Gewand, gegen ihnen ausgelieferte machtlose Menschen, als immer wiederkehrender Vorgang des Verbrechens von Menschen an Menschen. Hierin liegt die besondere Aktualität des Inquisitionsthemas, wie sie auch in dem Werk des Juristen und Historikers Bernd Rill "Die Inquisition und ihre Ketzer" im Schlußkapitel umrissen wird.

Das Buch behandelt in eindringlicher Weise, ohne in Polemik oder Unsachlichkeit abzugleiten, das Phänomen der organisierten Verfolgung von Ketzern und religiösen Gegnern der Kirche von seinem Entstehen im hohen Mittelalter bis in die Neuzeit. Es ist in seiner umfassenden Zusammenschau einmalig auf dem aktuellen Büchermarkt.

Im Mittelpunkt steht das Problem, wie die Verfolgung Andersgläubiger überhaupt gerechtfertigt werden konnte, und seine Durchdringung im Lichte der religiösen und rechtlichen Vorstellungen des Mittelalters. Nach einer allgemeinen geistesgeschichtlichen Grundlegung spannt sich der Bogen der farbigen historischen Darstellung von den blutigen Albigenserkriegen über die Verfolgungen des späten Mittelalters bis zum Prozeß gegen Galilei. Die politischen Verwicklungen, ohne die das Wirken der Inquisition undenkbar ist, bilden dazu den allgegenwärtigen Hintergrund. Höhepunkt sind hierbei der gegen den Templerorden vom französischen Königtum in den Formen der Inquisition erzwungene Justizmord und der Prozeß gegen Johannes Hus, der in seinen Folgen das gesamte Abendland erschütterte. Die spanische Inquisition als von Rom unabhängige Einrichtung erhält breiten Raum; hinter ihr steigt das Zeitalter der Reformation und der Glaubenskriege in all seiner Faszination auf. Ein besonderes Kapitel ist dem Hexenwahn gewidmet, wobei vor allem auf die Verwurzelung dieser Massenpsychose in uralten heidnischen Vorstellungen hingewiesen wird. Da sich in der

Inquisition politische, kirchliche und Geistesgeschichte auf einzigartige Weise verschmelzen, geht der Verfasser auch grundlegend auf das Verhältnis von Kirche und Naturwissenschaft ein und demonstriert es exemplarisch am Fall Galilei.

Aus der Inquisition entwickelte sich die heutige Behörde der "Glaubenskongregation". Deren Selbstverständnis ist durch das Zweite Vatikanische Konzil, das der katholischen Kirche weitreichende Anstöße zur inneren Reform vermittelt hat, geändert worden. Der Verfasser scheut sich nicht davor, auch moderne Fragen wie den "Fall Küng" abzuhandeln. Hinweise auf die organisierten Glaubensverfolgungen in den anderen christlichen Konfessionen runden das Bild ab.

Damit gibt der Autor der Thematik den Gesamtbezug, der allein ihrer Spannweite gerecht wird und der sich weder der einseitig apologetischen noch der antiklerikalen Betrachtungsweise ganz erschließt. Daher ist die Darstellung strengstens auf Objektivität bedacht. Bei allem Eingehen auf theologische und rechtliche Aspekte ist sie stets von flüssiger Lesbarkeit und setzt keine einschlägige Vorbildung, sondern nur die Bereitschaft zum unparteiischen Mitdenken voraus. Damit ist dem Verfasser zu einem nach wie vor umstrittenen Thema ein durch übergreifende Gesamtschau, Allgemeinverständlichkeit und Unparteilichkeit gekennzeichnetes, aus der historischen Literatur herausragendes Werk gelungen. (ar)

Länder- und Staatengeschichte — Dynastiengeschichte — Kulturgeschichte der Staaten und Länder

Rudolf Buchner
Deutsche Geschichte im europäischen Rahmen
Darstellung und Betrachtungen
XVIII und 505 Seiten, 39 Abbildungen, 14 Karten, Leinen mit Schutzumschlag, DM 58,— (Muster-Schmidt)

Mit diesem Buch hat der Würzburger Historiker Rudolf Buchner die "Teilbilanz eines Vierteljahrhunderts akademischer Lehrtätigkeit" vorgelegt. Sein erklärtes Ziel ist es, Verständnis für die Gegenwart zu schaffen: "Nur, wer sich über seine Herkunft, über die Wurzeln und Bedingtheit seiner geistigen, sittlichen, religiösen Vorstellungen und Bindungen Rechenschaft zu geben vermag", erscheint für Buchner als ein reifer Mensch mit dem dafür unabdingbaren Geschichtsbewußtsein.

Der Bogen der Darstellung ist weit gespannt, von deutscher Vorgeschichte bis zur Katastrophe von 1945. Obwohl mit Daten und Informationen gespickt, ist das Buch auch für den Laien gut lesbar und verständlich geschrieben. Ein großer Vorteil ist auch die von den Fakten abgesetzte Kommentierung und Bewertung. Hier zieht Buchner Querverbindungen, ergreift unaufdringlich, aber pointiert Partei. Natürlich könnte man über diese oder jene Frage streiten, gleichzeitig aber hat man das Gefühl, dieser Autor wäre ein fairer Diskussionspartner.

Drei weitere Vorzüge sind zu nennen: Buchner sieht deutsche Geschichte nicht "kleindeutsch", also in den Grenzen des Bismarckreiches. Er will auch die geschichtlichen Leistungen Österreichs und der deutschen Ostgebiete würdigen. Ebenso wie er politische Geschichte mit geistiger Entwicklung zu verknüpfen sucht, bezieht er die Wirtschafts- und Sozialstruktur in seine Darstellung ein, wenn auch nicht immer auf dem neuesten Stand. Aber das hieße angesichts der Fülle historischer Arbeiten auf diesem Gebiet in den letzten zehn Jahren mäkeln, immerhin ging das Buch 1975 in Druck. Um seinem Anspruch einer Gesamtschau gerecht zu werden, behandelt Buchner auch Literatur, Kunst und Musik. Es ist gut, daß er diesen Versuch macht. Ob er gelungen ist, da kann man die vom Autor selbst geäußerte Skepsis teilen.

Am problematischsten ist sicher das letzte Kapitel, der Ausblick auf die Gegenwart. Das ist angesichts der verworrenen Weltlage nach 1945 kein Wunder. Buchner, der sich zur deutschen Einheit bekennt, kritisiert Adenauers Westbindung und sagt, daß der Weg zur Wiedervereinigung nur über Moskau führt, deutet dann allerdings auch den zu zahlenden hohen Preis an. Aber solche Argumente werden ebenso vorsichtig, räsonierend angeboten wie die oft manchmal zu weit gehenden geschichtlichen Parallelen. Aber vermutlich hätte Buchner seinem Anspruch, Geschichtsbewußtsein zu wecken, ohne ein paar umstrittene Thesen nicht gerecht werden können.

(pe)

Hans Dollinger
Preussen
Eine Kulturgeschichte in Bildern und Dokumenten
Vorwort von Marion Gräfin Dönhoff
384 Seiten, 376 Abbildungen, davon 40 in Farbe, 4 Karten und 70 synchronoptische Zeittafeln und eine Tafel der Herrscher und Regierenden in Preußen, Format 21 x 29,7, Leinen mit Schutzumschlag und Schuber, DM 78,– (Süddeutscher Verlag)

Aus der Fülle der Preußenliteratur anläßlich der großen kulturhistorischen Ausstellung zum Thema "Preußen" in Berlin im Jahre 1981 ragt dieses gewichtige Werk von 384 Seiten, in Großformat, mit 376 Abbildungen, davon 40 in Farbe, besonders hervor: ein repräsentativer Bild- und Dokumentarband, der weniger die politische Geschichte dieses Staates, der für die neuzeitliche Entwicklung Deutschland so prägend werden sollte, darstellen möchte, als vielmehr seine Kultur und Kunst und das, was an ihr als speziell preußisch zu bezeichnen ist.

Preußen ist verhältnismäßig spät in das Staatensystem Europas eingetreten, als Fixpunkt bietet sich der 18. Januar 1701 mit der Krönung des brandenburgischen Kurfürsten Friedrich III. in Königsberg zum König Friedrich I. in Preußen, umso rascher und glanzvoller vollzog sich dann aber sein Aufstieg zu europäischer Großmachtstellung, fußend auf dem Fundament, welches bereits der Große Kurfürst (1640-1688) gelegt hatte – im Jahre 1947 zerfiel das alles zu Staub mit dem Viermächtebeschluß des Alliierten Kontrollrates, Preußen als "Träger des Militarismus und der Reaktion in Deutschland" aufzulösen. Seinen militärischen Erfolgen verdankte zweifelsohne Preußen seinen Aufstieg im 18. Jahrhundert, aber das allein war es sicherlich nicht, was Preußen, das Preußische schlechthin ausmachte — die knappen Kennzeichnungen, welche Völkern, Staaten, Nationen im politischen Kampf immer wieder zugeschrieben werden — auf- oder abwertend, bejahend oder ablehnend —, gehören zu jenen Simplifikationen, welche geschichtliches Werden und Wirken zumeist nicht klar begreifen und vor allem den gesamten historischen Kontext, in dem historische Prozesse und Strömungen immer stehen, nicht sehen oder ausklammern: Geschichte von Staaten, Völkern und Nationen ist immer nur im epochalen Gesamtzusammenhang und im jeweiligen zeitlichen Bezug, der genau verifiziert werden muß, zu verstehen. Sicherlich war auch "Preußen" in seiner staatlichen wie kulturellen und geistesgeschichten Erscheinungsform, die auch heute noch die unterschiedlichsten Reaktionen hervorruft, weitaus facettenreicher als die alliierte Vereinfachungsformel es ausdrückt; daß die Auflösung zugleich einen tiefstgehenden Eingriff in das Gefüge nicht nur Deutschlands, sondern des Alten Europa bedeutete, steht ohne Zweifel.

Immerhin — es wird wieder über Preußen gesprochen, ja es ist zu einem "Thema" mit den damit einhergehenden auch negativen Begleiterscheinungen geworden; in sich birgt es sicherlich genügend Widersprüchlichkeiten, die vor allem für eine nur oberflächlich schürfende Geschichtsinterpretation auch Gefahren in sich tragen. Bewußt geworden ist man sich zumindest inzwischen, daß preußische Geschichte auch Teil der deutschen ist und als solche integriert werden muß trotz aller Für und Wider. Das "Mehr" an Preussen als nur "Militarismus und Reaktion" aufzuzeigen, ist das Verdienst der vorliegenden, bibliophil und splendid ausgestatteten, sich an einen breiten Leserkreis wendenden preußischen Kulturgeschichte, die aufzeigen will, "wie sehr Preußen in wichtigen Abschnitten seiner Geschichte auch einen besonderen kulturellen Ausdruck eigener Art und eine Kunst eigener Prägung entwickelte." Der Bogen spannt sich von den Anfängen bis in unser Jahrhundert, als Berlin in den zwanziger Jahren das geistig-kulturelle Zentrum Europas war, das nächste Jahrzehnt bringt den Abgesang bis zum bitteren Ende, als Preußen und seine Kultur in Schutt und Asche sinken. Die Fülle der Abbildungen in Schwarzweiß und Farbe aus Museen in West- und Ostdeutschland, wobei auch erstmals bisher unveröffentlichtes Material gebracht wird, wird begleitet von einem allgemeinverständlichen Text, der das nach dem 2. Weltkrieg verzeichnete Preußenbild, belastet mit verzerrenden Vorurteilen, wieder ins rechte Lot zu rücken versucht. Die preußische Kultur- und Geistesgeschichte weist große Namen und herausragende Glanzlichter auf, sie sind alle zugleich auch Teil der allgemeinen deutschen Kulturentwicklung. Karten, synchronoptische Zeittafeln zur Geschichte und Kultur Preußens und ein ausführliches Register runden das empfehlenswerte aufwendige Werk ab. (pa)

Wolfram Eberhard
Geschichte Chinas
Von den Anfängen bis zur Gegenwart
X und 444 Seiten, 6 Karten, 3. Auflage 1980, DM 25,– (Kröner)

Die außereuropäischen Kulturen sind bedingt durch den europäischen Imperialismus im 19. Jahrhundert und die veränderten politischen Verhältnisse in der Welt in diesem Jahrhundert, insbesondere seit 1945 (Verlagerung des weltpolitischen Gewichts weg von Europa hin zu den neuen Weltmächten Amerika und Rußland und zunehmende Bedeutung der Entwicklungsländer der Dritten Welt), und damit einhergehend einem Wandel des Geschichtsverständnisses stärker ins Bewußtsein der Europäer gerückt; mit der Zunahme an Nachrichten aus der nichteuropäischen Welt und der wachsenden Verzahnung des Geschehens in Europa mit Ereignissen in anderen Weltteilen nimmt auch das Verlangen nach einem Verstehen außereuropäischen Geschehens aus der Geschichte der jeweiligen Kulturkreise heraus zu; alles in allem herrschen jedoch zumeist im historischen Wissen breite Informationslücken, was die nichteuropäische Welt anbetrifft.

Diese im Falle Chinas zu schließen, ist das vorliegende zusammenfassende Werk auf 431 Seiten des Sinologen Wolfram Eberhard, seit 1948 Professor an der University of California in Berkely, bestens geeignet. Es handelt sich um eine den letzten Stand der Forschung widerspiegelnde Neubearbeitung in 3. Auflage der bereits 1971 erschienenen Geschichte Chinas. Natürlich gibt es umfangreichere Gesamtdarstellungen der historischen Entwicklung Chinas, etwa Otto Frankes "Geschichte des chinesischen Reiches" in 5 Bänden, erschienen von 1930 - 1952, die vorliegende Darstellung will jedoch eine Kurzfassung sein und einen umfassenden gerafften Einblick in die chinesische Geschichte auf wissenschaftlicher Basis geben. Dies ist gelungen, wenn man zudem bedenkt, daß die Raffung des historischen Stoffes oft größere Schwierigkeiten (auch methodischer Art) bereitet, als die sich breit entfalten könnende Geschichtsschreibung. Notwendigerweise unterliegen daher die modernen Zeitabschnitte am stärksten der Verknappung, fällt hier umfangreiches faktisches Material doch am meisten an; eine knappe Bibliographie ermöglicht die weitere Beschäftigung und führt zur Detailprobleme behandelnden Literatur. Die Darstellung umfaßt nicht nur die politische Geschichte Chinas, sondern in ausgewogenem Maße auch die Sozial- und Kulturgeschichte. Der chinesische Kulturkreis kristallisierte sich in einem vielfältigen langsamen Prozeß in Wechselwirkung mit den umliegenden Völkern und deren Kulturen heraus; deren historische Entwicklung wird vor allem überall da mit einbezogen, wo es für das Verständnis der chinesischen Geschichte notwendig ist. Das Buch empfiehlt sich für breitere Kreise als eine höchst informative, gut lesbare, überschaubare Darstellung (vor allem auch für den gedrängte Unterrichtung suchenden Leser) von Chinas Geschichte von den Anfängen bis in die Gegenwart (bis 1980). (pa)

Axel von Godolin
Von den Tataren zu den Sowjets
Der Werdegang der europäischen Ostmacht
200 Seiten, broschiert, DM 16,80 (Grabert)

Das 1971 publizierte Werk zeichnet in straffer Form, bestimmte Grundzüge und Leitlinien der russischen Geschichte herausarbeitend, die Entfaltung des Russischen Reiches von den Anfängen bis in die Gegenwart, der Zielsetzung der Sowjetunion zur Schaffung eines Weltstaates unter russischer Führung, auf. Das Buch wird der Leser begrüßen, dem es weniger um eine mit einer Fülle von Details angereicherte Geschichtsschreibung als um die Erfassung universalgeschichtlicher Zusammenhänge geht: dies ist dem Verfasser gelungen, mag man auch die eine oder andere Analyse der gegenwärtigen Sowjetherrschaft noch stärker differenziert wünschen und nimmt man gewisse tendenziöse Einfärbungen in Kauf.

Von der Staatsgründung durch die Waräger über die Tatarenherrschaft, die so nachhaltig russisches Wesen und russische Geschichte geprägt hat, bis zum Aufstieg und Zusammenbruch des zaristischen Vielvölkerstaates entwirft die Darstellung in scharfen Umrissen das Erbe, wie es in das revolutionäre Rußland eingeflossen ist, das eine westliche Ideologie zur dogmatischen Staatsidee erhob und sie dabei russisch, d. h. östlich umformte. Der Autor betont, daß das neue Rußland nach Jahrhunderten der Öffnung nach Westen seit Peter dem Großen zum moskowitisch-tatarischen Erbe zurückgekehrt ist — eine These, die faktisch genügend begründet wird, wenn natürlich auch Modifizierungen angebracht werden können. Die Monopolisierung des Marxismus, gestützt auf totalitäre Machtkonzentration, die Idee der proletarischen Weltrevolution, die Hinzunahme gewisser russischer Tendenzen vor allem des 19. Jahrhunderts wie Panslawismus, Expansionsdrang, Nationalismus, Imperialismus (die natürlich im weltgeschichtlich-gesamteuropäischen Zusammenhang zu sehen und nicht allein Rußland zuzuschreiben sind) schufen eine gewaltige politische und ideologische Waffe, gestützt auch auf die nötige militärische Durchsetzungs- und Schlagkraft, in deren Sogwirkung das freie Resteuropa getreten ist. Die historische Rolle der europäischen Großmächte, allen voran das Deutsche Reich, war spätestens mit dem Jahre 1945 beendet, für Europa immer als peripher verstandene Mächte wie Rußland und die USA bestimmten von nun an das welthistorische Geschehen und prägen mit ihrem Ost-West-Konflikt und ihrer ideologischen Auseinandersetzung das Bild der Epoche.

Daß das Amerikabild des Verfassers nicht ganz so scharf umrissen wie das der Sowjetunion ist, ist die Schwäche der Analyse des Gegensatzes USA-UdSSR, der durchscheinende Pessimismus erklärt sich aus der Sicht des Vietnamkrieges und des damit einhergehenden amerikanischen Machtverfalls. Doch Geschichte ist immer im Fließen begriffen, dies gilt auch für das scheinbar so starre, monolithisch wirkende Sowjetsystem mit seinem gegenüber dem Westen durch Propaganda etwas verschleierten machtpolitischen Herrschaftsanspruch und Expansionsdrang.

Für den Leser, der sich in gestraffter Form über Grundtendenzen der heutigen Sowjetpolitik in ihrem welthistorischen Zusammenhang und eingebettet in das Erbe russischer Geschichte unterrichten will, ist das Werk empfehlenswert. Inwiefern sich europäische Tradition, wenn man sie einmal nicht verwässert oder entstellt oder national und regional eingeschränkt verstehen will, mit der herrschenden Staatsdoktrin des Marxismus-Leninismus Sowjetrußlands vereinbaren läßt, wie es ja als mögliches Denkspiel auf dem Höhepunkt der Phase der Entspannungspolitik in westeuropäischen Ländern durchexerziert wurde, dürfte nach Afghanistan und den jüngsten Vorgängen in Polen bei einem Freisein von bestimmten ideologischen Axiomen ein neues Gewicht gewonnen haben, Transparenz vermag teilweise von Godolins Stellungnahme zu vermitteln, ohne daß man sich deshalb sogleich mit aus dem politischen Kampf des 19. Jahrhunderts tradierten Einstufungsprinzipien wie 'rechts' und 'links' identifizieren muß, die letztendlich immer einer gewissen propagandistischen Vernebelung dienen (wie ja das politisch-geistig etwas dürftige 20. Jahrhundert sich fast permanent aus Begriffen und Schlagworten des 19. Jahrhunderts, wenn auch modifiziert, speist). (pa)

Gerd Heinrich
Geschichte Preussens
Staat und Dynastie
636 Seiten, 101 Abbildungen, farb. Karte auf Vorsatz, geb. mit farbigem Schutzumschlag, DM 48,– (Propyläen)

Aus der Fülle an historischer Preußen-Literatur, wie sie im Hinblick auf die große Preußen-Ausstellung in Berlin 1981 geschaffen wurde, ragt die "Geschichte Preußens" des Berliner Ordinarius Dr. Gerd Heinrich wohltuend hervor, handelt es sich doch nicht nur um eine außerordentlich kenntnis- und faktenreiche Arbeit auf wissenschaftlicher Grundlage, sondern wurde vor allem das Vordergründige vermieden, wie es zuweilen besonders auffällig aus aktuellem Anlaß in den Preußen-Arbeiten wendiger Publizisten und Schriftsteller hervortritt – also keine "preußischen Fragen und Warnungen, Aktualitäten und Bilanzversuche, Profile und Gloriolen, Anti-Legenden und Neo-Legenden" und "gut getarnte Diffamierungen"; auch nicht ein Anlegen von Maßstäben des 20. Jahrhunderts, um Geschichte, umstrittene preußische Geschichte, zu hinterfragen und zu einem eventuell bereits in der Prämisse vorgefaßten Urteil zu gelangen, sondern qualitative Geschichtsschreibung zum Thema Preußen aus dem in der Forschung vorbereiteten Verständnis der jeweiligen Zeitepochen heraus. Also keine Aktualitätshascherei und Effekte-Besessenheit, die neue Legenden zeugt, sondern gute, gediegene "Arbeit", fundierte, auf dem Forschungsstand basierende Geschichtsschreibung preußischer Entwicklung und Staatsentfaltung, die umfassend die Jahrhunderte umgreift. Trotz des wissenschaftlichen Fundaments aber ist die Darstellung nicht ausschließlich etwa für den Fachhistoriker bestimmt, sondern für einen "weiteren Leserkreis", wie der Verfasser heraushebt, und es ist ihm beizupflichten. Sicher, allein der Umfang der Darstellung ohne Anhang beträgt 524 Seiten, dennoch wird auch der mehr an knappen Zusammenfassungen interessierte Leser sich rasch in diese lebendige Geschichtsschreibung hineinlesen, die verhindert, daß das Werk zum bloßen Nachschlagewerk für gelegentliche Information degradiert. Erwähnenswert ist auch der umfangreiche Anhang mit Stammbäumen der brandenburg-preußischen Herrscherdynastien, ausführlicher Zeittafel, sorgfältiger und gründlichst angelegter breiter Bibliographie und Personenregister. 101 Bilddokumente und eine farbige Landkarte im Vorsatz geben der Darstellung noch den ausstattungsmäßigen Rahmen.

Die Darstellung, welche von der Gründung der Mark Brandenburg, der eigentlichen "Wiege Preußens" durch die Askanier bis zur Auflösung Preußens durch den Alliierten Kontrollrat reicht, folgt mehreren Leitlinien, welche als die preußische Geschichte bewegenden und gestaltenden Triebkräfte verstanden werden: zum einen die Kraft und der Ehrgeiz der Dynastie, zum anderen "die Leistungsfähigkeit verschiedener sozialer Gruppen", ein oftmals übersehenes Gewicht nehmen zudem der Raum und die vorgegebenen Geschichtslandschaften ein. Spezialgeschichtliche Details will das Werk — mit Recht — nur am Rande geben, da, wo sie für die Entwicklungsgeschichte Preußens bedeutungsvoll sind. In 14 Kapiteln, welche zumeist zusammenfassend oder abschließend am Ende eine Bilanz bringen, entfaltet sich so preußische Geschichte von 1134 bis 1947, kritisch erhellt und durchleuchtet, das spezifisch Preußische, das Preußentum schlechthin, gewinnt dabei — ohne Verfälschung nach der einen oder Übertreibung nach der anderen Seite — aus der Geschichte heraus sein ihm eigenes Gesicht. So lebt "die nicht aufteilbare Geschichte dieses ungewöhnlichen Staatsgebildes in wechselndem Lichte mit uns und in uns fort. Sie begleitet jene, die Geschichte auch als einen Bund der Lebenden mit den Schöpfungen der Toten begreifen, und sie verstummt vor jenen anderen, die mit dem Schrei der Anklage sich selbst vergessen wollen." (pa)

Volker Hentschel
Preußens streitbare Geschichte
1594 - 1945
348 Seiten mit Abbildungen, DM 38,— (Droste)

Daß Preußen faszinierende, ja oft unbewältigte Vergangenheit ist, hat erst das letzte Jahr bewiesen. Die großen Ausstellungen in Berlin und die sie begleitende Literaturflut regten an, über Preußens Tugenden oder Untugenden, seinen positiven oder verhängnisvollen Platz in der deutschen Geschichte nachzudenken. Der Heidelberger Historiker Volker Hentschel hat mit seinem Buch "Preußens streitbare Geschichte" zur Diskussion einiges beizutragen. Es ist eine kenntnisreiche Darstellung, die von der Heiratspolitik der Brandenburger über Friedrich II., Bismarck bis zur Agonie Preußens am Ende der Weimarer Republik führt. Hentschels Buch schließt mit dem Satz: "Freuen wir uns, daß Preußen nur noch eine streitbare Geschichte und keine Gegenwart mehr hat."

Hier wird eine Absicht des Autors deutlich. Er will werten und ist bereit, Partei zu ergreifen. Der Leser soll provoziert werden, er muß dem Urteil ja nicht zustimmen. Maßstab sind für Hentschel nicht die außen- oder machtpolitischen Erfolge, sondern die kurz- und längerfristigen Auswirkungen solcher Politik auf die Menschen. Verständlich, daß mancher Fürst oder Kanzler in dem Buch nicht so gut wie in der traditionellen Geschichtsschreibung wegkommt.

Gegen Wertungen ist nichts zu sagen, insbesondere wenn sie deutlich gekennzeichnet, nicht hinter scheinbar objektiver Analyse versteckt werden. Hentschel vergißt nur manchmal seine Meinung fundiert zu begründen. Außerdem verzichtet er auf den historischen Vergleich und macht zu selten den Versuch, die Geschehnisse im geschichtlichen Rahmen und aus der Zeit heraus zu verstehen. Damit beraubt er sich eines guten Mittels historischer Wertung.

Seiner Absicht, Preußens Geschichte pointiert darzustellen, paßt Hentschel auch seinen Stil an. Er hat das, was man eine flotte journalistische Schreibe nennt, und mancher Leser wird das — angesichts des noch oft vorhandenen Fachjargons und gedrechselten Satzbaus in anderen Büchern — mit dankbarem Aufatmen vermerken. Aber manchmal ist der Stil zu abgehackt, zu sehr ohne Verb und Komma und leider auch zu schlecht redigiert.

Am stärksten wird das Buch dort, wo es um das Spezialgebiet des Autors geht: die Wirtschafts- und Sozialgeschichte. Hier kann Hentschel mit eindrucksvollen Miniaturen und Milieuschilderungen aufwarten. Insgesamt bleibt also ein zwiespältiger Eindruck: Ein gewagter Versuch, Preußens Geschichte provozierend und verständlich zugleich darzustellen, dem manchmal Tiefenschärfe und langer Atem fehlt. Aber wer sich mit Preußens Geschichte intensiver einlassen will, der sollte es auch mit Hentschels Buch tun. (pe)

Benno Hubensteiner
Bayerische Geschichte
567 Seiten, 40 z. T. farbige Abbildungen, DM 34,— (Süddeutscher Verlag)

Benno Hubensteiner hat nach dem Zweiten Weltkrieg als erster den Versuch unternommen, eine umfassende Darstellung der bayerischen Geschichte in einem Band zu schreiben. Das Buch, das Ende 1950 zum ersten Male erschienen ist und inzwischen leicht überarbeitet in 9. Auflage vorliegt, gilt noch heute als "Klassiker" seiner Art. Der Bogen spannt sich darin von den Spuren der ersten Jäger- und Sammlergenerationen auf bayerischem Boden, von der keltischen und römischen Zeit bis hin zum Neubeginn des heutigen Freistaates Bayern nach dem Ende der nationalsozialistischen Diktatur; dabei geht es nicht zuletzt um die Frage nach dem Zusammenwachsen von Altbayern, Franken und Schwaben zum heutigen bayerischen Staatsvolk.

Das Buch ersetzt durch seinen systematischen Aufbau ein Lehrbuch, spult die Landesgeschichte aber nicht einfach chronologisch ab, sondern gibt in den einzelnen Kapiteln einen detaillierten Einblick in die jeweiligen Zeitverhältnisse. Gleichzeitig wird die bayerische Geschichte in den epochalen und gesamteuropäischen Zusammenhang gestellt. Schwerpunkte sind die Themenkomplexe "Staat und Volk, Kunst und Kultur", wie es schon im Untertitel des Werkes heißt. Abgehandelt wird die "Bayerische Romanik" auf der Höhe des Mittelalters ebenso wie das "Wittelsbacher Kaisertum", der "Vorstoß der Aufklärung", das Verhältnis von Bayern und Frankreich zur Zeit König Max I. Josef oder die "Tragödie des Königtums" unter dem Wagner-Freund Ludwig II. Hubensteiner läßt sich dabei nirgends auf Spekulationen oder Hypothesen ein, sondern stützt sich auf ein fundiertes Fachwissen, das relativ frei von jeder persönlichen Bewertung umgesetzt wird.

Der Stil des Buches ist stets flüssig. Sehr nützlich ist der Anhang mit Regententafeln und Literaturangaben. Gelungen ist auch die "Portrait-Galerie", die durch das Buch läuft und auch Persönlichkeiten mit einbezieht, die anderswo vergessen bleiben. Insgesamt ist Hubensteiners "Bayerische Geschichte" ein Werk, um das thematisch interessierte Leser wohl nach wie vor nicht herumkommen.

(my)

Hannsjoachim W. Koch
Geschichte Preußens
Aus dem Englischen von Ulrich Riemerschmidt
480 Seiten mit 7 Karten und 2 Stammtafeln, Leinen, DM 39,80
(List)

Hannsjoachim Kochs Werk über Preußen gehört in die Kategorie der klassischen Geschichtsschreibung, die nicht über das "Pro" und "Contra" richten will, sondern Ereignisse und Hintergründe sorgfältig und sachlich nachzeichnet, also aus der neutralen Betrachtung heraus das Werden und Wesen eines Staates als Folge seiner inneren Bindungen und Voraussetzungen vermittelt. Das Buch ist eine (auch von der Sprache her) allgemein zugängliche Gesamtdarstellung über einen der "Angelpunkte deutscher Geschichte", die noch vor dem eigentlichen Anlaufen der sogenannten "Preußenwelle" entstanden ist und vielleicht gerade aus diesem Grund von der Diskussion, die sich mit dieser entzündete, unbelastet ist.

Koch setzt in seiner Darstellung beim Deutschen Ritterorden an, von dem die Besiedlung Preußens ausging. Durch diese Anbindung wird das Gesichtsfeld über Preußen um einige grundlegende Elemente bereichert, die in anderen Arbeiten zum Thema vergeblich zu suchen sind. Die Rekonstruktion der Geschichte Preußens endet zunächst 1871 — im Jahr des Friedensvertrages zwischen Frankreich und Deutschland sowie der Verabschiedung der Bismarckschen Verfassung durch den Deutschen Reichstag. Allerdings geht der Autor in zwei abschließenden Kapiteln auch auf die Impulse ein, die die preußische Idee (als "romantisiertes Vehikel des deutschen Nationalismus") etwa dem Kaiserreich Bismarcks und Wilhelm II. gab. Für Koch endet die Geschichte Preußens endgültig erst mit dem Gesetz Nr. 46 des Alliierten Kontrollrats vom Februar 1947, das offiziell den preußischen Staat für null und nichtig erklärte.

In dem Buch wird besonders der Charakter des preußischen Staates treffend herausgearbeitet: nämlich als eines Staates, der einen "revolutionären Bruch" (so Koch) mit dem damals vorherrschenden feudaldynastischen Konzept markierte, das mit den Habsburgern identifiziert werden kann — und der Reformen gewährleistete, um so einer "Revolution von unten" zuvorzukommen. Alles in allem handelt es sich um einen Band, der sich gleichzeitig durch seine analytische Schärfe und seine lückenlose Zusammenfassung des grundlegenden Wissens zum Thema auszeichnet. (my)

Franz Kurowski
Venedig — Das tausendjährige Weltreich im Mittelmeer
350 Seiten, 72 s/w-Abbildungen, Leinen mit farbigem Schutzumschlag, DM 39,— (Herbig)

Die Darstellung der Entwicklung der alten Handelsstadt Venedig schließt immer auch mittelalterliche und neuzeitliche Weltgeschichte mit ein. Als Handelsstadt von hohem Rang besaß Venedig nicht nur im gesamten Mittelmeerraum Verbindungen, sondern auch über den Orient hinausgehende nach Asien und Indien. Der Handel war die Seele des Venezianischen Staates, der seinen Anfang auf jenen dem Festland vorgelagerten Laguneninseln nahm, die den Venetern einstmals Schutz boten und den besonderen Grundriß der Stadt prägten. Der Ausbau der ehemaligen Fluchtstätte zu einem Staat von Weltrang erfolgte mit großem Geschick durch Wagemut, Diplomatie und politischen und händlerischen Geist. Gerade dies sind die bestechenden Merkmale, die die Venezianer bei ihren erfolgreichen Unternehmungen immer wieder unter Beweis stellten und die ihnen Achtung und Bewunderung im gesamten damaligen Weltkreis einbrachten. Dennoch waren alle diese Fähigkeiten, die durch Schulung und Förderung in höchstem Grade ausgebildet wurden, nicht Alleinzweck für den Staat, sondern sie wurden der höchsten Maxime venezianischen Daseins: dem Handel unterstellt, der die Basis des aufblühenden Stadtstaates war und dessen Wohl, Absicherung und Erweiterung Hintergrund für alles politische Handeln wurde. Venedig bildete eine kapitalistische Gesellschaft par excellence aus, und der weit in die damals bekannte Welt ausgefächerte Handel ließ die Bewohner der Lagunenstadt mit den verschiedensten Kulturkreisen, Gedanken und Völkern in Berührung kommen, was den eigenen Horizont beträchtlich erweiterte und anregte. Es ist insofern nicht verwunderlich, daß Venedig Jahrhunderte lang ein geistiger und kultureller Mittelpunkt des Abendlandes war.

Franz Kurowski gibt mit seinem Sachbuch über Venedig einen umfangreichen Geschichtsabriß der Lagunenstadt von den Anfängen bis hin zu ihrem endgültigen Niedergang unter Napoleon. Geschichtliche Zusammenhänge, politische Winkelzüge und die hohe Kunst der Diplomatie werden dem Leser anhand von beachtlicher Faktendarstellung vor Augen geführt, wobei faszinierend zu beobachten ist, wie immer wieder die Erfordernisse des Handels das Tun bestimmen. Trotz der Fülle an dargebotenen Fakten ist das Buch nicht trocken, was nicht nur an dem abwechslungsreichen Sujet liegt. Einschränkend muß allerdings bemerkt werden, daß das Buch auf die politische Geschichte der Stadt eingegrenzt ist und auf eine geistige und kulturelle Darstellung Venedigs verzichtet wird. Erwähnenswert sind die umfangreiche, brauchbare Bibliographie und eine tabellarische Zusammenstellung der Dogen Venedigs. Dem gebildeten Laien wird das Buch sicherlich eine Bereicherung seines Wissens bedeuten.

(hp)

Linne, Dr. Gerhard u. a.
Panorama der deutschen Geschichte
Mit einem Vorwort von Golo Mann
400 Seiten mit rund 400 ein- und mehrfarbigen Fotos, Karten, graphischen Darstellungen, Schwerpunktregister sowie ausführlichem Hauptregister und einem Transparentdruck "Deutschland im Wandel der Zeiten", Großformat 22 x 29,5. Balaskineinband mit Goldprägung und mit fünffarbigem laminiertem Schutzumschlag, DM 130,50 (Lexikothek Verlag)

Zielsetzung des opulenten Werkes mit 400 Seiten, Lexikonformat, rund 400 ein- und mehrfarbigen Abbildungen, Karten und graphischen Darstellungen ist es, "über tausend Jahre deutscher Geschichte aus heutiger Sicht überschaubar und verstehbar zu machen", ein "Panorama der deutschen Geschichte" einem möglichst breiten Publikum zu vermitteln, nicht mehr nur eine schmale gehobene Bildungsschicht anzusprechen. Diesem Bestreben, ein populäres Geschichtslexikon zu schaffen, trägt auch die Zusammensetzung des Autorenteams Rechnung, das, zum Teil als Geschichtslehrer wirkend, seine praktischen didaktischen Erfahrungen in Aufbau und Gestaltung des Werkes einfließen ließ. "Panorama der deutschen Geschichte" bietet eine universale Darstellung deutscher Geschichte auf wissenschaftlich-fundierter Grundlage einem vielschichtigen breiten Publikum. Das Werk versteht sich dabei nicht nur als eine Geschichtsschreibung, in der man dem chronologischen Ablauf von den Anfängen bis in die Gegenwart folgt, sondern vor allem auch als lexikalisches Nachschlagewerk, in dem das Thema 'Deutsche Geschichte' möglichst umfassend von vielerlei Standpunkten und Gesichtswinkeln aus behandelt ist; dem trägt auch der Aufbau mit Ausschnitt- und Querschnittkapiteln Rechnung.

Daß infolge des lexikalischen Charakters, was ja immer Raffung, Zusammenfassung, verknappte Darstellung des derzeitigen Forschungsstandes bedeutet, die historische Problematik zuweilen nur angedeutet werden kann, Nebensächliches entfallen, im chronologischen Ablauf der große Bogen gespannt werden muß unter Weglassung der Details liegt in der Natur der Sache, begrüßenswert ist, daß entsprechend der enzyklopädischen Zielsetzung nicht nur eine Darstellung der politischen Geschichte gegeben wird, sondern auch die kulturellen Entwicklungen, der jeweilige ideelle und ideologische Hintergrund und die sozio-ökonomischen Zusammenhänge beleuchtet werden. Dem sich deutscher Geschichte und ihrer vielschichtigen Problematik (die ja auch fortwährend noch in die Gegenwart über Traditionsketten hineinwirkt) annähernden Leser entsteht damit ein mit der einstmaligen "Realität" vertrauter werdendes Bild einer Epoche, da historisches Geschehen gleichermaßen wie unser gegenwärtiges von einer Vielzahl von in einem kausalen Zusammenhang stehenden Ereignissträngen gespeist wurde. Der Versuch einer "multikausalen Interpretation des politisch-historischen Gesamtprozesses" in einem für ein breites Publikum bestimmten Geschichtswerk ist daher hervorzuheben.

Insgesamt vermeidet das Werk krasse oder gar einseitige ideologische Standpunkte und bemüht sich um eine Ausgewogenheit der Ansichten, was zuweilen beim zeitgeschichtlichen Bezug zu einer Entschärfung der anstehenden Problematik führt. Zu betonen ist noch die reiche Ausstattung des Werkes, das nicht nur eine Vielzahl historischer Abbildungen bringt, sondern auch um größte Vielfarbigkeit bemüht ist. In der graphischen Gestaltung folgt man dabei dem heutigen Trend, auch Reproduktionen von Kupferstichen und Holzschnitten zu unterlegen und durch Überschneiden von Darstellungen Collageeffekte zu erzielen.

"Panorama der deutschen Geschichte" ist einem breiten Lesepublikum zu empfehlen, das einen ersten 'Einstieg' in deutsche Geschichte und griffbereite, gut aufbereitete, rasche Information zu einer jeweiligen Epoche sucht, ferner den nicht zu schwierig vermittelten Überblick; zugleich stellt das Buch einen bereichernden Blickpunkt im Bücherschrank oder in der Bibliothek dar. (pa)

Berthold Maack
Preussen: "Jedem das Seine"
424 Seiten, 50 Abbildungen, Ganzleinen, DM 38,– (Grabert)

Das alte Preußen, in dem jeder nach seiner persönlichen und staatsbürgerlichen Leistung bewertet wurde, wieder zum "geistigen Vaterland" auch in der Gegenwart werden zu lassen – das ist die Botschaft, die Berthold Maack in seinem Buch vermitteln will. Maack wendet sich gegen das Klischee Preußens, nur ein Hort des Militarismus und des Expansionismus, des Feudalismus und der Reaktion gewesen zu sein. Der Band ist eine Verbeugung vor den "preußischen Tugenden", also vor Pflichtbewußtsein, Uneigennützigkeit und Schlichtheit, vor dem Streben nach Gerechtigkeit und Toleranz im preußischen Staat. So nimmt denn auch der Untertitel "Jedem das Seine" (suum cuique) Bezug zur gleichlautenden Inschrift auf dem Hausorden der Hohenzollern.

Maack bettet die Darstellung des Wesens und Werdens Preußens bis hin zu seinem Sturz schlüssig ein in die Lebensläufe der preußischen Herrscher, angefangen vom Großen Kurfürsten bis hin zu Friedrich Wilhelm III. Gekonnt lösen sich sorgfältig zusammengetragene biographische Details gleichzeitig mit Hinweisen auf die allgemeine politische Entwicklung im europäischen Umfeld ab. Herausgearbeitet wird schließlich nicht nur die Dynamik des Staatswesens und der militärischen Macht, sondern auch die kulturelle Vielfalt in Preußen.

Kronzeugen sind für den Autor vor allem die Historiker Leopold von Ranke und Hans-Joachim Schoeps. In den Text einbezogen ist auch eine Fülle von Originalzitaten der behandelten preußischen Persönlichkeiten. Bestandteil des Buches ist außerdem ein Dokumentanhang mit repräsentativen Quellen zur preußischen Geschichte. Es enthält zudem ein Vorwort von Albert Schnez, dem Inspektor des Heeres von 1968 bis 1971.

Maacks Werk unterläßt trotz der konsequenten Zielsetzung jeden Pathos; es ist vielmehr nüchtern (und zugleich sehr flüssig) geschrieben und wirkt dadurch glaubwürdig. Die 50 zeitgenössischen Abbildungen von Persönlichkeiten und historischen Szenen geben ihm eine attraktive äußere Gestalt. (my)

Golo Mann
Deutsche Geschichte
1919 - 1945
Überarbeitete Ausgabe, 250 Seiten, DM 6,80 (Fischer)

Golo Mann ist nicht nur Historiker, sondern auch Institution in diesem Lande. Immer wieder wird er zum Zeitgeschehen befragt, meldet sich auch selbst zu Wort, um auf seiner Ansicht nach gefährliche Entwicklungen aufmerksam zu machen. Seine Ansichten, konservativ geprägt, sind nicht unumstritten. Aber selbst wenn er Anstoß erregt, die Achtung seiner Gegner besitzt er längst. Ähnlich verhält es sich mit Golo Manns berühmtestem historischem Werk, der deutschen Geschichte des 19. und 20. Jahrhunderts. Freund und Feind sind sich darin einig, daß dem Autor ein herausragender Wurf gelungen ist, der auch literarisch an die große Tradition deutscher Geschichtsschreibung anknüpft. Die Kritiker merken an, daß Mann zu sehr Personen, zu wenig das soziale und wirtschaftliche Umfeld interessieren. Gerade die knappen, überaus treffenden Beschreibungen historischer Persönlichkeiten machen den Reiz des Werkes aus, halten Manns Verehrer dem entgegen.

Zwei wichtige Kapitel aus dieser deutschen Geschichte, nämlich die Weimarer Republik und das Dritte Reich, sind als Taschenbuch herausgegeben worden. Mit großem Erfolg, wie die Auflagenzahlen beweisen. Golo Mann packt die zahlreichen Fakten und Details der Jahre 1919 bis 1945 in eine einfühlsame Darstellung. Er versucht gerade dem jungen Leser die Ereignisse verständlich zu machen, gelegentlich mit persönlichen Bemerkungen, denn er ist ja dabeigewesen. Er will der Handlungen und Motive der historischen Persönlichkeiten erklären, freilich nicht entschuldigen. Der Autor wertet die Ereignisse und begründet seine Ansichten stichhaltig. Mann fragt, ob und wann es eine Alternative zu jenem unglücklichen Weg deutscher Geschichte gegeben hätte, und in der Erklärung des Versagens der Politiker und Intellektuellen schwingt die Trauer über das eigene Emigrantenschicksal mit.

Dem Buch ist ein ausführliches Register beigefügt sowie eine Bibliographie, die im Interesse der Leser bei weiteren Ausgaben auf den neuesten Stand gebracht werden sollte. Im übrigen handelt es sich aber um eines der wichtigen Werke über jene Zeit. Wenn man sich für Geschichte interessiert, sollte man Golo Manns Deutsche Geschichte gelesen haben, auch wenn man den Ansichten des Autors nicht immer beipflichtet.
(pe)

Heinrich Pleticha (Hrsg.)
Deutsche Geschichte
12 Bände à DM 34,— (Lexikothek-Verlag)
Bd. I: 384 Seiten mit 200 Abbildungen, davon 64 Farbtafeln

Bd. I: Vom Frankenreich zum Deutschen Reich (500 - 1024)
Bd. II: Von den Saliern zu den Staufern (1024 - 1152)
Bd. III: Die staufische Zeit (1152 - 1254)
Bd. IV: Vom Interregnum zu Karl IV. (1254 - 1387)
Bd. V: Das ausgehende Mittelalter (1378 - 1517)
Bd. VI: Reformation und Gegenreformation (1517 - 1618)

Bd. VII: Dreißigjähriger Krieg und Absolutismus (1618 - 1740)
Bd. VIII: Aufklärung und Ende des Deutschen Reiches (1740 - 1815)
Bd. IX: Von der Restauration bis zur Reichsgründung (1815 - 1871)
Bd. X: Bismarck-Reich und Wilhelminische Zeit (1817 - 1918)
Bd. XI: Republik und Diktatur (1918 - 1945)
Bd. XII: Geteiltes Deutschland (Nach 1945)

Dem Inhalt nach einen "einfacheren Weg zur Geschichte aufzuzeigen" und vom Konzept her die "ungleiche Gewichtung" zurechtzurücken, die der jüngsten Vergangenheit häufig einen besonders breiten Raum zuordnet, die älteren Epochen aber nur knapp und summarisch behandelt — dies ist die Intention von Pletichas 12bändiger "Deutsche Geschichte", die 1981 anlief und in der Bertelsmann Verlagsgruppe in vierteljährigem Abstand streng chronologisch weitergeführt wird.

Die Reihe ist von mehreren fachkundigen Autoren verfaßt und hat gleich mehrfachen Stellenwert. Zum einen geben umfangreiche Kapitel über die politische Geschichte sowie kürzere Abschnitte über Kunst, Literatur und Sozialgeschichte in sachlichem Stil einen anschaulichen Überblick über die einzelnen Epochen. Zum anderen machen Zeittafeln, Kurzbiographien, getrennte Erläuterungen zu Begriffen und Vorgängen sowie Literaturhinweise die Bände zu einem umfassenden Nachschlagewerk. Die Ausstattung schließlich (allein der 1. Band enthält 200 Abbildungen, davon 64 Farbtafeln) läßt den manchmal durchscheinenden Schulbuchcharakter wieder in den Hintergrund treten und berechtigt schon fast das Attribut einer bibliophilen Kostbarkeit.

Eine Stärke ist schließlich (neben der Wiedergabe von Quellentexten) noch die Aufnahme von Alltagsthemen in die Darstellung — so zum Beispiel im ersten Band über das Klosterleben im frühen Mittelalter. Gerade die Mitbehandlung von Randthemen hebt diese Ausgabe von mancher anderen ab und erweitert das Selbstverständnis deutscher Geschichte. (my)

Georg von Rauch
Geschichte der Sowjetunion
6., verbesserte und erweiterte Auflage, XVI und 656 Seiten, geb. mit Schutzumschlag, DM 28,50 (Kröner)

Das Handbuch des Osteuropa-Historikers Prof. Dr. Georg von Rauch "Geschichte der Sowjetunion", erstmals 1955 erschienen, gilt noch immer als zuverlässiges Standardwerk. Es liegt mittlerweile in 6. verbesserter und erweiterter Auflage vor, wurde in viele Sprachen übersetzt und berücksichtigt die Ereignisse bis 1977, wenn auch die Ära Breschnew nur stark gerafft behandelt wird. Wie der Verfasser in seinem Vorwort schreibt, wurde das Werk aus dem Bedürfnis geschaffen, "einen Gesamtüberblick über die neueste Entwicklung" Rußlands "seit dem Jahre 1917 zu gewinnen, der den Stoff in einer gemeinverständlichen und übersichtlichen Weise darlegt" — so entstand ein Handbuch, "das sowohl von Studenten als auch von jedem im öffentlichen Leben stehenden Menschen zur schnellen Orientierung benutzt werden kann". Diese Zielsetzung hat der Verfasser erreicht, das Werk erweist sich als zusammenfassende fortlaufende Schilderung der Ereignisse, die deutlich die Handschrift des Experten trägt: beste Verarbeitung der faktischen Geschehnisse unter Berücksichtigung der Problemgeschichte zu einer flüssig geschriebenen Zusammenschau, welche eine exakte Kenntnis der Geschichte des bolschewistischen Rußland vermittelt.

Gegenüber marxistischen Standpunkten und denen der sowjetischen Historiographie, welche gegen einen "formalistischen Objektivismus" gerichtet ist und eine ideologisch gebundene Geschichtsschreibung aus dem Parteidogma heraus fordert, macht der Autor seine Position deutlich: Geschichtsschreibung im Zeichen einer wissenschaftlich-kritischen Methodik, die sich "um eine größtmögliche Objektivität im Rahmen der Grenzen, die der subjektiven Erkenntnis des einzelnen gesetzt sind", bemüht. Die Klassifikation der Gegenseite als "bürgerliche" Geschichtsschreibung kann demnach als schematisch-polemische Kennzeichnung nicht ernst genommen werden, das Bemühen, der Wahrheit "in Freiheit und Verantwortung" nachzujagen, kann nicht als der schlechteste aller wählbaren Standpunkte abgetan werden, und die von ihm vorgelegte, um Objektivität ringende und eine kritisch-wissenschaftliche Überlegenheit des Standpunktes wahrende "Geschichte der Sowjetunion", frei von ideologischen Axiomen, gibt Georg von Rauch recht.

Die Darstellung setzt ein mit der russischen Revolution und ihrer Vorgeschichte und vermittelt in gut gegliederten Abschnitten und Periodisierungsschritten die Entfaltung der Sowjetmacht nach innen und außen bis zum Durchbruch zur Weltmacht nach dem 2. Weltkrieg, die Entwicklung der marxistischen Theorie über den Leninismus zum Stalinismus bildet den wichtigen, die Schilderung der Ereignisse aber nicht überwuchernden Hintergrund. Ein umfangreicher Anmerkungsapparat bezeugt die wissenschaftlichen Grundlagen des Werkes, eine Zeittafel, schematische Darstellungen zum Staatsaufbau der UdSSR, der höchsten Organe der Staatsgewalt und der Partei, bibliographische Hinweise, Literaturverzeichnis und Personen- und Sachregister unterstreichen den Nachschlagewerkcharakter der Arbeit — alles in allem ein jeglichen Informationsbedürfnissen auf breiter Basis gerecht werdendes Handbuch ohne Einschränkung auf fachspezifische Gruppen. (pa)

Rudolf Reiser
Bayerische Gesellschaft
Die Geschichte eines Volkes vom 5. bis 20. Jahrhundert
240 Seiten mit zahlreichen Abbildungen, Leinen, DM 34,— (Ehrenwirth)

Das Leben der Regierenden und der Oberschicht, ihre Taten, Kriege und Gesetze, aber auch ihre Macht- und Prachtentfaltung waren der Inhalt der herkömmlichen Geschichtsschreibung. Das Leben der Untertanen, des Volkes schlechthin, war demgegenüber bedeutungslos und für die historische Aufarbeitung lange Zeit uninteressant. Erst mit der Ausprägung eines neuen Bewußtseins durch die Aufklärung und die Französische Revolution trat ein

Anschauungswandel ein, der das Volk aus seiner geschichtlichen Stimm- und Bedeutungslosigkeit in einem langwierigen Entwicklungsprozeß herausführte.

Der Historiker Dr. Rudolf Reiser hat in seinem Buch "Bayerische Gesellschaft" das tägliche Leben des bayerischen Volkes vom 5. bis ins 20. Jahrhundert anhand von Chroniken, Urkunden, Landes- und Volksbeschreibungen aufgezeichnet. Die großen allgemeinpolitischen und -geistesgeschichtlichen Ereignisse der Epochen wie auch die spezifisch bayerischen, landespolitischen Geschehnisse werden aufgezeigt; sie bilden den Rahmen und die Grenzen, innerhalb derer die Untertanen ihr Leben einrichten und meistern müssen. In der Ausschmückung der allgemeinen historischen Entwicklung in Deutschland und insbesondere in Bayern durch Chroniken, Urkunden und andere schriftliche Zeugnisse ergibt sich ein sehr lebendiges Bild vom Leben der einfachen Leute, der Bürger, Bauern, Handwerker und Kaufleute, aber auch von den Ehrlosen, den Ketzern und "Hexen", den Frauen und Juden, den Unehelichen und Dienstboten. Es ist ein Buch über Abhängigkeit und Alltag der Menschen in den Dörfern, Märkten und Städten, eine anregende, lebendige Darstellung, die sozialhistorische Zusammenhänge und soziologische Entwicklungen populär vermittelt. Das leicht und flüssig geschriebene Buch eignet sich besonders für anregende Musestunden. Vermißt wird ein wenig die Herausarbeitung jener sehr lockeren Handhabung der Standeshierarchie im 19. Jahrhundert, die zu einem verhältnismäßig freien Umgang der einzelnen Rangklassen untereinander führte. Das wohl populärste Beispiel hierfür war Herzog Max. (hp)

Rudolf Reiser
Die Wittelsbacher in Bayern
2. Auflage, 280 Seiten, 41 Abbildungen, Leinen, DM 34,— (Ehrenwirth)

Eine brillante Schilderung eines mächtigen Herrschergeschlechts, frei von Emotionen und von Mythen — das bietet Rudolf Reiser in seinem Buch "Die Wittelsbacher in Bayern". Dem Autor gelingt es, die Sonnen- und Schattenseiten eines jeden bayerischen Herrschers aus dieser Dynastie lebendig werden zu lassen. Er legt dabei insbesondere Wert auf die Frage nach dem jeweiligen Verhältnis zwischen Fürsten und Untertanen beziehungsweise Bürgern und vermittelt auf diese Weise dem Leser gleichzeitig ein sehr anschauliches und ungeschminktes Bild der gesellschaftlichen Verhältnisse und des Alltags über mehrere Jahrhunderte hinweg.

Das Buch zeichnet im einzelnen die Anfänge der Wittelsbacher unter Otto I. (dem Diplomaten und Draufgänger) auf, zeigt die Wittelsbacher auf dem Höhepunkt der Macht in der ersten Hälfte des 14. Jahrhunderts und in der darauffolgenden Zeit des Verfalls und endet mit der Absetzung Ludwigs III., die dem letzten Wittelsbacher auf dem Thron 1918 bei seinem täglichen Spaziergang im Hofgarten von einem Arbeiter berichtet wurde mit den Worten: "Majestät, gengas hoam!". Dazwischen beschäftigen sich Kapitel mit dem "Türken- und Frauenhelden" Max II. Emanuel, mit der Eröffnung der Barockzeit durch Ferdinand Maria und Henriette Adelaide, mit dem "Lieb- und Rechthaber" König Ludwig I. oder, unter dem Motto "Zwischen Wahn und Wagner", mit Ludwig II. – um nur einige der Einzelthemen zu nennen.

Reiser, der hauptberuflich als Redakteur arbeitet, setzt das Thema in einem journalistisch flotten Stil um, überrascht immer wieder von neuem mit originellen Details, ohne jedoch den Gesamtüberblick aus den Augen zu verlieren und ohne an Sachlichkeit einzubüßen. Der Text verrät ein sorgfältiges Quellenstudium, das auch im bibliographischen Teil des Anhangs seinen Niederschlag findet. Der Band spricht daneben durch die gekonnte Zusammenstellung des Bildmaterials an. (my)

Bernd Rill
Deutsche und Polen
Die schwierige Nachbarschaft
240 Seiten, 24 Abbildungen und Karten, 15 x 21, Bibliographie, Register und Zeittafel, geb. mit farbigem Schutzumschlag, DM 36,80 (Idea)

Die jüngsten Ereignisse in Polen haben das Land ins allgemeine Interesse gerückt. In der sich abspielenden polnischen Tragödie offenbart sich wieder ein Element der polnischen Geschichte, das von den Anfängen an zu beobachten ist: das Ringen um Souveränität, welche beständig durch die Nachbarn Polens gefährdet oder in Frage gestellt ist. Als Pufferzone zwischen Deutschen und Russen kam Polen vom Beginn seiner staatlichen Existenz an eine besondere Position zu, war es doch in seiner geschichtlichen Entfaltung in oft sehr intensiver Weise mit der Entwicklung dieser Völker verquickt – nur selten glückte es Polen dabei, sieht man einmal von der Phase jagiellonischer Herrschaft und damit zeitweiliger Großmachtstellung ab, sich eine länger dauernde Dominanz innerhalb des osteuropäischen Kräftesystems zu sichern, vielmehr fiel ihm oft genug die undankbare Rolle zu, mehr oder weniger Spielball seiner Nachbarn zu sein, was schließlich in der Tragödie der polnischen Teilung gipfelte: dem vollständigen Verlust der Eigenständigkeit gerade zu einem Zeitpunkt, als sich die nationalen Kräfte der europäischen Völker zu regen begannen.

Das Buch "Deutsche und Polen" behandelt – wie bereits der Titel besagt – eines der Nachbarschaftsverhältnisse Polens: das zu den Deutschen über beinahe ein Jahrtausend hinweg; zumeist war es einer der neuralgischsten Punkte in der europäischen Politik. Zwar gewann die deutsch-polnische Problematik nach dem 2. Weltkrieg, wenn man einmal von der kurzfristigen Diskussion um die Warschauer Verträge absieht, nicht mehr die Bedeutung wie zuvor, doch darf aus einer auf Regierungsebene betriebenen offiziellen Aussöhnung nicht umfassend gefolgert werden, daß damit eine über Jahrhunderte währende "schwierige Nachbarschaft" endgültig ihren Schlußstrich erhalten hat. Chauvinistische Gefühle, Ressentiments, Abneigungen, Haß im Psychogramm der Völker sind immer schwer auszulotende Faktoren, die – latent schlummernd – oft zu den unvermutetsten Zeiten im geschichtlichen Kontinuum aufbrechen, inwiefern eine Politik, die angesichts erdrückender machtpolitischer Realität einen de facto-Zustand durch ein de jure absegnete, um mögliche Spannungen unter den Tisch zu kehren, auch einen in Freiheit gewählten tatsächlichen Interessensausgleich zwischen den Deutschen und Polen darstellt, muß erst im Lauf weiterer Jahrhunderte des Zusammenlebens erprobt werden. Denn immerhin, das deutsch-polnische Verhältnis hat den Anlaß zu einem der verheerendsten Kriege der Weltgeschichte geliefert, in dessen Verlauf die Struktur des Alten Europa restlos zerstört wurde, Deutsche und Polen einen Teil ihrer Souveränität einbüßten; es mag jedoch sein, daß die Nachgeborenen aus dieser Katastrophe gelernt haben.

Heute ist das deutsch-polnische Verhältnis in eine andere Dimension gerückt: eingebunden in den ideologischen Konflikt der beiden Supermächte USA und UdSSR und ihrer Blöcke sind es im zweigeteilten Deutschland vor allem die Deutschen in der DDR, welche das deutsch-polnische Verhältnis im Guten wie im Bösen fortsetzen (die Frage stellt sich: wie verhält sich die DDR bei einem Beschluß des Warschauer Paktes, bei einer Zuspitzung der Lage in Polen dort zu intervenieren — wenn auch im Augenblick es den Anschein hat, als hätte das polnische Militärregime die Dinge im Griff), in der BRD verhielt man sich bis zum Aufkommen der unabhängigen polnischen Gewerkschaftsbewegung gegenüber Polen ziemlich desinteressiert, der einstige Nachbar war für diesen Teil der Deutschen in eine weitere Entfernung gerückt. Um die polnische Gegenwart zu verstehen, muß man jedoch auch Kenntnis der Vergangenheit haben; nur so ist ein vorurteilsfreies Urteil möglich. Hierzu dient bestens das vorliegende Buch mit seiner gestrafften Bewältigung der Fakten.

Von Otto dem Großen bis zu BRD und DDR auf der einen, der Piastendynastie bis zur Herrschaft der kommunistischen Partei auf der anderen Seite — die Beziehungen zwischen Deutschen und Polen waren und sind dabei auch immer ein Muster für das Zusammenleben zwischen Germanen und Slawen in den Räumen Ostmitteleuropas. Der moderne Nationalismus, der beiden Völkern so tiefe Wunden geschlagen hat, ist das letzte Kapitel einer problemreichen Geschichte, die in diesem Buch allgemein-verständlich dargelegt wird. Da Deutsche und Polen im Gesamtzusammenhang der europäischen Geschichte stehen, sind für die Vergangenheit Frankreich, die Osmanen und die russischen Zaren ebenso in die Darstellung miteinbezogen wie die beiden Supermächte für die unmittelbare Gegenwart. Besonders nachdrücklich geht das Buch auf das leidvolle Mit- und Gegeneinander beider Völker in diesem Jahrhundert ein. Das Neuerstehen Polens nach dem Ersten Weltkrieg, seine allmähliche Isolierung bis 1939, schließlich seine brutale Behandlung durch Hitler bis 1945 und durch die Sowjetunion ab 1945 sowie die Phase der Entspannungspolitik werden ausführlich behandelt.

Das Werk erweist sich als klare und allgemein-verständliche Zusammenfassung der Verhältnisse zwischen beiden Völkern in Geschichte und Gegenwart, mit dem Schwerpunkt auf der Zeit ab dem Ersten Weltkrieg. Das hochaktuelle Werk verbindet bei der Fülle der Fakten Lesbarkeit mit präziser Information, Sachlichkeit mit politischer Meinungsbildung. Jedem geschichtlich und politisch Interessierten wird es willkommen sein, in diesem Buch die Fakten gesammelt zu finden, die dem gegenwärtigen deutsch-polnischen

Verhältnis zugrundeliegen. Nicht unsichere Prophezeihungen werden hier gewagt, noch ideologische Wünschbarkeiten ausgemalt: der Verfasser bietet das Tatsachenmaterial, dessen Kenntnis zur Bildung eines eigenen politischen Urteils unerläßlich ist. (ar)

Guillaume-André de Bertier de Sauvigny
Geschichte der Franzosen
422 Seiten, DM 32,– (Hoffmann und Campe)

Eigentlich wissen wir viel zu wenig über Frankreich. Und das, obwohl sich die Beziehung zu unserem Nachbarn aus fast 400jähriger "Erbfeindschaft" in den letzten 30 Jahren zu Versöhnung und Verständigung gewandelt hat. Sicher, Tourismus, Medien und Jugendaustausch haben zum besseren Verständnis des heutigen Frankreich beigetragen, aber muß man nicht auch die Wurzeln, die Geschichte kennen? Ebenso wie der durchschnittliche französische Oberschüler mit Namen wie Friedrich Barbarossa oder Heinrich II. wenig anfangen kann, werden auch die meisten deutschen Oberschüler von Franz I. oder Mazarin wenig mehr sagen können, als daß es sie gegeben hat. Deshalb stellte sich der französische Professor Bertier de Sauvigny eine einfach scheinende und doch schwere Aufgabe: "eine Geschichte Frankreichs zu schreiben, die man als erste Einführung in die Hände junger Menschen legen oder jenen Ausländern empfehlen kann, die sich für unsere Kultur interessieren."

Die Darstellung ist chronologisch, 28 gleichgewichtige Kapitel führen von der Keltenzeit bis zur Gegenwart. Jedem Kapitel ist eine 15- bis 20zeilige Zusammenfassung vorangestellt, die wesentliche Entwicklungen, Ereignisse und Ergebnisse zeigt. Die Kapitel teilen sich in durchschnittlich halbseitige Abschnitte, die mit einer gut kennzeichnenden Überschrift versehen sind. Die bestechende, detaillierte Gliederung wird dann noch durch ein ausführliches Register ergänzt. Die Abschnitte sind nicht nur Darstellungen, dazwischen gibt es auch immer wieder Hintergrundinformationen und kurze Deutungsversuche. Der Autor beschränkt sich nicht nur auf politische Geschichte, sondern gibt auch Wirtschaft, Sozialstruktur und Kultur Raum.

Natürlich kommen bestimmte Sachverhalte zu kurz. Angesichts des Riesenzeitraums werden manche Ereignisse einfacher dargestellt als es die heutige Forschung sieht. Oft hätte man gerne mehr über Land und Leute gewußt, hinter der chronologischen Darstellung verschwinden bisweilen die übergreifenden Aspekte und säkularen Trends. Aber das kann man dem Autor nicht zum Vorwurf machen, der die sich selbst gestellte Aufgabe glänzend gelöst hat. De Bertier de Sauvigny hat eine knappe und gut verständliche Geschichte Frankreichs vorgelegt, die als Erstinformation wie als Nachschlagewerk hervorragend geeignet ist. (pe)

Hans-Joachim Schoeps
Preußen
Geschichte eines Staates
672 Seiten, Leinen, DM 29,80 (Ullstein)

Dieses Buch vereinigt einen ausführlichen Textteil mit einigen kurzen Essays, einem Dokumententeil und vielen Bildern zur brandenburgisch-preußischen Geschichte, ist also gewissermaßen ein "Hausbuch zum Thema Preußen". Wer sich mit ihm länger beschäftigt, kann sicher sein, zu diesem Thema mitreden zu können — mit einer wesentlichen Einschränkung: Schoeps informiert uns ausführlich bis zum 18. Januar 1871, dem Tag der Kaiserkrönung in Versailles, denn damit hört für ihn die Identität Preußens auf. Sie verwandelt sich mit anderen deutschen Elementen in die des kleindeutschen Reichs. Die Ausführungen bis zur Auflösung Preußens 1947 sind skizzenhaft, eine bloße Pflichtübung. Was auch immer Schoeps für diesen Standpunkt vorbringen mag: damit befriedigt er nicht das Bedürfnis des Bundesbürgers, den Aktualitätsbezug des Themas aufgeschlüsselt zu bekommen. Schoeps beläßt Preußen in der tiefen Historie, die zwar in Deutschland spielt, aber letztlich beziehungslose Vergangenheit bleibt — uns beschäftigt heute die Frage, ob das Bismarckreich versunken ist, und dies ist ja bereits die "hybride" Verwandlung Preußens, und nicht mehr die Wanderung durch die Mark Brandenburg, der das Herz des Autors gehört. Der kurze Essay "Lehren aus der preußischen Geschichte" genügt uns ebenfalls nicht, denn er beschränkt sich auf das Referieren der Meinung Hegels, das einzige, was man aus der Geschichte lernen könne, sei, daß man aus ihr nichts lerne. Dann Hegels Satz "Das Bildende der Geschichte ist etwas ganz anderes als die daraus hergenommenen Reflexionen" — was aber ist denn nun dieses "ganz andere"? Unsere Neugier wird nicht befriedigt. Das ist vielleicht weise Selbstbeschränkung des skrupulösen Historikers infolge der Erkenntnis der allzugroßen Liebe zum Gegenstande; denn auch in diesem Essay fehlen nicht die mehr gemütvollen als historisch relevanten Zitate. Überhaupt liebt der Verfasser, seinem prinzipiellen Konzept der Nachspürung des "Zeitgeistes" beständig folgend, das Heranziehen von Zitaten, die zwar dichte Atmosphäre vermitteln, aber einen weniger episch denkenden Leser leicht veranlassen können, den roten Faden vor lauter pittoresken Momentaufnahmen aus dem Auge zu verlieren.

Hat man dies aber akzeptiert, dann läßt sich kein populär-historisches Werk denken, das dem Leser zusammen mit ungetrübtem Vergnügen über den flüssigen, anschaulichen und engagierten Stil mehr an willkommener Belehrung bieten könnte.

Das Engagement bedingt allerdings auch, daß der Autor höchst individuelle Auffassungen vertritt. Und manchmal begegnen auch schon bei unvoreingenommener Lektüre Bedenken: der Frankfurter Fürstentag 1863, mit dem Österreich den Deutschen Bund festschreiben wollte, wurde von Bismarck doch deswegen boykottiert, weil er eine österreichische Initiative war und ihm die Möglichkeit verbaut hätte, Deutschland unter preußischen Vorzeichen in der kleindeutschen Lösung zusammenzuführen. Traut Schoeps dem großen Bismarck derlei destruktiv-konstruktiven Zynismus nicht zu, wo er doch bei Politikern so häufig vorkommt, und gerade bei den fähigen? Daß diese Nuance nicht erörtert, sondern mit dem auffallend konventionellen Hinweis abgetan wird, die kleindeutsche Lösung wäre für die emporstrebende Industrie sowieso besser gewesen (was erst noch zu beweisen wäre!), ein Hinweis, den Bismarck selbst bei dieser Gelegenheit nicht gab, zeigt, daß auch der glanzvolle Name Schoeps mit kritischer Vorsicht konsumiert werden muß. (ri)

Günther Stökl
Russische Geschichte
Von den Anfängen bis zur Gegenwart
3., erweiterte Auflage, XII und 888 Seiten, 6 Karten und 2 Stammtafeln, geb. mit Schutzumschlag, DM 28,50 (Kröner)

Das Handbuch zur Russischen Geschichte Prof. Dr. Günther Stökls hat innerhalb der umfangreichen Rußland-Literatur den Charakter eines Standardwerkes angenommen. Es liegt in 3. Auflage vor, allerdings erfolgte keine Neubearbeitung der ursprünglichen Fassung, sondern es wurden lediglich Verbesserungen und Ergänzungen angebracht, so daß der Forschungsstand der letzten fünfzehn Jahre nicht mehr eingearbeitet ist. Die Geschichte Rußlands wird auf über 800 Seiten bis zum Ende der Chruschtschow-Ära dargestellt, ein Schlußkapitel "Nach Chruščevs Sturz" versucht in der 3. Auflage eine Heranführung an die Gegenwart zu bringen, ist jedoch bereits wieder ergänzungsbedürftig. Sieht man einmal davon ab, daß für den Spezialisten nicht der allerneueste Forschungsstand eingearbeitet ist, erweist sich das Werk auch weiterhin für breite Kreise historisch Interessierter als brauchbares, verläßliches, höchst informatives Nachschlagewerk mit einer gekonnten Verarbeitung der Fülle an Fakten, wie sie Ländergeschichten und in diesem Falle gar der Aufstieg eines Staates zur Großmacht und letztendlich Weltmacht mit sich bringen, zugleich aber auch als auf fester wissenschaftlicher Grundlage stehendes und zugleich höchst lesenswertes Werk, was wiederum beweist, daß das eine das andere nicht notwendigerweise ausschließen muß, wie es zuweilen, eine scheinbare unversöhnliche Polarität heraufbeschwörend, werbliche Verlagstexte bei populär-wissenschaftlichen Büchern glauben lassen möchten: als ob die Lesbarkeit nur das Sachbuch oder die journalistisch-popularisierende Feder brächten.

Hier liegt ein Buch vor, in dem man nicht nur gelegentlich blättert oder weil man ein Detail wissen möchte (was man natürlich auch tun kann), sondern in dem man dem Autor von der 'Frühzeit und dem Kiewer Reich' bis in die Gegenwart der Entfaltung der Sowjetmacht nach dem 2. Weltkrieg und dem Aufstieg Rußlands zur Supermacht folgt. Billige sprachliche oder methodische Effekte der Darstellung werden bewußt von seiten des Autors vermieden, in der Breite wissenschaftlichen Wissens stehend kann der Verfasser ein zuverlässiges, abgesichertes Werk vorlegen, das aus sich heraus schon genügend Spannung und Aktualität besitzt; die geschickte Bewältigung des überreichen Datenmaterials ohne Überladenheit der Details verrät den Fachmann, der auch die wissenschaftliche Diskussion und die strittigen Fragen und gegensätzlichen Standpunkte aus überschauendem Abstand genügend zur Geltung bringt.

In die Gesamtdarstellung, die notwendigerweise die politische Entwicklung aufzeichnet, sind auch genügend Materialien aus dem sozio-ökonomischen und kulturellen Bereich eingeflochten, was insgesamt ermöglicht, ein in der Breite ebenfalls die Ansprüche, die gemeinhin an handbuchartige Werke gestellt werden, erfüllendes Bild der Geschichte Rußlands zu gewinnen. Eine umfangreiche Bibliographie empfiehlt das Werk auch dem wissenschaftlichen Benützer; Register, Stammtafeln und Karten unterstreichen noch den Anspruch auf Gediegenheit. (pa)

Wilhelm Treue
Deutsche Geschichte
Von den Anfängen bis zum Ende der Ära Adenauer
5., durchgesehene und erweiterte Auflage, XIII, 1009 Seiten, geb. mit Schutzumschlag, Taschenausgabe, DM 28,50 (Kröner)

Geschichtsschreibung, welche sich der Entwicklung eines Volkes, einer Nation, eines Landes über einen langen Zeitraum hinweg annähert, wird sich immer vor die Problematik der Stoff- und Faktenbewältigung gestellt sehen, es ist ihr unmöglich, alles an "Geschehenem" in Politik, Kultur, Wirtschaft, Gesellschaft zu verarbeiten, will sie nicht zu einem nicht mehr überschaubaren Ausmaß ausufern; notwendigerweise sieht sie sich daher gezwungen, zu selektieren und Wichtungen zu setzen, um eine gestraffte, gegliederte, überblickbare Form zu erreichen. Ihre besonderen Tugenden sind deshalb die Einschränkung der Faktenflut, deren sachliche Bewältigung, die Scheidung des Wesentlichen vom Unwesentlichen, das Herausarbeiten von Zusammenhängen, das Erkennen der eine Epoche prägenden Kraft, um nur einiges zu nennen. Dies sind zwar keine neuen Erkenntnisse, sie wurden jedoch kurz ins Gedächtnis gerufen, weil die vorgelegte "Deutsche Geschichte" Professor Dr. Wilhelm Treues diese "Tugenden" in hohem Maße erfüllt. Daß dieses Werk auf Grund seiner Qualität daher sein Publikum fand und auch weiterhin finden wird, ist verständlich, wovon auch die Tatsache zeugt, daß es seit 1978 in fünfter erweiterter Auflage vorliegt.

Es handelt sich nach der Aussage des Verfassers um eine wissenschaftliche "Deutsche Geschichte von den Anfängen bis zum Jahre 1968/69", das heißt bis zu den äußersten Ausläufern der Ära Adenauer und bis zur Bundestagswahl 1969, das Adjektiv wissenschaftlich schränkt die Arbeit jedoch nicht auf einen rein fachlich gebildeten Benutzerkreis ein, sondern will lediglich aussagen, daß sie auf einem wissenschaftlichen Fundament, der historischen Forschung mit ihren neuesten Ergebnissen, ruht, die klare, sachlich-objektive, zum Wesentlichen kommende Diktion, welche ephemere Modernismen und alle überflüssigen Schnörkel, ferner ein Abgleiten in Spezialgebiete vermeidet, sichert dem Werk auch eine breite Leserschaft. Hierfür sorgt zudem der eingenommene, auch in Methodik und Sprache sich äußernde Standpunkt der "erzählenden Geschichtsschreibung", "die mit einem **Leser** im Unterschied zum wissenschaftlichen **Benutzer** rechnet". Der Autor will im Sinne von Vierhaus Geschichtsschreibung auch als "Literatur" verstanden wissen, wozu auch zitierte "treffende und eindrucksvolle Formulierungen" anderer Historiker beitragen sollen.

Die kenntnisreiche Gesamtdarstellung deutscher Geschichte ist übersichtlich gegliedert und erlaubt damit das rasche Einlesen und Erfassen auch von kürzeren Zeitabschnitten, zu dem damit gegebenen Nachschlagewerkcharakter trägt auch ein ergiebiger Anhang mit Stammtafeln der Herrscherdynastien, einer Kanzler-Liste, einer breiten Bibliographie und einem Register bei. Primat als am stärksten die Strukturen eines Landes und Volkes bestimmende Kräfte besitzt die politisch-militärische Geschichtsschreibung, nicht so sehr als "große Politik der Kabinette" oder als personale Geschichte, sondern als eine breit angelegte "politische" Geschichte, welche von den jeweiligen Zeitströmungen und geistigen Grundlagen geprägt wird, kultur-, technik- und sozialgeschichtliche Aspekte werden — allerdings stärker zurückgedrängt — mit einbezogen. Dies ist nicht als Schwäche der Darstellung zu werten, sondern als durch die Zielsetzung vorgegebene Einschränkung zu sehen. Das Buch empfiehlt sich für den historisch Interessierten sowohl als Nachschlagewerk für eine rasch gesuchte Information über eine Epoche, einen Zeitabschnitt etc. als auch als lebendige, lesenswerte Gesamtdarstellung deutscher Geschichte. (pa)

Frühgeschichte — Antike — Spätantike — Frühes Mittelalter

Helmut Böhme
Europäische Wirtschafts- und Sozialgeschichte I
Morgenland und Abendland
300 - 750 n. Chr.
235 Seiten, Kt., DM 7,80 (Fischer)

Der vorliegende Band ist der erste einer Reihe von insgesamt sechs Büchern, die die Wirtschafts- und Sozialgeschichte Europas bis in die unmittelbare Gegenwart hinein behandeln, etwa bis ausschließlich des "Ölschockes" von 1973. Der Verfasser ist Professor für Mittlere und Neue Geschichte. Dementsprechend ist sein Stil recht akademisch, unplastisch, oft genug kompliziert auf überflüssige Weise. Manches könnte der Autor auch wesentlich kürzer ausdrücken und bekäme damit Raum, um auch in dem vorgegebenen engen Rahmen zusätzliche Einzelheiten einzubauen. Zum Beispiel erfahren wir nicht, welche Schicksale im einzelnen die Bauernaufstände der "Bagauden" in Gallien hatten, die in spätrömischer Zeit immer wieder ausbrachen. Der Autor setzt generelle Ausführungen nebeneinander, ohne ein Zeitpanorama zu bieten, und das macht seine Darstellung zweifelsohne wissenschaftlicher, aber auch schwerer lesbar. Und verleitet ihn auch dazu, für die Zeit der Eroberung Roms durch die Westgoten (410) Ammianus Marcellinus als Quelle heranzuziehen, was zumindest verwirrend ist, denn die Darstellung dieses Historikers endet bekanntlich mit der Schlacht von Adrianopel (378).

Der Höhe des Überblickes, der hier geboten wird, stehen teilweise Niederungen des Stiles gegenüber, die sich leider aus dem Bemühen um aktualisierenden Wortschatz ergeben. Etwa wenn die Völkerwanderung ab 375 mit dem Nord-Süd-Gefälle unserer Zeit verglichen wird, ein Vergleich, der noch mehr hinkt, als Vergleiche üblicherweise hinken. Die Überschrift "Der arabische Aufbruch oder die Verzinsung des Glaubens" soll anscheinend flott wirken. Der Zusammenbruch der römischen Rheinfront war "vorprogrammiert", Justinians Ausgreifen nach Westen zur Wiederherstellung der Reichseinheit ist "reconquista", Diokletian regiert u. a. durch einen "Radikalenerlaß", und andere Ausdrücke mehr lassen wünschen, daß der Verfasser doch lieber im akademischen Stil hätte bleiben sollen. Wer sich ernsthaft für Geschichte interessiert, wird aber, wenn er sich erst einmal zu intellektueller Anstrengung entschlossen hat, hier eine Fülle von Gedanken und Anregungen finden, die ihm über das gängige Geschichtsbild hinaus eine Bereicherung von Wissen und Verständnis bieten. Wer sich z. B. in den Streit der Historiker über die Grenzziehung zwischen Antike und Mittelalter einlesen will, findet einen ersten Einstieg, wenn die Darstellung natürlich auch nicht den Anspruch erhebt, hierzu umfassend zu informieren. Jedenfalls sind gerade Wirtschafts- und Sozialgeschichte dazu berufen, zusammen mit Byzantinistik und Mediävistik aufzuzeigen, daß die vieldiskutierte Grenze zwischen Altertum und Mittelalter recht fließend ist.

Das im Verhältnis zum Text sehr umfangreiche Literaturverzeichnis kann schon fast als erschöpfend bezeichnet werden und ist wohl auch noch für Wissenschaftler eine wertvolle Arbeitshilfe. Bleibt zu hoffen, daß die Fehler im Zitatenapparat am Ende des Bandes sich auf Ausnahmen beschränken — Ammianus Marcellinus z. B., der Kronzeuge der Spätantike, ist unzutreffend zitiert. Die lateinischen Textstellen sind nicht immer glücklich eingefügt, da sie grammatikalisch mit den deutschen Satzteilen nicht in Zusammenhang stehen.

In summa: keine leichte Kost, aber für fortgeschrittene Jünger der Historia durchaus zu empfehlen. (ri)

Helga Gesche
Rom-Welteroberer und Weltorganisator
320 Seiten, 23 Abbildungen auf Tafeln, 3 Karten, Leinen, DM 42,– (Beck)

Populär geschriebene Bücher, zumal wenn sie von einem Wissenschaftler verfaßt sind, sind immer noch Mangelware. Und so fällt es leicht, Helga Gesches Buch über den Wandlungsprozeß des Römischen Reiches zu empfehlen. In verständlichem Stil erläutert die Geschichtsprofessorin, wie sich der expansive republikanische Stadtstaat in ein monarchisch regiertes Reich entwickelt, das die damals bekannte Oikumene in die einheitliche Ordnung eines Weltstaates integriert und Jahrhunderte überdauert. In diesem Zusammenhang beschreibt Helga Gesche die Grundlagen, auf denen das Imperium Romanum ruhte, und die Mittel, die seinen jahrhundertelangen, einheitlichen Bestand ermöglichten.

Faszinierend an dem Buch ist die zeitnahe Begrifflichkeit, die dennoch nie der Versuchung erliegt, die Geschichte Roms mit den Maßstäben unserer Zeit zu messen. Im Gegenteil: die Autorin versucht gerade, die römische Geschichte aus der damaligen historischen Befindlichkeit heraus zu verstehen. Dabei wird vor allem die auch heute sehr aktuelle Wechselbeziehung zwischen dem auswärtigen, machtpolitischen Aufstieg des republikanischen Rom und seinem innerstaatlichen Zerfall und Niedergang deutlich, ebenso die Stabilisierung des monarchischen Rom durch Integration aller Bewohner des Orbis Latinus.

Einziger Schwachpunkt dieses originellen und empfehlenswerten Buches ist die im Anhang abgedruckte schematische Darstellung des republikanischen Staates, die eher verwirrt als Klarheit bringt.

Helga Gesche wurde nach Promotion und Habilitation im Fach Alte Geschichte an der Universität Frankfurt 1972 zum Professor ernannt und 1978 an die Universität Gießen berufen. Neben dem vorliegenden Buch hat sie sich durch zahlreiche wissenschaftliche Publikationen einen Namen gemacht. (or)

Hermann Noelle
Die Langobarden
Germanen begegnen Rom
336 Seiten, Leinen, DM 29,80 (Türmer)

"Aus der Begegnung dieses Volkes mit der Antike entsteht das Mittelalter und daraus unsere Zeit. Ohne sie wären wir nicht das, was wir sind" — mit dieser Formulierung kennzeichnet Autor Hermann Noelle das Vorverständnis, das sich in seinem Buch über "Die Langobarden" niederschlägt. Der Band zeigt den Weg jenes germanischen Volkes durch nicht weniger als tausend Jahre und führt aus dem Halbdunkel der Stammessage von Skandinavien über Deutschland, Ungarn und Oberitalien in das helle Licht der Geschichte. Er schildert damit quasi den letzten Akt der antiken Völkerwanderung und berührt gleichzeitig — ganz zwangsläufig — auch andere Stämme und Völker jener Zeit.

Trotz einer eher dürftigen Quellenlage unternimmt Noelle den Versuch, gerade auch die soziale und kulturelle Welt jenes Volkes der Langobarden lebendig werden zu lassen. Dabei wird eine Fülle von Aspekten in die Untersuchung mit einbezogen. Das Buch befaßt sich im einzelnen mit dem germanischen Königtum, der Stellung der Frau in der Gesellschaft, den sehr ausgefeilten Rechtsnormen, der Architektur und den Mechanismen der Anpassung an die christliche Religion, um nur einige Themen zu nennen. Verdienstvoll ist speziell die Rekonstruktion germanischer Denkweisen, die heute fremdartiger erscheinen als etwa das Denken der alten Griechen. Im Gegensatz zu manchen anderen historischen Büchern bleibt der Autor auch nicht auf der Ebene einer abstrakten Betrachtung stehen, sondern bezieht den Alltag der Langobarden mit ein.

Das Werk ist in sehr anschaulicher Weise geschrieben, wenn auch die Lektüre durch einen eigenwilligen und sprunghaften Sprachstil erschwert ist. Noelle mischt außerdem das vorhandene Wissen aus den Überlieferungen, den schriftlichen Zeugnissen sowie den archäologischen Funden mit eigenen Überlegungen, mit Hypothesen und Fragestellungen und kommt vom wissenschaftlichen Standpunkt aus gesehen zu bisweilen überraschenden Schlüssen und zu Assoziationen, die eher gekünstelt wirken. Das Verständnis des Textes setzt zudem in einigen Abschnitten ein gewisses historisches Grundwissen voraus. (my)

Jürgen Spanuth
Die Atlanter
Volk aus dem Bernsteinland
3. Auflage, 508 Seiten, 52 Bildtafeln und Abbildungen, Ganzleinen, DM 38,– (Grabert)

Das Buch reiht sich ein in die Liste jener Arbeiten, die versuchen, in einer der offenen Fragen der Geschichte eine bestimmte von mehreren möglichen Hypothesen zu beweisen und die aufgrund einer ungeheuer fleißigen Zusammenstellung historischer Hinweise eine in sich schlüssige Argumentation liefern, die von einem Leser, der nicht in die Details des Themas eingearbeitet ist, nicht zu widerlegen ist – wobei Vertreter kontroverser Theorien die gleiche Schlüssigkeit beanspruchen mögen. Jürgen Spanuth hat zu seiner vorliegenden Arbeit nicht weniger als 694 Titel berücksichtigt.

Mit Hilfe jüngster archäologischer Funde und so bedeutsamen Überlieferungsgutes wie des Atlantisberichts, der altnordischen Edda, des Awesta und des Alten Testaments zeigt der Autor, daß die sagenumwobenen Nordmeervölker des Atlantisberichts mit den bronzezeitlichen Frühgermanen identisch sind und daß deren Reich, das in den Naturkatastrophen des 13. Jahrhunderts vor Christi Geburt untergegangen ist, bei Helgoland seinen Mittelpunkt hatte. Andere Autoren siedelten das sagenumwobene Reich Atlantis, das bisweilen als "größtes Rätsel der Weltgeschichte" bezeichnet wird, in der Ägäis, bei den Azoren oder den Kanarischen Inseln an; wieder andere sehen in dem antiken Atlantisbericht (Auszüge davon sind in dem Buch wiedergegeben) sogar einen "Utopie-Roman ohne historischen Hintergrund" – was Spanuth entschieden zurückweist.

Breiten Raum nehmen in der Behandlung die Wanderwege der Atlanter ein, die Spanuth mit den "Bernsteinstraßen" identifiziert. Auch die Authentizität dieser Wanderungen, die bis nach Italien, Griechenland, Vorderasien und Nordafrika geführt haben müssen, wird anderswo schlicht bestritten.

Insgesamt handelt es sich um ein Buch, dessen Lektüre historische Grundkenntnisse zur Voraussetzung haben sollte und dessen inhaltliche Bewertung (die Verlagswerbung spricht von der "größten geschichtlichen Entdeckung der Gegenwart") jedem Leser selbst überlassen bleiben muß. (my)

Anton Sterzl
Der Untergang Roms an Rhein und Mosel
200 Seiten mit 27 Abbildungen, Format 14 x 21,5 cm, farbiger Schutzumschlag, Leinen, DM 29,80 (Greven)

Krise, Katastrophe und Kompromiß im zeitgenössischen Denken der Völkerwanderung — dies ist, aus geistesgeschichtlicher Sicht, das Thema dieses Buches. Es will zugleich zeigen, daß das 5. Jahrhundert als Bruchstelle zwischen dem Untergang Roms und dem Beginn des Mittelalters in der Geschichtsschreibung zu Unrecht vernachlässigt wird.

Das Buch, das "allen Franken zwischen Paris und Bayreuth" gewidmet ist, ist äußerst fesselnd geschrieben. Der Autor geht davon aus, daß Weltgeschichte zugleich Lokalgeschichte sein kann — und umgekehrt. In jenem scheinbar so dunklen Jahrhundert stellt sich zugleich heraus — so die These Anton Sterzls —, daß nicht nur Kaiser und Feldherrn Geschichte machen: in der vorliegenden Epoche zum Beispiel auch die römische Witwe, die in Köln zur Putzfrau bei den Germanen wird.

Sterzl macht deutlich, daß der Kampf um den Rhein geopolitische wie irrationale Züge hatte; daß die "Barbaren" den Römern in jener Zeit sittlich weit überlegen waren; und daß die Römer bei ihrem Rückzug nicht nur leergefegte Legionslager, Kastelle und Straßenstationen, sondern auch etliche unlösbare Rätsel hinterließen — um nur einige Aspekte anzusprechen. Viel Raum füllt speziell die Geschichte von Heiligenfiguren jener Zeit oder von kirchlichen Persönlichkeiten wie der des Pressbyters Salvianus, des "Marx, Bloch oder Böll im 5. Jahrhundert", wie ihn Sterzl kennzeichnet, und der als Schriftsteller mit die aufschlußreichsten Zeugnisse über jene Epoche hinterlassen hat.

Insgesamt bietet der Band dem interessierten Leser eine Ergänzung zur Geschichtsliteratur über das Ende des Römischen Reiches nördlich der Alpen und füllt eine Lücke in der Geschichtsschreibung. Auch aus Expertensicht handelt es sich um eine sorgfältige Aufarbeitung schriftlicher Quellen und archäologischer Funde zum genannten Thema. (my)

Heiko Steuer
Die Franken in Köln
168 Seiten, 8 vierfarbige und 51 s/w-Abbildungen, farbiger Einband, DM 29,80 (Greven)

Heiko Steuer verdient die Anerkennung, Geschichte in einer Form vorzustellen, die Interesse erweckt. "Die Franken in Köln" spiegeln, begrenzt auf eine bestimmte Region, die Entwicklungsfähigkeit kultureller Einflüsse wider. Gleichzeitig gewinnt der Leser die Erkenntnis, inwieweit Auswirkungen menschlichen Handelns machtpolitische Hintergründe reflektieren.

In den heutigen Niederlanden hatten die Franken ihre Stammlande. Sie gerieten unter römische Abhängigkeit und galten als Barbaren. Die Stadt Köln, römisch gegründet, lag im Brennpunkt politischer Auseinandersetzungen. Steuer weist darauf hin, in welchem Wohlstand die Kaiserstadt Köln aufleben konnte. Noch gab es keine Volksgemeinschaft der Franken. Teilstämme wie Usipier, Tubauten, Chatten, später auch Franken genannt, hatten keine gemeinsame Kultur. Heerhaufen zogen mordend und plündernd durchs Land. Ihre militärische Tüchtigkeit veranlaßte römische Heerführer, Franken in ihre Dienste aufzunehmen. Diese Tendenz machte es notwendig, daß Franken mit hohen militärischen Ämtern betraut wurden. Der sich daraus entwickelnde Adel der Merowinger und Karolinger ist in der deutschen Geschichte festgeschrieben. Mit dem Machtzuwachs fränkischer Adeliger und der Bindung einzelner Stämme zu einem Volk entwickelte sich der Übergang von römischer zu fränkischer Kultur. Heiko Steuer belegt sehr informativ diese unumgängliche Tatsache.

Die Kultur der Franken ist romanisch geprägt, Köln der zentrale Mittelpunkt. Sigibert, erster Frankenkönig, beherrscht Köln samt Umland, bleibt aber Bündnispartner von Rom. Aus dem Geschlecht der Merowinger ergreift der Franke Chlodwig die Macht. Dessen Persönlichkeit verhilft dem fränkischen Element zum Durchbruch. Rom kann diesen fränkischen Charakter nicht mehr in die Knie zwingen. Militärisch überlegen schüttelt dieser das römische Joch von sich ab, beseitigt rücksichtslos fränkische Unterfürsten und gründet das erste fränkische Großreich.

Der gesellschaftliche Status des Franken wird von Heiko Steuer beispielhaft ausgeführt. Die Fülle der Grabbeigaben bestimmen seinen sozialen Rang. Der Franke lebte in einem familiären Verbund, bewirtschaftete hauptsächlich sein Ackerland, bewies in der Holzverarbeitung große Talente. In seinem Herzen war er Krieger, dem König und dem Heerführer untertan, solange diese für Beute und Ruhm geradestanden. Waren die Anführer schwach, sei es durch körperliches Leid oder fehlendes Durchsetzungsvermögen, tolerierte man geschlossen die Ablösung. Chlodwig, der Reichsgründer, nutzte dieses Verhalten geschickt aus, indem er Sigibert, den Frankenkönig, in Köln wegen einer Kriegsverletzung der Lächerlichkeit preisgab. Sigiberts eigener Sohn hatte im Interesse Chlodwigs gegen seinen Vater intrigiert.

Heiko Steuer beschreibt solche Zusammenhänge sachlich, er bleibt seinem Anliegen treu, kulturhistorische Information nicht abenteuerlich zu verfärben. Die Franken in Köln traten das römische Erbe an. Fränkische Anführer übernahmen deren brachliegenden Grundbesitz einschließlich der Güter im Umkreis der Stadt. Die stolzen Frankenkönige, ihrer Stellung bewußt, horteten wahre Schätze, die größtenteils in Gold zur Machterhaltung und Truppenaushebung verwendet wurden. Je nach Siegersituation wechselte der Königsschatz seinen Besitzer. Köln, die Stadt der Franken, verlor allmählich an Bedeutung. Reims und Metz rückten nach, wurden Hauptstädte, zumal die geographische Lage im damaligen fränkischen Machtbereich dominierte. Von der ehemaligen Pracht zeugen noch heute ausgegrabene Domgräber. Der führende Adel der Merowinger versinkt in den Annalen geschichtlicher Veränderungen. Köln erlebt die Zeit der Karolinger, bleibt Amtssitz. Bauliche Veränderungen legen Zeugnis ab, wie tief sich solche Machtverschiebungen kulturell auswirken.

Köln und Franken sind von nun an Lehnsstaat im karolingischen Großreich. Rom jedoch ist nicht mehr antik, sondern heiliges Zentrum der Christen. Köln profitiert noch einmal aus seiner Vergangenheit, wird Erzbistum. Die Sitte der Franken, ihre Toten mit wertvollem Schmuck und zahlreichen Waffen zu bestatten, hatte negative Begleiterscheinungen. Ungeheuere Mengen an Kaufkraft, hauptsächlich Edelmetalle, verschwanden im Erdreich. Gegen Ende der Frankenzeit etablierte sich ein neuer Berufsstand, die Gilde der

Grabräuber. Fachkundige Spezialisten plünderten im 7. Jahrhundert systematisch die Gräber, um sich auf verbrecherische Weise zu bereichern.

"Die Franken in Köln" erweist sich für alle diejenigen interessant, welche kulturhistorische Neigungen haben. Daß das Buch wissenschaftlichen Charakter hat, liegt in erster Linie im Detail. Hier erreicht der Autor Persönlichkeit, indem künstlerische Darstellungen einerseits und Alltagsleben andererseits zusammengehören.

(ra)

Mittelalter

Hartmut Bookmann
Der Deutsche Orden
Zwölf Kapitel aus seiner Geschichte
320 Seiten, 36 Abbildungen auf Tafeln, Leinen, DM 38,– (Beck)

Die Darstellung ist sowohl stilistisch als auch inhaltlich uneingeschränkt zu empfehlen. Der Autor geht an seinen Stoff mit der Souveränität des Fachmanns heran, wobei es der Brauchbarkeit des Buches auch für breitere Leserschichten keinen Abbruch tut, daß er Ordinarius für Geschichte ist. Im Gegenteil: das ist ein entscheidender Vorteil, denn er hat die "Schreckensvorstellung eines Deutschordens-Sachbuches nach dem Muster der bekannten Bände über Germanen, mittelalterliche Cäsaren oder Hansekaufleute" vor Augen und deshalb dieses Buch geschrieben, wie er in der Einleitung berichtet. Er bändigt die Materialfülle vorbildlich. Nicht nur das Wirken des Deutschen Ordens in Preußen und im Baltikum wird beschrieben, sondern auch seine Entstehung im Heiligen Land und sein Nachleben sowohl in der deutschen als auch in der polnischen Geschichtsbetrachtung. Da der Orden auch heute noch in verwandelter Form besteht, bricht die Darstellung nicht mit der Säkularisierung von 1525 ab, sondern führt bis in die unmittelbare Gegenwart.

Der Autor geht den Gegenstand objektiv an und läßt weder die urkundlichen Lügen zuungunsten des Johanniterordens aus, die am Anfang der Ordensgeschichte stehen, noch seine grausame Kriegführung, die allerdings im späten Mittelalter üblich war. Der Leser wird es dem Autor dabei wahrscheinlich nicht verübeln, daß er militärische Einzelheiten insgesamt und die entscheidende Schlacht von Tannenberg im besonderen recht kursorisch abhandelt — obwohl letztere sicher nicht in ziellosem Rauben und Plündern ohne strategisch-taktische Hintergedanken aufgeht, der Kriegsweise, die der Autor für das späte Mittelalter ein klein bißchen zu summarisch als die übliche bezeichnet. Die Behandlung der leidigen Frage nach der Rechtmäßigkeit des Erwerbes von Pommerellen kann dem aufmerksamen Leser dazu dienen, an Klischeevorstellungen zu zweifeln, die das historische Denken epidemieartig heimsuchen: hier, daß es ein beständiges Ziel der polnischen Könige gewesen sei, Pommerellen wiederzugewinnen, ebenso, daß der Orden seinen Erwerb schicksalshaft gewollt haben muß aus geopolitischen Gründen: man bekommt nahegelegt, daß "Geopolitik" auch kein Naturgesetz sein muß, wenngleich die Auffassung des Autors, dem Orden hätte Pommerellen auch gleichgültig sein können, so wiederum nicht stimmen kann. Denn es war ihm nützlich, auch auf dem Landweg Zuzug aus dem Reich bekommen zu können.

Damals schwebte ein Prozeß am päpstlichen Hof, vom polnischen König gegen den Erwerb Pommerellens angestrengt. Aber "der Historiker jedenfalls sollte nicht probieren, nach Jahrhunderten einen solchen Prozeß wieder aufzunehmen". – ein weises Wort! Derlei beherzigenswerte und nüchterne Feststellungen sind über das ganze Buch in wohltuender Fülle verstreut.

Der Verfasser hat das Versprechen aus der Einleitung eingelöst und einen wichtigen Komplex der deutschen Geschichte vor der Vermarktung durch Blender und Schnellschreiber gerettet. Damit leistet er gleichzeitig einen Beitrag zur Versachlichung des deutsch-polnischen Geschichtsbildes, für das der Deutsche Orden ein neuralgisches Kapitel darstellt. Da wir überzeugt sind, daß auch ein vernünftiger Pole sein kurzes Werk mit Gewinn und ohne Widerspruch lesen kann, leistet er auf diese Weise mehr als die verfehlten deutsch-polnischen Schulbuch-Empfehlungen. (ri)

Philippe Dollinger
Die Hanse
606 Seiten, 6 Karten, DM 28,50 (Kröner)

Das Buch des Straßburger Professors Dollinger über die Hanse, das inzwischen auf deutsch in 3., überarbeiteter Auflage vorliegt, kann zu den Standardwerken zu diesem Thema gerechnet werden. Diese wissenschaftliche Gesamtdarstellung arbeitet eine Fülle zuvor unbekannten authentischen Materials auf und zeichnet die Geschichte der Hanse, ihre Bedeutung für den Handel, aber auch für Kultur und Gesellschaft, ihre Entwicklung und ihren allmählichen Verfall eindrucksvoll und umfassend nach. Der Autor hat freilich auch den Mut, auf Lücken im vorhandenen Wissen (etwa über den Umfang des innerdeutschen Hansehandels) hinzuweisen.

Die Hanse als Zusammenschluß norddeutscher Kaufleute, der in der Mitte des 14. Jahrhunderts in eine Städtegemeinschaft umgewandelt wurde, wird als eine einzigartige Schöpfung in der mittelalterlichen Geschichte hingestellt. Als "Geheimnis" ihrer langen Lebensdauer sieht Dollinger das starke Solidaritätsgefühl, das ihre Mitglieder jahrhundertelang einte, ohne daß dabei Zwang eine nennenswerte Rolle spielte. Für den Autor ist die Hanse allerdings nicht ein Phänomen, das um ihrer selbst willen eine Würdigung verdient. Denn die Hansen haben immer wieder versucht, ihre Konflikte und Beschwerden untereinander wie auch mit dem Ausland durch Schlichtung und Verhandlungen beizulegen: sie haben auf diese Weise "eine Klugheit vorgelebt, über die nachzudenken sich wohl auch heute noch lohnt". Diese Klugheit herauszuarbeiten, ist eine Aufgabe, die sich für dieses Buch nebenbei gestellt hat.

Einen repräsentativen Einblick in die Hansezeit gibt allein schon der 77 Seiten starke Quellenanhang. Er enthält Dokumente zur Gründung der Stadt Lübeck ebenso wie Auszüge aus der Chronik des Danziger Reeders Caspar Weinreich, die Satzung einer Kaufmannsgesellschaft, Bestimmungen gegen den Kauf auf Kredit und Handelsstatistiken. Sehr ausführlich sind ferner die Hinweise auf weitere Literatur. (my)

Kurt-Ulrich Jäschke
Wilhelm der Eroberer
Sein doppelter Herrschaftsantritt im Jahre 1066
112 Seiten, broschiert, DM 38,— (Thorbecke)

Dies ist ein Buch der akademisch-historischen Forschung, das sich mit der Eroberung Englands durch Herzog Wilhelm von der Normandie befaßt, die in der berühmten Schlacht von Hastings kulminierte. Der Autor behandelt das Thema nicht, indem er die angelsächsische Periode vor Hastings der Errichtung eines zentralistischen Lehensstaates durch die Normannen entgegensetzt, wie das üblicherweise getan wird und wie es auch der weltgeschichtlichen Wertigkeit von Wilhelms Unternehmen entspricht, sondern indem er sich bewußt einem Einzelthema zuwendet: der Begründung von Wilhelms Königtum durch Akte unmittelbar nach der Schlacht und durch die zweieinhalb Monate später stattfindende Krönung in Westminster unter gleichzeitiger Beibehaltung des Titels des Herzogs der Normandie.

Hierbei geht der Verfasser hauptsächlich von einer fast zeitgenössischen Quelle aus, dem metrischen "Lied von der Schlacht von Hastings", das als Lobgesang auf Wilhelm konzipiert wurde und den Feldzug von der Einschiffung in Frankreich bis zur Krönung Wilhelms zu Weihnachten 1066 darstellt. Er gewinnt so Aussagen verfassungsgeschichtlicher Art, die für das Westeuropa des hohen Mittelalters grundlegend sind. Da über die Angelsachsen und die Vorfahren des unterlegenen Königs Harald II. Godwinson auch nordgermanische Königsvorstellungen aus dem Skandinavien der heidnischen Wikinger ins Spiel kommen, taucht damit für den deutschen Leser eine Staatenwelt auf, die ihm für das 11. Jahrhundert nicht unbedingt vertraut ist, denn in Mitteleuropa gaben damals die Salier und, mit dem Investiturstreit beginnend, die Päpste politisch den Ton an. Die streng wissenschaftliche Entwicklung staatsrechtlicher Ideen, die urtümlich und kraftvoll-zukunftweisend zugleich anmuten, hat natürlich ihre Reize — in diesem Werk aber nur für den Spezialisten. Denn die Fußnoten, die fast die Hälfte des gesamten Textes ausmachen, wollen mitgelesen werden, und es besteht nicht nur der beständige Zwang zum bewußt kritischen Mitdenken, sondern eigentlich auch zum Weiterarbeiten und zum Vertiefen anhand der Literaturangaben und im Haupttext geführten wissenschaftlichen Diskussionen. Der Gedankengang ist, wie bei einem ernsthaften Historiker zu verlangen, von ausgewogener Feinheit und manchmal kriminalistischer Schärfe, setzt allerdings sowohl die Kenntnis der historisch-kritischen Methode als auch eine Fülle von Detailwissen nicht nur zur mittelalterlichen Geschichte im allgemeinen, sondern auch zum Charakter von deren

Quellen im besonderen voraus. Es liegt in diesem schmalen Umfang also eine sachlich vorzügliche Abhandlung vor, deren historiographische Gedankenfülle in umgekehrtem Verhältnis zu dem knappen Raum steht, mit dem sie auskommt. Für Kenner und Liebhaber eine Delikatesse, für Studenten der Geschichte und seriöse Dilettanten ein Kabinettstück an Quelleninterpretation, und insofern von pädagogischem Wert. Nur leider weder nach Inhalt noch nach Aufmachung ein Massenartikel. (ri)

Hansmartin Schwarzmaier
Die Heimat der Staufer
Bilder und Dokumente aus einhundert Jahren staufischer Geschichte in Südwestdeutschland
2. Auflage, 148 Seiten, 10 Textabbildungen und 64 Seiten Abbildungen, darunter 11 farbige, Leinen mit farbigem Schutzumschlag, DM 38,— (Thorbecke)

Dargestellt wird der Aufstieg der staufischen Familie und die Fundierung ihrer Herrschaft in Schwaben, von der Verleihung des Herzogstitels an Friedrich von Büren bis zum Abschluß der Kämpfe Barbarossas in Italien mit dem Frieden von Venedig und dem von Konstanz. Der Verfasser tut dies in kurzen und übersichtlichen Kapiteln, in denen die zeitgenössischen Quellen sehr ausführlich zu Wort kommen, fachkundig kommentiert werden. Die Kapitel schließen jeweils mit Angaben zur Primär- und Sekundärliteratur. Dadurch gewinnt die Darstellung wissenschaftlichen Rang, behält aber durch ihren ansprechenden Stil gleichzeitig eine Lebendigkeit, daß auch der Laie gern nach dem Buch greifen wird. Landkarten zu speziellen Themen, wie z. B. den Zentren des staufischen Hausgutes und den Städten des 12. Jahrhunderts, die in staufischem Besitz waren, verstärken die Anschaulichkeit und bieten schnelle Information zu einer Sache, die auch weitaus trockener und pedantischumständlicher dargestellt werden könnte. Wesentlich trägt dazu bei, daß sich der Autor nicht in Einzelheiten der Familiengeschichte verliert, sondern den gesamten politischen Hintergrund des staufischen Aufstiegs beständig im Blick behält. Auch in die Kulturgeschichte wird ausgegriffen. Schließlich muß noch das Schlußkapitel "Die Vielgestalt des 12. Jahrhunderts" besonders hervorgehoben werden. In ihm skizziert der Verfasser in übersichtlicher und klarverständlicher Weise die geistige Situation der Barbarossa-Zeit generell und was in ihr als "typisch staufisch" zu gelten hat. Glücklich endet der Band mit einem Zitat des "Archipoeta" zur Verherrlichung Barbarossas. Man spürt an der Souveränität von Diktion und historischem Urteil, daß anhand des damals wichtigsten Herzogtums des Heiligen Römischen Reichs eine Entwicklung von welthistorischem Ausmaß anschaulich gemacht wird, die über das Schwäbisch-Lokalhistorische weit hinausgeht.

Ein ausführlicher, sorgfältig aufgemachter und geschickt ausgewählter Bildteil rundet den Band ab und bestätigt zusammen mit Zeittafel und Stammbaum der älteren Staufer den Gesamteindruck: ein Geschichtswerk, das die wissenschaftliche Genauigkeit nicht scheut und dennoch geradezu breitenwirksame pädagogische

Qualitäten entfaltet. Eine halbwegs rare Kombination also, die hier gelungen ist! (ri)

Hansmartin Schwarzmaier
Staufisches Land und staufische Welt im Übergang
Bilder und Dokumente aus Schwaben, Franken und dem Alpenland am Ende der staufischen Herrschaft
152 Seiten, 80 Abbildungen, darunter 17 farbige, 3 Kartenzeichnungen, Leinen mit farbigem Schutzumschlag, DM 38,– (Thorbecke)

In diesem Band behandelt der Verfasser auf die bewährte Weise, die er in dem Werk "Die Heimat der Staufer" bereits verfolgt hat, die Zeit vom Tod Barbarossas bis zum Untergang des staufischen Hauses, also bis zur Hinrichtung Konradins in Neapel (1268). Auch hier versteht er es wieder, den Stoff in kurze Kapitel aufzuteilen, die wesentliche Themen schlaglichtartig herausgreifen: die "Paßpolitik" der Staufer, um sich den Übergang über die Alpen zu sichern, die Gefangenschaft des Richard Löwenherz auf der Burg Trifels, dem üblichen Verwahrungsort für Staatsgefangene der Staufer, die Ermordung König Philipps in Bamberg (1208), den Heimfall der Zähringer-Herrschaft an die Staufer, die Rebellion König Heinrichs gegen seinen Vater, bis hin zu Konradins Ende in Italien. Das Urteil des Verfassers ist immer vernünftig, nüchtern, klar (ebenso wie der Stil), von der Disziplin des Historikers bestimmt und daher allen Sentimentalitäten abhold, die man an die Dynastie der Staufer knüpfen könnte. Keinerlei Heroisierung wird versucht, der Gefahr des übersteigerten Lokalpatriotismus erliegt der Verfasser bestimmt nicht. Vom Blickwinkel der deutschen Herrschaft der Staufer aus kommt der Autor zu dem allerdings erst aus dem Nachhinein zu rechtfertigenden Ergebnis, daß mit der Rebellion König Heinrichs der Abgesang der staufischen Herrschaft beginnt, denn mit dem Mainzer Landfrieden hat sich – laut Schwarmaier – Kaiser Friedrich II. aus Deutschland verabschiedet. "Das Königtum der Habsburger, aber auch die Territorien der Wirtemberger, der Markgrafen von Baden und anderer Fürsten stehen auf den Ruinen staufischer Herrschaft".

Es bleibt nur zu bedauern, daß bei der guten Darstellungsgabe des Autors die italienischen Ereignisse um Friedrich II. keine Rolle spielen – was natürlich der Beschränkung des Themas entspricht. Bezüglich Wissenschaftlichkeit, Lesbarkeit, Ausstattung mit Quellenzitaten, Literaturhinweisen, Landkarten und Bildern gilt das positive Urteil über des Autors ersten Band uneingeschränkt auch hier. Gar mancher vorschnelle Ideologisierer und Popularisierer von Geschichte mag sich das Wort Schwarmaiers aus der Einleitung zu Herzen nehmen: "Geschichte steht unter dem Zwang, das Gewordene zu akzeptieren und zu begreifen, auch wenn es unter der Vielzahl der Möglichkeiten zufällig oder zumindest nicht zwingend erscheint". (ri)

Leo Sievers
Revolution in Deutschland
Geschichte der Bauernkriege
349 Seiten, DM 14,80 (Fischer)

Thema des Buches ist die Zeit der Bauernkriege als der ersten sozialen und politischen Revolution in Deutschland, die vor dem Hintergrund einer religiösen, philosophischen und wissenschaftlichen Umwälzung stattfand und für den Autor ein Markstein an der Wende zur Neuzeit ist. Leo Sievers schildert dabei mit Engagement das Ringen zwischen den Gedemütigten, Ausgebeuteten und den Mächtigen, die ihre Privilegien bis aufs Blut verteidigten. Die Schilderung ist farbig angelegt und zeugt von einer fundierten Sach- und Fachkenntnis.

Für den Autor war jene Zeit von 1524/25 gleichbedeutend mit einer "nationalen Katastrophe", deren ganzes Ausmaß erst im Laufe der folgenden Jahrzehnte sichtbar wurde. Die These: der Gang der deutschen Geschichte wäre ganz anders verlaufen, wenn die territorialen Gewalten in der Auseinandersetzung mit den aufständischen Bauern, Stadtbürgern und anderen reichstreuen Gruppen unterlegen wären. So aber wurde die Realisierung der "fortschrittlichen" Idee von der Einheit des Reiches in weite Ferne gerückt.

Sievers stärkt mit seinem Buch das Bewußtsein über eine der Schlüsselstellen deutscher Geschichte. Er zeigt sehr einprägsam das soziale Umfeld, aus dem zeitgenössische Persönlichkeiten wie Thomas Müntzer, Martin Luther, Florian Geyer, Ulrich von Hutten und andere hervorgingen; indem er jene Figuren in den Mittelpunkt der Erzählung stellt, gelingt es, die Zeit der Bauernkriege sehr wirklichkeitsnah werden zu lassen. Dazu tragen auch die passagenweise auftretenden romanhaften Stilelemente bei. Treffend die Charakteristik über das Scheitern der Bauernhaufen: "Jeder hatte das gemeinsame große Ziel im Sinn, und doch behielt jeder nur die eigenen, naheliegenden Interessen im Auge. Keines Mannes Blick reichte über den Höhenkamm der nächsten Berge hinaus, und keiner konnte begreifen, daß die Vernichtung des anderen der erste Schritt zur eigenen Vernichtung war".

Sorgfältig die Auswahl der Illustrationen. Insgesamt ein Buch, das einem breiten Publikum einen guten Überblick über das Thema der Bauernkriege zu vermitteln vermag. (my)

Dorothea Wachter
Sie bauten das Reich
Eine Historie des ersten Jahrtausends
308 Seiten, 2 Karten, Ganzleinen mit Schutzumschlag, DM 29,80 (Türmer)

Bei diesem Buch stolpert man sicher zunächst über die Gattungsbezeichnung im Untertitel: Eine Historie, das ist doch eine Geschichtserzählung, eine Darstellung der Fakten im chronologischen Ablauf — eine höchst ungewöhnliche Selbsteinschätzung für ein modernes Geschichtsbuch! Die Verblüffung wird noch größer, wenn man feststellt, daß dieses Buch tatsächlich das ist, als was es sich bezeichnet: Dorothea Wachter erzählt, bei 308 Seiten in unvermeidlich gedrängter Form, was sich in der politischen Geschichte Europas zwischen etwa 400 und 1137 abgespielt hat — eine schildernde Zeittafel also.

Nach der ersten Verblüffung hat diese Darstellungsform durchaus ihren Reiz: Es ist ganz nützlich und hilfreich, die Ereignisse, die man wohl zuletzt im Schulunterricht durchgepaukt hat, wiederzubeleben, ohne von einer fettgedruckten Jahreszahl zur nächsten gehetzt zu werden. Sinnvoll ist die Periodisierung des Buchs, die den Zeitraum vom Untergang des Römischen Reichs bis zum Aufstieg der Staufer umfaßt, also die formative Periode des Mittelalters in einem Band darstellt. Und nützlich ist auch das Bemühen der Autorin, neben dem Schwerpunkt der deutschen Geschichte die Ereignisse in anderen Teilen des Abendlands anzureißen.

Jedoch, die Altertümlichkeit des Wortes "Historie" bleibt leider nicht nur auf die Konzeption beschränkt, die in einer zeitgemäßen Umsetzung durchaus empfehlenswert sein könnte. Auch die Sprache erinnert überdeutlich an die Quellen, auf die sich die Autorin stützte und deren Erscheinungsjahre ihren Schwerpunkt zwischen 1872 und 1932 (!) haben. Schwerwiegender als die antiquierte Diktion ist aber die Einengung von Geschichte auf politische Ereignisse und Taten von Herrschern, Kaisern und Päpsten. Die sozial- und wirtschaftsgeschichtlichen Wandlungen, die für das Verständnis des "ersten Jahrtausends" ebenso wichtig sind wie für alle Epochen zuvor und danach, finden schlicht und einfach nicht statt. Kann man die Grundlagen des Mittelalters tatsächlich ohne eine Diskussion des Feudalsystems einsichtig machen? Daß die Autorin Kapitel an Kapitel reiht, ohne jede weitere Unterteilung, Periodisierung oder Zusammenfassung, ist bezeichnend — es werden keine Grundzüge analysiert, ebensowenig wie Einschnitte und Umwälzungen herausgearbeitet.

Als "Zeittafel" der frühmittelalterlichen politischen Geschichte ist das Buch akzeptabel — zum wirklichen Verständnis der Zeit ist aber eine gründliche weitere Lektüre dringend erforderlich. Nur gibt dazu die sehr bescheidene Bibliographie des Buchs keine Hilfe.

(me)

Rainer Wohlfeil (Hrsg.)
Der Bauernkrieg 1524 - 26. Bauernkrieg und Reformation
9 Beiträge
292 Seiten, Pb., DM 28,— (Nymphenburger)

Waren es meuternde Rotten, die zwei Jahre durch die Lande zogen und die Burgen ihrer Herrschaften anzündeten und verwüsteten? Hatte sie die "neue Lehre" Martin Luthers angesteckt oder standen sie einfach gegen ihre Unterdrücker und Ausbeuter auf? Überzog der Bauernkrieg das ganze Heilige Römische Reich Deutscher Nation oder beschränkte er sich auf einzelne Landschaften? Wie sieht die Geschichtswissenschaft dieses Ereignis? Welche Interpretationen bietet sie an? Das sind die Kernfragen, auf die im vorliegenden Band fundierte Antworten gegeben werden. Der Bauernkrieg 1524 - 26 wird als geschichtswissenschaftliches Problem gesehen. Neun namhafte Autoren lieferten die Beiträge zu einer übergreifenden Sicht der damaligen Ereignisse. Eine Sozialgeschichte der frühen Neuzeit entstand auf diese Weise, die vergleichbares sucht. Information, Interpretation, exemplarische Analyse und Darstellung, kritische Berichte über den Forschungsstand, offene Probleme, sie alle stehen gleichrangig nebeneinander. Dazu kommt eine didaktische Hilfestellung für die Verarbeitung des Bauernkrieges in der Schule. Sie allerdings ist auf die Kollegstufe zugeschnitten und — so will es scheinen — in ihren Lernzielangaben zu euphorisch angelegt. Somit aber liegt die Zielgruppe fest, an die sich das Buch hauptsächlich wendet: Fachleute an Universitäten und Schulen. Vom historisch interessierten Laien wird einiges Standvermögen beim Lesen erwartet. Ausnahmen wie "Probleme des Bauernkrieges in Franken" von Rudolf Endres bestätigen die Regel. Derjenige aber, der sich umfassend über das Geschichtsereignis "Bauernkrieg" informieren will, kann an dem Sammelband nicht vorübergehen. Das Werk ist zugleich ein Beispiel, wie sinnvoll Regionalgeschichte geschrieben werden kann, ja, daß es in der Geschichte ohne gründliche Kenntnis der Regional- oder Lokalgeschichte eigentlich nicht geht. Somit stellt der "Bauernkrieg" auch eine Anregung für all jene dar, die auf ihrer Ebene den Bauernkrieg oder ähnliche Spuren verfolgen wollen. Den Autoren gelang es, neben Darstellung und Analyse, die Methoden aufzuzeigen, deren es zu einer Aufschlüsselung gesamtgesellschaftlicher Konflikte bedarf. Die Anmerkungsapparate hinter den jeweiligen Kapiteln geben weitere Anregungen zur weiteren Lektüre, die den Rahmen "Bauernkrieg" sprengen und zu einer Erweiterung des Geschichtshorizontes beitragen. (wi)

19. und 20. Jahrhundert —
Überblicke und Einzelthemen

Gordon A. Craig
Deutsche Geschichte
1866 - 1945
3. Auflage, 808 Seiten, Leinen, DM 58,— (Beck)

Das Buch mit seinen fast 700 Seiten reinen Textes hat epischen Charakter. Der Autor setzt den Pinsel relativ breit an, sonst bräuchte er noch weitaus mehr Raum, und verzichtet auf Dramatisierungen einzelner Episoden, denn dabei würde er der Gefahr einseitiger Akzentuierung verfallen. Man hat nie den Eindruck, daß sich der Verfasser innerhalb des Flusses der Darstellung auf Nebengeleise mit Unwesentlichem verliert. Daraus ergibt sich der Eindruck der Gleichmäßigkeit der Erzählung, ja einer gewissen Heiterkeit, die aus der Ausgeglichenheit herkommt. Es fehlt denn auch jegliche Larmoyanz, Panegyrik oder manichäische Geschichtsbetrachtung, wie sie bei deutschen Autoren zu den angeschlagenen Themen vielfach zu beobachten sind. Das Werk ist trotz seiner Ruhe nicht ohne stilistischen und darstellerischen Reiz: das Urteil des Autors ist manchmal nur unterschwellig ironisch, und die Darstellung nimmt durch plastische Anschaulichkeit und die gekonnte Verteilung auffälliger Formulierungen gefangen. Die Zitate, die zur Charakterisierung herangezogen werden, sind ein weiteres Element der Veranschaulichung. Sie ersparen dem Verfasser die Abgabe eines selbst formulierten Urteils, indem sie es durch das inhaltlich gleichlautende eines Zeitgenossen ausdrücken. So z. B. erkennt man den intellektuellen Horizont Kaiser Wilhelms II. viel schlagender aus dem Bericht Kiderlen-Wächters, der den Monarchen auf dessen alljährlichen Segeltörns durch skandinavische Gewässer zu begleiten hatte, als aus einer unwirschen Bemerkung, wie sie die Historiker ihren Protagonisten nur zu gern anzuhängen pflegen, ohne daß die sich nachträglich dagegen wehren könnten. Und das ist nur ein willkürlich herausgegriffenes Beispiel für die Darstellungskunst Craigs. Ein weiteres: auf Kontroversen zu Detailthemen geht er mehr oder weniger nicht ein, da sie in seinem Fresko-Gemälde sowieso nur eine untergeordnete Rolle spielen würden. So ist sein Werk auch von der ästhetischen Seite her ein Erlebnis.

Es gehört zur ruhigen Tonlage Craigs, daß er "mystische Abgründe" vermeidet. Nicht umsonst zitiert er Heine, nach welchem es eine Lieblingsbeschäftigung der Deutschen ist, darüber nachzugrübeln, was nun eigentlich spezifisch deutsch sei, und ebendies versagt sich auch Craig. Daher findet keine Schwarz-Weiß-Malerei statt: im Dritten Reich seien in vielen Kneipen Bilder gehangen, die die Porträts von Friedrich dem Großen, Bismarck und Adolf Hitler vereinigt hätten. Das sei aber falsch gewesen, sagt Craig, ebenso wie diese Ahnenreihe falsch sei, wenn sie von den Anti-Nazis konstruiert werde. Nicht, daß er deswegen unbeteiligt bliebe an seinem Gegenstand: schon im Vorwort erklärt er, daß die dunkelsten Kapitel der Geschichte oft die aufschlußreichsten seien — aber, wie der anschließende, grammatikalisch und inhaltlich monumentale Satz formuliert, nicht wegen irgendeiner deutschen Sonderstellung, die daraus abgelesen werden könnte, sondern wegen der allgemeinmenschlichen Lehre hierbei. Mit diesem Satz hebt Craig die deutsche Geschichte in den Rang eines Exempels, ganz im Sinne des "Besitzes für immer" nach Thukydides, und ganz moralisierend nach Art der Einleitungsreden des Tacitus zu seinen "Annalen" und "Historien". Diese Parallelen müssen Craig vor Augen gestanden haben. Sie beleuchten die literarische Bewußtheit des Autors. Er muß sich seiner antiken Ahnen nicht schämen, denn sowohl sachlich als auch stilistisch ist sein Werk als hervorragend zu bezeichnen.

Wir möchten dabei das Adjektiv "genial" noch nicht gebrauchen, denn etwas unterscheidet ihn denn doch noch von seinen zitierten Zunftgenossen: das Gefühl für die Dämonie im geschichtlichen Ablauf geht ihm eigentlich ab, dafür ist er zu ruhig — man lese daraufhin einmal seine Charakterisierung Hitlers, an der sachlich wieder einmal nichts zu nörgeln ist, aber die dem Rezensenten den Eindruck von zuviel "Vernünftigkeit" macht. (ri)

Gordon A. Craig
Geschichte Europas im 19. und 20. Jahrhundert
Aus dem Amerikanischen von Marianne Hopmann
Bd. I: Vom Wiener Kongreß bis zum Ausbruch des Ersten Weltkriegs (1815 - 1914)
392 Seiten mit 39 Abbildungen auf Tafeln, Leinen, DM 38,–
Bd. II: Vom Ersten Weltkrieg bis zur Gegenwart (1914 - 1975)
330 Seiten mit 62 Abbildungen auf 32 Tafeln, Leinen, DM 38,–
(Beck)

Das 19. Jahrhundert wird, soweit es die europäische Geschichte betrifft, zutreffend als das "Zeitalter der Nationalstaaten" bezeichnet. Nationales Bewußtsein, nationale Interessen, aber auch übersteigerter Nationalismus beherrschten die Politik. Vor dieser "Nationalisierung" blieb auch die Geschichtswissenschaft nicht verschont, die immer mehr dazu neigte, die Ereignisse nach national geprägten Gesichtspunkten, oft auch durch die nationale Brille verzerrt, zu deuten.

Nur schwer hat sich die Geschichtswissenschaft in den letzten Jahrzehnten von diesen Verzerrungen lösen können, auch in durchaus "objektiven" Darstellungen schwingt oft genug unterschwellige Voreingenommenheit mit. Hier kann die Darstellung eines Unbelasteten, eines Außenstehenden eine echte Hilfe sein, und dem amerikanischen Historiker Gordon A. Craig ist mit seiner "Geschichte Europas" ein dankenswerter Beitrag zur Objektivierung unserer Geschichte gelungen.

Die Objektivität Craigs erweist sich schon in der gleichwertigen Gewichtung, die er der Geschichte aller europäischen Nationalstaaten zukommen läßt. Er schreibt nicht die Geschichte Deutschlands oder Frankreichs mit "Abstechern" in die Ereignisse anderer Länder, sondern tatsächlich europäische Geschichte. Natürlich kann er unter dieser Vorgabe bestimmte Ereignisse, etwa die Gründung des Deutschen Reichs und die Rolle Bismarcks, nicht nach allen kontroversen Gesichtspunkten ausdiskutieren, aber dies kann auch nicht die Aufgabe eines Handbuchs sein, als das sich dieses Werk versteht. Die umfangreiche und gründliche Bibliographie gibt genügend Anregungen zu einer weiteren Beschäftigung mit Einzelaspekten der Vergangenheit.

Noch wertvoller als diese nationale Gleichbehandlung in Craigs Darstellung ist eine umfassende und informative Beschäftigung auch mit der Geistesgeschichte, mit den Einflüssen wirtschaftlicher und sozialer Veränderungen, mit Strömungen des kulturellen Lebens. Auch hier hat das Werk des Amerikaners den europäischen Geschichten vieles voraus, die sich nur mit den Ereignissen der Diplomatie und der Schlachtfelder beschäftigen. Und alles das ist in einer leicht verständlichen und flott zu lesenden Sprache geschrieben, für die Marianne Hofmann, die Übersetzerin, Anerkennung verdient.

Die Bebilderung ist zahlenmäßig zwar nicht groß, aber einfallsreich ausgewählt: Wenn der Hofstaat der Königin Victoria der Kinderarbeit in den englischen Bergwerken gegenübersteht oder Delacroix' "Freiheit auf den Barrikaden" mit einem russischen Leibeigenen konfrontiert wird, sagen solche Gegenüberstellungen ohne große Worte viel über die Spannungsverhältnisse des Jahrhunderts aus.

Das Werk ist sicher zunächst jedem Geschichtsinteressierten nachdrücklich zu empfehlen. Aber auch dem Fachhistoriker vermittelt es manche Einsichten, wie man europäische Geschichte auch, und nicht auf die schlechteste Weise, schildern kann. (me)

François Furet/Denis Richet,
Die Französische Revolution
664 Seiten, 125 Abbildungen, Leinen mit farbigem Schutzumschlag, DM 39,– (Beck)

Die Französische Revolution als die große historische Zäsur, welche das Ancien Régime beendete und neues Gedankengut in den weiteren Verlauf der Geschichte einschleuste, hat die Historiker immer wieder von neuem beschäftigt, in einer beinahe unüberschaubaren Flut von Literatur (vor allem in Frankreich) schlug sich die Bewertung und Schilderung dieses gigantischen Dramas, wie es sich abspielte, nieder — zuweilen auch so, wie es die Betrachter sehen wollten (verwiesen sei hier als exemplarisches Beispiel auf die neomarxistisch-leninistische Interpretation). Das vorliegende Werk ist eine brillant geschriebene umfassende Darstellung der Französischen Revolution bis zum Staatsstreich Napoleons im November 1799 durch die Französischen Historiker François Furet und Denis Richet; beide gehören der sozialgeschichtlichen, strukturanalytischen Forschungsrichtung um die Zeitschrift Annales an. Die französische Ausgabe erschien in zwei Bänden unter dem Titel "La Revolution" bereits 1965 und 1966, für die deutsche Ausgabe von 1968 erfolgte von seiten der Autoren eine geringfügige Kürzung, jetzt liegt das Werk in einer preiswerten Sonderausgabe erneut vor.

Das in der Kritik durchwegs mit positivem Urteil aufgenommene Werk wird z. B. als "mit Sicherheit die beste und modernste Darstellung der Französischen Revolution, die heute auf Deutsch greifbar ist" gelobt, und dieses Urteil kann uneingeschränkt bejaht werden. In die umfassende Darstellung sind die gesamten Forschungsergebnisse bis 1965 eingeflossen, dies kann jedoch als eine Selbstverständlichkeit gründlicher wissenschaftlicher Arbeit angesehen werden. Was das Werk also heraushebt, sind die Frische und Leichtigkeit der Darstellung, die sich nicht nur sprachlich, sondern auch methodisch in der Überschaubarkeit der vielfältigen verwirrenden Revolutionsereignisse niederschlagen: so aufbereitet wird das Erfahren von Geschichten im Akt des Lesens zum Genuß, auch für den, der sich mit Geschichtsschreibung nur gelegentlich und zumeist als Laie beschäftigt. Der Vorgang der Vermittlung, bei dem das, was geschehen ist, in seiner Vielfalt an Handlungssträngen verständlich gemacht werden muß, ist hier bestens geglückt, nichts von der Schwerfälligkeit und erdrückenden Überladenheit, wie sie manchen Abhandlungen anhaften. Chronologisch dem Gang der revolutionären Ereignisse in 16 Kapiteln folgend, werden die Geschehnisketten dargelegt und zugleich Hintergründe, Ursachen, Wirkungen, der gesamte Kontext, in dem historisches Geschehen immer eingebettet ist, in tiefschürfenden Analysen erhellt. Den ausführlichen Schilderungen des revolutionären Geschehens sind in jedem Kapitel zusammenfassende Überblicke, die auch satztechnisch durch größere Schrift hervorgehoben sind, vorangestellt, in denen Deutung, Einordnung und historische Wertung und Beurteilung wiedergegeben sind — durch diese scharfinnigen und gekonnten Analysen wird die Französische Revolution in ihren vielfachen, zum Teil sich überschneidenden Entwicklungsschritten und in ihrem kausalen Geflecht durchsichtig und ordnet sich auch in den Gesamtzusammenhang des Jahrhunderts ein. Eine umfangreiche Bebilderung (125 Abbildungen), wobei das Gewicht auf weniger bekannte zeitgenössische Darstellung gelegt ist, begleitet durchgehend den Text. Alles in allem ein höchst empfehlenswertes Werk, in dem sich wissenschaftliche Gründlichkeit, Analyse und literarisches Können ohne verkrampfte Finessen zu einer geglückten Einheit verbinden. (pa)

Helga Grebing
Der Revisionismus
Von Bernstein bis zum 'Prager Frühling'
281 Seiten, Broschur, DM 24,— (Beck)

Das vom Leser einiges Durchhaltevermögen verlangende Buch der Göttinger Professorin für Neuere Geschichte Helga Grebing befaßt sich mit dem Revisionismus-Problem, welches die sozialistische Theorie und Praxis seit der Niederschrift der Werke von Marx und Engels begleitet: im Grunde ein der menschlichen Erkenntnisfähigkeit immanentes Problem, das sich insbesondere immer dann gravierend stellt, wenn Anschauungen über das Beziehungsgeflecht Subjekt-Objekt, d. h. die Stellung des Menschen in der Welt, mit Totalitätsanspruch vorgetragen oder vertreten werden. Denn erkenntnistheoretisch sind dem menschlichen Denken unbestreitbar Grenzen gesetzt, sonst gäbe es eben nicht ein Revisionismus-Problem an sich innerhalb der menschlichen Gesellschaften, wenn man darunter generalisierend und aus dem marxistisch-leninistischen Kontext herauslösend die Abweichung von Lehren, die sich zu Wahrheiten erklärt haben oder den Anspruch erheben, Wahrheit oder gar d i e Wahrheit schlechthin zu besitzen, versteht; die Rezeption der jeweiligen Lehre, die einen solchen Anspruch erhebt, durch die Nachwelt erbrächte — wenn er wahr ist — keinerlei Neuausformungen, unterschiedliche Interpretationen, einen Pluralismus der Meinungen bis hin zu etwaiger babylonischer Begriffsverwirrung — es herrschte schlichtweg Übereinstimmung mit der einmal erkannten Wahrheit. Die Begrenztheit menschlichen Erkennenkönnens, insbesondere das Eingebundensein in ein Raum-Zeit-Kontinuum, wodurch der Standpunkt des Betrachters wechselt und einem fortwährend unterschiedlichen historischen Kontext mit andersgearteten Bedingungen ausgesetzt ist, läßt Wahrheit, Objektivität, Absolutheit, um in dem allgemeinen Fließen Begriffe für ein Statisches zu nennen, merkwürdig unbestimmbar nach heutiger Sicht erscheinen — ein Phänomen, das nicht nur für den geistigen Erkenntnisprozeß gilt, sondern auch für den naturwissenschaftlichen, wo seit Werner Heisenberg mit seiner nach ihm benannten Unbestimmtheitsrelation, die zu einer Veränderung des überlieferten physikalischen Weltbildes hin zu den Denkweisen der modernen Physik führte, ein Umdenken erfolgen mußte, wurde doch nicht nur die kausal-mechanistische Naturgesetzlichkeit des Mikrokosmos aufgehoben, sondern veränderten sich auch die Naturgesetze der sinnlich erfahrbaren Welt derart, daß ihnen nur noch der Charakter von statistisch berechenbaren Wahrscheinlichkeiten zukommt, daß eben "der Stein aus unserer Hand nicht mit absoluter Sicherheit entsprechend den Fallgesetzen zur Erde fallen muß, sondern daß er sich auch einmal ganz anders verhalten kann."

Diese ein Umdenken verlangende schwierige Erkenntnis von der Begrenztheit und Veränderlichkeit menschlicher Sicht, die — in fortwährender Entwicklung begriffen — eigentlich nur in den Kategorien der Wahrscheinlichkeit denken und alle weltanschauliche Omnipotenz ausschließen sollte, wird allerdings noch lange brauchen, um sich bewußtseinsmäßig breit durchzusetzen, zu sehr sind wir hier — auch denkmäßig — noch Urinstinkten menschlichen Verhaltens ausgeliefert, das Heimat sucht, Statik in der Veränderung, und verhaftet dem 19. Jahrhundert, das überall die wissenschaftlich nachweisbare objektive Gesetzlichkeit, auch in den Gesellschaftslehren, suchte und das "Es könnte sein" zum "Es ist" erhob, das Wahrscheinliche zum Dogma, die Vorstellung zur Realität. Das Dogma aber evoziert gemäß dem menschlichen Widerspruchsgeist geradezu den Gegensatz Orthodoxie — Revisionismus oder, um in anderen historischen Begriffskategorien zu sprechen, Kirche — Ketzertum; der Schritt zur Inquisition — dies wiederum als Mangel der menschlichen Natur — ist damit zumeist impliziert, wenn man Inquisition nicht als festen historischen Begriff, sondern als Oberbegriff für die Verfolgung von Abweichlern einer Lehre, sei sie profan, sei sie sakral, nimmt.

Diese Überlegungen drängen sich auf, wenn man die Revisionismus-Analyse Helga Grebings unvoreingenommen studiert, die Sprache der Verteidiger des sich orthodox verstehenden Marxismus-Leninismus findet bei historischer Einordnung ihre Parallelen, es ist da die Rede von der "Reinheit" des Marxismus-Leninismus als eine ewig lebendige, nie veraltende Lehre (als ob es im menschlichen Bereich je den Begriff ewig geben könnte), als der "einzig richtigen revolutionären Lehre der Gegenwart" usw. usw. Diese — wie die Autorin herausstellt — "relative Dürftigkeit der ideologischen Verteidigungslinie" der Sowjetunion gegenüber revisionistischen Bestrebungen, die nach innen wie nach außen nur mit der "Drohung von psychisch-physischer Gewaltanwendung zu brechen" sind, erweist sich als das typologisch wiederkehrende Verhaltensmuster all der Lehren, die — im Charakter schon dogmatisch — bei der Umsetzung in die Realität zur Staatsdoktrin erhoben, angesichts der empirisch konstatierbaren Erfahrung des Wandels in der Welt Statik nur noch durch die inquisitorische Bedrohung bewahren zu können glauben.

Um solche Schlußfolgerungen geht es der Autorin jedoch nicht, sie will auf wissenschaftlicher Basis eine Analyse der historischen und der gegenwärtigen als "Revisionismus" bezeichneten Sozialismus-Konzepte geben. Unter Revisionismus wird vor allem die "ideologische Maskierung des Reformismus als Marxismus" verstanden, "Reformismus und Revisionismus ergeben in ihrer äußersten Konsequenz praktischen und theoretischen Nicht-Marxismus".

Hieraus erwächst jedoch geradezu die Problematik, denn wie die Analyse aufzeigt, die von Bernstein über den Austromarxismus, Lukács, Bloch, Korsch, Sternberg, um nur einige zu nennen, bis zum "Prager Frühling", zu Eurokommunismus und den Revisionismusdiskussionen in der BRD reicht, kann "der Streit um den authentischen Marx und Marxismus argumentativ zu keinem Ende geführt werden", gemeinsam ist jedoch Orthodoxen wie Revisionisten auf jeden Fall der Wille zum Sozialismus; aber wenn auch diese Zielperspektive feststeht, scheiden sich dennoch über Inhalt und Weg die Geister. Wenn die Autorin abschließend resümiert, daß "jede Weise der Verwirklichung von Sozialismus gemessen werden können muß an der Idee des Sozialismus als der Vorstellung von einer gerechten, humanen Gemeinschaft", so zeigt sich gerade hier die der Lehre innewohnende Problematik: die Vorstellung von einer gerechten, humanen Gesellschaft wird mit einer moralischen Qualität befrachtet, die zu verifizieren den Menschen vielleicht — zumindest zeigt es der Verlauf der Geschichte — versagt ist. Hierin liegt die Tragik aller Heilserwartungen, daß sie die menschliche Natur ethisch eventuell höher ansetzen als sie tatsächlich ist, auf jeden Fall aber entfaltbar im Sinne einer Höherentwicklung, was an der Realität scheitert. Die Idee trägt in sich das Merkmal der Utopie, das immer nur durch ein charismatisches Sendungsbewußtsein zu überwinden ist, d. h. beim Prozeß der Gestaltung der Realität muß das Ideal gerade wegen der Schwerfälligkeit der Realität immer wieder von neuem in die Zukunft transponiert werden. Geistesgeschichtlich kennen wir das bereits vom Christentum mit seinen Heilserwartungen der Parusie, wie bei allen Heilslehren muß der Skeptiker, der Nicht-Gläubige von vornherein draußen bleiben. Insofern zehrt auch der Marxismus-Leninismus vom Überschwang der Französischen Revolution mit der Vorstellung von der neuen Menschheit. Gegenüber dem revolutionären Tabula rasa-Standpunkt innerhalb der menschlichen Entwicklung, wenn man hier von einer Weiterentwicklung ausgeht, seien jedoch — berechtigt — die stärksten Zweifel erhoben.

Wer Transparenz in der theoretischen Diskussion um die sozialistische Idee von den Anfängen bis heute sucht, greife unbedingt zu diesem Buch, es sei denn er scheute den intellektuellen Aufwand, der leider — vielleicht in der Natur der Sache liegend — zum Lesen dieses schwierigen, stark akademischen Textes notwendig ist.

(pa)

George F. Kennan
Bismarcks europäisches System in der Auflösung
Die französisch-russische Annäherung 1875 - 1890
504 Seiten, geb., DM 68,— (Propyläen)

Von dem britischen Politiker und Diplomaten David Lloyd George ist die Antwort überliefert: "Wir sind alle hineingeschlittert". Gefragt worden war er nach den Ursachen, die zum Ausbruch des Ersten Weltkrieges führten. Der nordamerikanische Historiker, Diplomat und Schriftsteller George F. Kennan hält eine andere Antwort parat: Die Ursachen lagen in der Auflösung des hauptsächlich von Bismarck geschaffenen europäischen Bündnissystems. Dies ist weder eine neue noch überraschende Antwort. Die Begründung seines Ergebnisses allerdings ist ebenso neuartig wie verblüffend: Rußland und Frankreich bereiteten den Krieg von langer Hand vor. Dabei hätten die beiden europäischen Großmächte auf rüstungstechnischem, ideologischem und wirtschaftlichem Gebiet zusammengearbeitet. Hinzu seien innere Intrigen am Zarenhof gekommen. Der Kanzler des Deutschen Kaiserreiches, Bismarck, aber habe sich in seiner politischen Endzeit zu einem Vertreter eines antirevolutionären Gleichgewichtsdenkens in Europa entwickelt. Schuld am Ausbruch des Ersten Weltkrieges hätte aber letztlich der übersteigerte Nationalismus des 19. Jahrhunderts getragen, der auf nationale Expansion ausgerichtet gewesen sei. Beweise für diese Thesen liefert George F. Kennan unter anderem bisher nicht genützte Archivbestände aus der Sowjetunion sowie private Papiere von französischer Seite.

Der Autor läßt sehr stark die politischen Persönlichkeiten in den Vordergrund treten, wie das Beispiel der zaristischen Hofintrigen zeigt. Für ihn als Diplomaten scheint dies selbstverständlich. Geschichte, auch die große politische, gewinnt so einen Teil ihrer Menschlichkeit zurück. Der Leser erfährt neu, daß Geschichte und Politik eben von Menschen gemacht werden.

Brillant ist der Schreibstil des Autors. Man vergißt beim Lesen, daß es sich eigentlich um abstrakte Geschichtsvorgänge handelt. Somit wird Geschichte spannend, abenteuerlich, gut lesbar und begreiflich. Ein ausführlicher Anhang mit Anmerkungen, Quellen- und Literaturangaben sowie einem Personenregister rundet den Band ab. (wi)

Wilhelm Kohlhaas
Wachtmeister Peter mit und gegen Napoleon
120 Seiten, 63 Reproduktionen nach Lithographien von C. W. Faber du Faur und anderen, Großformat, gebunden mit farbigem Schutzumschlag, DM 39,– (Steinkopf)

In diesem interessanten Buch wird Geschichte lebendig und einmal aus einem anderen Gesichtswinkel gesehen als üblich: aus der Sicht des "kleinen Mannes", der den Umständen seiner Zeit schutzlos preisgegeben "Geschichte" erleiden und erdulden muß. Die Tagebuchaufzeichnungen des Schwarzwälders Benedikt Peter sind lesenswert, erhellen sie doch die ausklingende napoleonische Ära aus dem Blickwinkel eines Beteiligten aus dem Volk. Benedikt Peter diente zwölf Jahre lang als Königsjäger in der Armee, zunächst mit Napoleon gegen Österreich und Rußland, dann gegen Napoleon in Frankreich. Sein Erlebnisbericht ist geprägt von einem rechtschaffenen, treuherzigen Wesen; dieses klingt immer wieder in den Aufzeichnungen an und läßt ihn einen ehrlichen Bericht ohne Schönfärberei, soldatische Aufschneiderei und Glorifizierung seiner selbst oder anderer schreiben. Das Tagebuch berichtet über die einzelnen Schlachten, die in ihrem Verlauf detailliert geschildert werden, über Märsche, Siege, kriegerisches und soldatisches Alltagsleben mit seiner Pflichterfüllung und seinem oft ganz und gar unheldischen Ablauf. In dieser Ehrlichkeit der Wiedergabe und der

Fülle an Details liegt die Stärke des Buches. Von Mißgunst, Günstlingswirtschaft und Bosheit wird erzählt, aber auch von Kameradschaft, Tapferkeit und Soldatenehre.

Vom einfachen Königsjäger steigt Benedikt Peter schnell zum Wachtmeister auf und betrachtet das Tun und Lassen seiner Vorgesetzten und der hohen Männer der Politik durchaus kritisch, geprägt von seiner redlichen, humanen Denkweise. Da die Schilderungen Benedikt Peters äußerst lebendig und interessant geschrieben sind, regt das Buch zum zügigen Fortlesen an. Einzelne Ereignisse und Fakten werden durch den Herausgeber Wilhelm Kohlhaas ergänzend erklärt, so daß sich das Bild vom Krieg, von Soldaten und Politik in napoleonischer Zeit abrundet, eine Ausschöpfung der Thematik darf allerdings nicht erwartet werden.

Hervorzuheben ist die vorzügliche Ausstattung des Buches: Großformat, Kunstdruckpapier mit zahlreichen ausgezeichneten Reproduktionen nach Lithographien von C. W. du Faur, einem Künstler, der den Feldzug mitmachte und seine Eindrücke bildlich festhielt. Das Buch ist sicherlich allein schon von seiner Ausstattung her eine kleine Kostbarkeit im Bücherschrank. (hp)

Wolfgang Leonhard
Völker hört die Signale
Die Anfänge des Weltkommunismus
1919 - 1924
416 Seiten, 29 s/w-Abbildungen, geb. mit farbigem Schutzumschlag, DM 39,80 (Bertelsmann)

Wolfgang Leonhards Buch "Völker hört die Signale" ist eine Darstellung der Entwicklung der Kommunistischen Internationale (Komintern) vom Zeitpunkt ihrer Gründung am 5. März 1919 bis zum Tode Lenins und der Krise der Komintern Anfang 1924. Der weitere Weg des Weltkommunismus unter der Führung Stalins soll in einem nachfolgenden Band geschildert werden.

Wolfgang Leonhard, heute Professor an der Yale University, der zehn Jahre in der Sowjetunion lebte und im Frühjahr 1945 als Mitglied der "Gruppe Ulbricht" nach Deutschland zurückkehrte, war bereits mit seinem Buch "Die Revolution entläßt ihre Kinder", einem seine persönlichen Erfahrungen und Erlebnisse verarbeitenden Rechenschaftsbericht, weltweit als Autor hervorgetreten — an diesen Erfolg versucht nun das vorliegende Buch anzuknüpfen. Entsprechend den Intentionen des Verlags wünscht man dieses Werk wiederum als Weltbestseller, und demgemäß geizt die Verlagswerbung nicht mit den in solchen Fällen üblichen sprachlichen Formulierungen: "atemberaubende Darstellung", "kollektiver Erlebnisbericht voller Dramatik und mitunter erschütternden Szenen", "großangelegtes Standardwerk". Nun, man lasse sich von diesen Diktionen der Werbeabteilung nicht weiter tangieren, Bücher wollen ja bekanntlich verkauft werden, das Buch ist es aber wert, gelesen zu werden, insbesondere von denjenigen, die gründliche Information zur Entwicklung des Weltkommunismus suchen, und dies nicht auf reißerische Weise, obgleich Titel und Verlagswerbung dies zunächst vermuten lassen. Das Buch ist eher nüchtern, sachlich, mit Abstand geschrieben, überall spürt man die Absicht des

Autors, seinen Standpunkt zu objektivieren, zu schildern, wie es gewesen ist, und nicht in einen emphatischen Blickwinkel der Begeisterung oder Ablehnung zu geraten.

Es ist "die Geschichte einer Bewegung, die die ganze Welt verändern wollte", "die Geschichte der heroischen Jahre des Weltkommunismus – erzählt unter Verwendung unbekannter Augenzeugenberichte, Erinnerungen, Protokolle und anderer authentischer Quellen". Erzählt – dieses Verb trifft die Sache im Kern, denn der Autor schildert die Ereignisse in epischer Breite, dies resultiert aus der Absicht, auch kleine, unscheinbare Details zu bringen, wenn es für die lückenlose Darstellung belangvoll erscheint. Minutiös werden daher zuweilen die Einzelheiten – ohne jedoch um des Erzählens willen auszumalen – gebracht, auch auf Geringfügiges am Rande, wenn es erhellt, wird geachtet. Eine solche Form der Darstellung kann natürlich zuweilen den Leser ermüden, der Autor wirkt dem durch eine starke Gliederung und Untergliederung des Textes mit geschickten Überschriften entgegen, was den Spannungsbogen immer wieder erneuert.

In der Auswertung der Erinnerungen einer ganzen Generation kommunistischer Führer, unbekannter Augenzeugen und zahlreicher anderer authentischer Quellen entsteht so vor dem Leser ein lückenloses Bild der Anfangsjahre des Kommunismus, durch den gewählten methodischen Ansatz gelingt es dem Autor, dennoch die Materialfülle zu bändigen. Infolge seiner Sachlichkeit eignet sich das Werk auch als Lektüre für Leser, die der Bewegung des Kommunismus kritisch oder skeptisch gegenüberstehen. (pa)

Peter Leuschner
Nur wenige kamen zurück
30.000 Bayern mit Napoleon in Rußland
280 S., 32 Abb., zahlreiche Zeichnungen, Leinen, DM 24,– (Ludwig)

"Nur wenige kamen zurück" ist ein Zeitdokument über den napoleonischen Feldzug nach Rußland, an dem 30.000 Bayern teilnehmen mußten. Weniger der Feldzug in seinem historischen Verlauf und in seiner Bedeutung steht im Vordergrund, als vielmehr die 30.000 Bayern und ihr Schicksal, dargestellt an den Erlebnissen des Feldwebels Josef Schraefel aus Landshut, der von seiner Frau Walburga begleitet wird. Es ist ein packender Bericht, dem die Tagebuchaufzeichnungen Schraefels zugrunde liegen. Die romanhafte Darstellung macht die Schilderung zwar eindringlich und leicht lesbar, nimmt ihr aber etwas von dem authentischen und unmittelbaren Charakter, wie ihn die Tagebuchaufzeichnungen Wachtmeister Peters (s. o.) aufweisen. Medium für den Bericht über jene tragischen Tage und Monate in Rußland ist Peter Leuschner, Redakteur einer großen Tageszeitung und Verfasser mehrerer Bücher historischen Inhalts. Mit den Aufzeichnungen des bayerischen Feldwebels Schraefel als Grundlage und genauen Recherchen über das Schicksal der Bayern schuf er eine spannende und anschauliche Schilderung von den unmenschlichen Leiden und dem Kampf ums nackte Überleben der Bayern bzw. des Soldaten schlechthin in der großen napoleonischen Armee.

In dem Buch von Peter Leuschner werden weniger die militärischen Einzelheiten geboten als vielmehr die rein menschliche Seite in der Armee. Es ist kein Buch, das militärgeschichtliche Einblicke gibt. Den Rückzug der "Großen Armee" erlebten Schraefel und seine Frau als Gefangene, krank und allen Unbilden ausgesetzt. Sie erfahren ein bitteres Kriegskapitel voller Leid und Unmenschlichkeiten — die Gefangenschaft, welche Wachtmeister Peter erspart geblieben ist. Von Krankheit gezeichnet, beginnt für Schraefel ein langer mühevoller Weg zurück in die Heimat.

Das Buch ist für einen breiten Leserkreis gedacht und bringt eine gut recherchierte, spannend zu lesende historische Darstellung, die ebenso wie die Aufzeichnungen Wachtmeister Peters über Leben und Schicksal eines Einzelnen in den napoleonischen Kriegen Aufschluß gibt. Hervorzuheben ist das Endkapitel des Buches, das eine ins Detail gehende Aufstellung der Zusammensetzung der "Großen Armee" bringt. Zahlreiches zeitgenössisches Bildmaterial von Albrecht Adam und Faber du Faur sowie Kartenskizzen und Schriftdokumente veranschaulichen den Inhalt optisch. (hp)

Michael Stürmer (Hrsg.)
Das kaiserliche Deutschland
Politik und Gesellschaft 1870 - 1918
450 Seiten, kt., DM 18,— (Athenäum/Droste)

Stärker als bei anderen Epochen ist die Erforschung der Neuesten oder Zeitgeschichte "Trends" unterworfen: Bestimmte Abschnitte der jüngsten Vergangenheit ziehen, aus den unterschiedlichsten Gründen, die intensive Aufmerksamkeit der Fachgelehrten auf sich, und es dauert einige Zeit, bis sich andere, "vernachlässigte" Epochen die erforderliche Beschäftigung erkämpfen können.

Nach dem schockierenden Erlebnis und dem katastrophalen Ende des "Großdeutschen" NS-Reichs mußte wohl einige Zeit vergehen, bis sich auch deutsche Historiker an die Erforschung und Aufarbeitung dieses Traumas heranwagten. Doch seit den 60er Jahren ist die Beschäftigung mit dem "3. Reich" und seiner unmittelbaren Vorgeschichte Mittelpunkt einer sehr intensiven und fruchtbaren historischen Forschungsarbeit geworden.

Zu den "Opfern" dieser Wandlung gehörte lange Zeit die Geschichte des vorletzten Deutschen Reichs, des von Bismarck geschaffenen und von Wilhelm II. in die Katastrophe des 1. Weltkrieges geführten Kaiserstaats der Hohenzollern. Nun, inzwischen stellt auch die "Kaiserreichsforschung" einen wichtigen Schwerpunkt der Neuesten Geschichtsschreibung dar, und der Verdienst, den entscheidenden Anstoß zu dieser Wendung gegeben zu haben, kommt dem Sammelband zu, der jetzt auch in einer preisgünstigen Taschenbuchausgabe vorliegt. Die Erstausgabe dieses Buchs erschien 1970. Seither wurden, nicht zuletzt in Beantwortung der damals aufgeworfenen Fragen, zahlreiche richtungsweisende Arbeiten veröffentlicht, so daß Michael Stürmer im Nachwort zum Taschenbuch die berechtigte Frage aufwirft, ob nicht ein neuer Sammelband unter diesem Titel angebracht wäre. Doch die Erforschung von "Kaisers Zeiten" ist noch nicht annähernd umfassend abgeschlossen, die Fragen und Thesen von 1970 sind für jeden, der sich mit dem Komplex "Kaiserreich" beschäftigt, von ungebrochener Aktualität.

Ausgangspunkt dieser "Beiträge zum Verhältnis von Politik und Gesellschaft" war der überfällige Versuch, endlich die eigenartige Antinomie zu überwinden, die die wissenschaftliche Beurteilung des Kaiserreichs von Anfang an belastete: Während die "politische Geschichte" eine sehr systemkonforme Haltung zeigte, wurde die sozial- und wirtschaftsgeschichtliche Betrachtung auf eine grundsätzlich oppositionelle Position gestellt. Diese disziplinäre Spaltung war freilich nur Ausdruck der Widersprüche, die das Deutsche Reich von seiner Gründung an belastete. Denn dieser Staat war weder historisch gewachsen noch war seine Verfassung Ergebnis theoretischer Idealvorstellungen. Sie war das persönliche Instrument des einen Mannes Bismarck, auf seine Möglichkeiten und Intentionen zugeschnitten. Sie wurde so eine Zusammenfassung von Unvereinbarem – ein monarchisch-autoritärer Machtstaat mit einem national-demokratischem Parlament und einem liberalen Rechtsstaatgedanken –, die unter dramatischen sozialen Veränderungen ihren Schöpfer selbst und erst recht dessen Nachfolger vor letztlich unlösbare Probleme stellte.

Erklärbar wird dieses höchst merkwürdige Staatsgebilde nur durch die gleichzeitige Berücksichtigung von "hoher Politik" und sozialem Wandel, als der ständige, vergebliche Wettlauf, das Instrumentarium den veränderten Situationen anzupassen. Dies anhand von Einzelbetrachtungen aufgezeigt, analysiert und mit weiterführenden Antworten versehen zu haben, ist der bleibende Verdienst dieses Buches. (me)

Hans-Ulrich Wehler (Hrsg.)
Imperialismus
476 Seiten, kt., DM 24,– (Athenäum/Droste)

Das Ersterscheinungsjahr dieses Sammelbandes, dessen 3. überarbeitete Auflage jetzt in einer preisgünstigen Taschenbuchausgabe erhältlich ist, war 1970 – mit gutem Grund: Es war die Zeit des Vietnamkriegs, der Studentenproteste, aber auch der Lockerung des Banns marxistischer Geschichtsinterpretation in den westlichen Ländern.

Alle diese Elemente trugen dazu bei, das Schlagwort vom "Imperialismus" zu einer Kampfparole der politischen Auseinandersetzung zu machen, freilich auf eine sehr unreflektierte und ideologisierte Weise.

Das Auftauchen ideologischer Schlagworte ruft aber glücklicherweise die Fachwissenschaftler auf den Plan, die solche Termini kritisch hinterfragen und ihren Bedeutungsinhalt der Überprüfung durch Detailforschung unterwerfen. Die Ergebnisse der neubelebten Imperialismusforschung der westlichen Geschichtsschreibung faßte Hans-Ulrich Wehler in diesem Sammelband zusammen, der inzwischen zu einem Standardwerk für jeden Historiker geworden ist, der sich mit der Weltgeschichte seit etwa 1870 auseinandersetzt.

Der Begriff "Imperialismus" reicht ebenso weit zurück. Schon die Zeitgenossen Kaiser Wilhelms II. oder der Königin Victoria erkannten, daß diese aggressive "Expansionsbewegung der okzidentalen Industriegesellschaften" ein neues Element in die außen- wie innenpolitischen Beziehungen der Völker einbrachte. Und schon damals bemerkte man, daß der Kampf aller gegen alle um Kolonien und Absatzmärkte sich keineswegs nur aus machtpolitischen Expansionsbestrebungen allein erklären ließ. Die Auswirkungen von und die Rückwirkungen auf die Sozial- und Wirtschaftspolitik der betroffenen Länder ließen sich nicht übersehen.

Für die marxistische Deutung war der Imperialismus eine logische Folge des "Monopolkapitalismus", der letztlich im Vernichtungskrieg der kapitalistischen Staaten gegeneinander enden müsse – der 1. Weltkrieg war nach dieser Deutung das zwangsläufige Ergebnis des Imperialismus. Allerdings wurden die imperialistischen Züge der Politik durch diesen Krieg ebensowenig überwunden, wie sie auf die "kapitalistischen" Staaten beschränkt blieben.

Die historische Forschung verbiß sich aber in die stark ideologisch gefärbte Theorie-Diskussion, die erst spät durch eine Grundlagenforschung überwunden wurde, wie sie in diesem Buch Eingang fand: Historiker aus den verschiedensten Ländern haben hier Einzeluntersuchungen zusammengetragen, die sich sowohl mit Ablauf und Organisation der imperialistischen Politik der Staaten vor 1914 beschäftigten, wie sie sehr gründlich die Voraussetzungen und Folgen dieser Politik auf die innere Situation dieser Länder untersuchen. Das Ergebnis ist sicher keine neue, in sich geschlossene "Imperialismus-Theorie", aber dafür eine aufschlußreiche Materialiensammlung, die zum Verständnis der Epoche, auf der unser 20. Jahrhundert aufbaut, erheblich mehr beiträgt als es Ideologien können.

(me)

Zeitgeschichte: Weimarer Republik und Drittes Reich – Zweiter Weltkrieg

Frans S. A. Beekman und Franz Kurowski
Der Kampf um die "Festung Holland"
218 Seiten, 42 Fotos, 5 Karten, DM 29,80 (Mittler & Sohn)

Dieses Buch schließt eine Lücke in der Geschichte des Zweiten Weltkriegs: die fünf Tage und Nächte dauernde Schlacht um die "Festung Holland". Außerhalb der Niederlande ist dieser Krieg noch niemals in seiner Dramatik dargestellt worden.

Die beiden Autoren, der Niederländer Beekman und der Deutsche Kurowski, zeigen, wie unerwartet tapfer sich die niederländische Armee zur Wehr setzte. Denn die Niederländer kämpften, auf sich allein gestellt, an zwei Fronten gegen den übermächtigen Feind und fügten den deutschen Fallschirm- und Luftlandeeinheiten unter Generalleutnant Student schmerzliche Verluste zu.

Im Mittelpunkt der nüchtern-sachlichen Kampfschilderungen, für deren Erstellung die Autoren neben Archivmaterial auch Militärhistoriker und Augenzeugen herangezogen haben, stehen die Gefechte um Kornwerderzand, Moerdijk, Dordrecht, Rotterdam, Ypenburg, Mill, Ockenburg und vor allem um die Grebbelinie mit dem Zentrum der Verteidigung, dem Grebbeberg. Diese Orte waren die Zugänge zur sogenannten "Festung Holland", dem Gebiet hinter der natürlichen Verteidigungslinie in Holland: der "Neuen Holländischen Wasserlinie", die vom Ijsselmeer östlich von Utrecht nach Süden lief. Allerdings wird — dies als Kritik an diesem notwendigen Buch — die geographische Lage der "Festung" und der Kämpfe aus den Karten nicht ersichtlich, da diese nur matt auf den Vorsatz kopiert sind.

Franz Kurowski ist in Deutschland durch seine beiden Bücher "Luftkrieg über Deutschland", Düsseldorf 1977, und "Zu Lande, zu Wasser, in der Luft", Bochum 1975, bekannt geworden. (or)

Der Zweite Weltkrieg
19 Bde, 29 x 24 cm, ca. 220 Seiten, über 300 Photos, kartonierter Photoeinband mit Schutzumschlag, DM 42,— (Time Life)
Der Weg zum Krieg — Der Blitzkrieg — Die Luftschlacht um England — Die Aufgehende Sonne — Die Schlacht im Atlantik — Der Angriff auf Rußland — Der Krieg in der Wüste — China-Burma-Indien — Die Gegenoffensive im Pazifik — Der Partisanenkrieg — Der Feldzug in Italien — Der Luftkrieg in Europa — Der Russische Gegenschlag — Der Widerstand — Entscheidung im Westen — Die Befreiung — Invasion der Alliierten — Die Ardennen-Offensive — Der Weg nach Tokyo

Das 20. Jahrhundert mit seinen tiefgreifenden politischen, sozialen und gesellschaftlichen Veränderungen kann in der historischen Zusammenschau als Zeit des Umbruchs eingestuft werden, eine der stärksten Zäsuren in der geschichtlichen Kontinuität brachte dabei der Zweite Weltkrieg, der im Bewußtsein der beteiligten Völker tiefe Spuren hinterließ. Die Literatur über diesen modernen Krieg, der vor allem von neuen Strategien und Waffentechnologien geprägt war, ist in den letzten Jahrzehnten immer mehr angewachsen, sie reicht von der Schilderung subjektiven Erlebens bis zur objektivierenden Aufarbeitung in der Wissenschaft.

Die in 19 Bänden konzipierte Serie "Der Zweite Weltkrieg" stellt die bisher umfassendste Dokumentation zur Geschichte des Zweiten Weltkriegs für einen breiten Leserkreis in deutscher Sprache dar. Die amerikanische Originalausgabe lag bereits im Jahre 1977 vor, dementsprechend basieren die das vorgelegte Bildmaterial begleitenden Texte auf dem Forschungsstand von etwa 1976, wie auch die in jedem Band vorhandene Bibliographie zeigt. In erster Linie zielt das Werk weniger auf ein begrenztes Fachpublikum, sondern auf einen breiten, an den weltverändernden Ereignissen des Zweiten Weltkriegs interessierten Leserkreis, der zu einem umfassenden Verständnis des Krieges und seiner Hintergründe in Wort und Bild hingeführt werden soll, wobei das stärkere Gewicht zweifelsohne auf dem umfangreichen Bildmaterial liegt. Dennoch sind die Texte, welche die einzelnen Etappen der jeweiligen

Feldzüge, die Kriegsschauplätze und das allgemeine militärische Geschehen beschreiben, nicht zu knapp gehalten, so daß sich der Leser ausreichend über den jeweiligen geschichtlichen Hintergrund zu dem dokumentierenden Bildmaterial und über den Ablauf der Ereignisse informieren kann. Entsprechend dem mehr populären Charakter der Bände sind die Autoren um eine Verlebendigung der Schilderungen des Kriegsablaufes bemüht, was auch gelingt: die Texte sind im großen und ganzen recht flüssig geschrieben und durch Augenzeugenberichte angereichert; neben dem Kriegsgeschehen kommen auch die politischen Hintergründe zur Geltung.

Mittelpunkt jeden Bandes ist jedoch das Bild, das in einem großformatigen Layout für sich selber spricht. Aus den verschiedensten Quellen stammend, aus Privatsammlungen, von Kriegsberichterstattern und von staatlichen Nachrichtenagenturen, von Siegern gleichermaßen wie von Besiegten, gibt es einen Eindruck von diesem bisher größten Krieg der Menschheitsgeschichte mit seinem unvorstellbaren Ausmaß an menschlichen Opfern. Die meisten der Photos sind von beeindruckender und erdrückender Authentizität, es finden sich jedoch auch arrangierte Aufnahmen für Propagandazwecke.

Größe, Schrecken und Wahnsinn dieses technologischen Krieges, in dem der Mensch als Einzelner zerrieben werden mußte, das Ringen von Mächten, Völkern, Nationen und Ideologien, das die gesamte Menschheit in seinen Bann zog und oft zu einer totalen Barbarisierung und Unmenschlichkeit führte, gewinnen in dieser "Chronik der weltverändernden Ereignisse" eindringlich Leben; die für einen breiten Leserkreis konzipierte Serie sollte dabei nicht nur bildhistorische Quelle, sondern zugleich eine erschütternde Warnung sein. (pa)

Die Folgen von Versailles 1919 - 1924
Für die Ranke-Gesellschaft, Vereinigung für Geschichte im öffentlichen Leben, herausgegeben von Hellmuth Rößler
195 Seiten, Leinen, DM 40,— (Muster-Schmidt)

Der inzwischen leider verstorbene Herausgeber bürgt für geschichtliche Seriosität. Ein Blick in die Inhaltsangabe und auf die einzelnen Autoren verrät Sachkompetenz: Der profunde Kenner für russische Geschichte Prof. Dr. Georg von Rauch zeichnet für "Sowjetrußland zwischen Ost und West" verantwortlich, Prof. Dr. Maurice Baumont schrieb über "Die französische Sicherheitspolitik, ihre Träger und Konsequenzen 1920 - 1924". Die Autoren kennt jedes Erstsemester. Sie stehen hier für weitere Fachhistoriker. Fach- und Sachkompetenz sind die herausragenden Eigenschaften dieses Buches. Im Vorwort heißt es dazu, die Absicht des Bandes sei es, "das weltpolitische Geschehen, in das das deutsche Schicksal eingebettet gewesen ist, in den Jahren von 1917 bis 1932 — vom Eingriff der Vereinigten Staaten in den (Ersten) Weltkrieg und dem Ausbruch der russischen Revolution bis zum Vorabend des neuen Weltgeschehens, das aus der großen Weltwirtschaftskrise hervorgegangen ist — einer Klärung näher zu bringen."

Dies leistet das Buch in der Tat. Es ist das Ergebnis einer internationalen Tagung der Ranke-Gesellschaft zu den Folgen von Versailles. Die Vorträge der Wissenschaftler werden wiedergegeben, Diskussionen aufgezeichnet. Das Buch kann aber mehr. Es vollzieht politische Vorgänge einer historischen Zeit nach, deren Spätfolgen uns heute noch betreffen. Es bringt aber auch Geschichte beispielhaft, aktuelle Politik im Widerstreit der Meinungen, gerade auch von Historikern, läßt die Vielfalt politischer (und historischer) Meinungen kennenlernen, ist ein Stück politischer Erziehung. Vergleiche zur heutigen Weltlage drängen sich auf, vielleicht ungewollt. Leugnen wird man sie nicht können. Einsichtig und durchschaubar werden die Vorgänge einer Zeit, die sonst so schwer einsichtig und durchschaubar erscheinen. "Versailles" wird zum Synonym für weltpolitische Zusammenhänge und nicht zur oft gelesenen Verkürzung für deutsches Schicksal. Daran mißt sich der Inhalt. Daran sollte sich aber auch der Leser messen lassen. Der Eilige sei gewarnt. Für diesen Band bedarf es der Ruhe und Muße. Er wird Freude an dieser Geschichtserörterung gewinnen. Alle Fragen freilich wird er nicht beantwortet finden. Vieles wird ihm in klarerem Licht erscheinen. Wer an den Band herangeht, sollte jedoch über das notwendige "Überblickswissen" hinaus sein — oder er wird durch das Werk neuen Zugang zur Geschichte finden. (wi)

Walter Dornberger
Peenemünde. Die Geschichte der V-Waffen
320 Seiten, 80 Fotos z. T. in Farbe, geb. mit farbigem Schutzumschlag, DM 38,— (Bechtle)

Im Zeitalter von Space-Shuttle und Killersatelliten bietet es sich an, der Geschichte der Raumfahrt nachzuspüren. Ihr praktischer Beginn wird von Walter Dornberger erzählt, dessen vergriffenes Buch "V 2, der Schuß ins Weltall", jetzt unter dem Titel "Peenemünde, die Geschichte der V-Waffen" mit wesentlich erweitertem Bildteil neu erschienen ist. Dornbergers Informationen sind aus erster Hand, war er doch oberster Chef der Raketenversuchsentwicklung des Dritten Reiches. Und auf der Entwicklung der V-Waffen in Peenemünde basiert sowohl die amerikanische wie die russische Weltraumfahrt, die führenden deutschen Techniker wurden gleichsam als Kriegsbeute in die USA und die UdSSR mitgenommen.

Auch Walter Dornberger ist bis 1950 Berater der amerikanischen Luftwaffe, dann erfolgreicher Raketenexperte in der Wirtschaft. 1952 schreibt er seinen Bericht, um "einer Unzahl widersprechender, verwirrender und irreführender Artikel und Bücher über die deutsche Raketenentwicklung" zu entgegnen. Dornbergers Buch hat Schwächen, ja muß es haben. Es ist in doppelter Hinsicht eine Verteidigung: Einmal will er sich und seine Mitarbeiter von jeder politischen Zusammenarbeit mit den Nazis freisprechen, das Peenemünder Team lediglich als eine Crew enthusiastischer Techniker und Wissenschaftler darstellen. Zum anderen will er zeigen, daß die Ungläubigkeit und Bürokratie der Nazis eine frühere Fertigstellung der V-Waffen verhindert hat. Das mag richtig sein, verführt Dornberger aber zu der unseligen Frage: Was wäre, wenn die V-Waffen früher fertig gewesen wären? Er begibt sich damit in das Fahrwasser derer, die noch heute den Krieg für gewinnbar hielten, als hätte es beispielsweise das amerikanische Manhattanprojekt, die Atombombe, nicht gegeben.

Bei all dieser Kritik ist Dornbergers Bericht ein wichtiges historisches Dokument, besonders für Technikgeschichtler. Lebendig und kompetent werden die Kindertage der Raketen mit all ihren Irrungen und Wirrungen, die Persönlichkeiten und die Begeisterung jener Männer der ersten Stunde beschrieben. Dornbergers Schlußsatz im Vorwort: "Wir haben unsere Generation vor die Schwelle des Weltraums geleitet — der Weg zu den Sternen ist offen —" mag allerdings angesichts der vorwiegend militärischen Nutzung der Raumfahrt nachdenklich stimmen. (pe)

Karl Dietrich Erdmann/Hagen Schulze (Hrsg.)
Weimar. Selbstpreisgabe einer Demokratie
Eine Bilanz heute
367 Seiten, DM 48,— (Droste)
(Kölner Kolloquium der Fritz Thyssen Stiftung)

In dem Paperback-Band ist auf 367 Seiten das Ergebnis aus drei Tagen Vorträgen und Diskussionen zusammengefaßt. Das mag zunächst abschreckend klingen. Doch wer sich das Teilnehmerverzeichnis ansieht, findet hochkarätige Wissenschaftler, Historiker, Politologen, Philosophen, Juristen und Soziologen. Sie widmeten sich dem Thema der "Selbstpreisgabe einer Demokratie". Um die Weimarer Republik geht es dabei. Das einleitende Referat von Kurt Birrenbach beginnt zur Frage: "Sind Symptome von Weimar in der Bundesrepublik Deutschland erkennbar?" In den siebziger Jahren erschien in einer großen deutschen Zeitung ein Artikel mit der Überschrift "Wird Bonn doch Weimar?" Die Fragen haben an Aktualität nicht verloren, eher zugenommen. Die Antwort in Prof. Hillgrubers Vortrag lautet: "Die Sorge bleibt". Sie dringt, oftmals verdeckt, bei vielen Referenten und Diskussionsteilnehmern des Kölner Kolloquiums durch. Schon deshalb ist dieses Buch so wichtig, für politisch Interessierte eigentlich unentbehrlich. Aus der Geschichte lernen, könnte als weiterer Titel über dem Buch stehen, selbst für jene, die die Einmaligkeit geschichtlicher Ereignisse, die Unwiederholbarkeit in den Vordergrund stellen.

Lernen wird der Leser sehr viel, vor allem wird er sehr viele Ansichten kennenlernen. Anregen will der Band zu weiteren Fragen und Forschungen. Die beruflich Forschenden und Studenten der Geschichte haben das Buch zwischenzeitlich sicherlich gelesen. Für sie sollte es Pflichtlektüre sein. Für den Geschichtslaien bringt es eine Fülle an Details. Diese einzuordnen, fällt nicht immer leicht. Geduld und Nachschlagefreudigkeit in allgemeinen Werken ist für jene am Platze, die sich erstmals mit der Zeit von Weimar auseinandersetzen. Andersherum kann aber auch niemand an diesem Werk vorbeigehen, der sich mit dieser Zeit kritisch auseinandersetzen will, der über den Untergang der ersten Demokratie auf deutschem Boden nachdenken möchte. Die klare Gliederung der Themenbereiche in Außenpolitik, Verfassungsrecht, Parteienstaat, Beamtenschaft, Justiz, Reichswehr, Wirtschaft, Philosophie und Theologie, Nationalsozialismus und Verhalten der Arbeiterschaft hilft ihm dabei. Bedauerlich, wenn auch scheinbar unvermeidlich, sind die fast stichwortartigen Diskussionsbeiträge. Karl Dietrich Erdmann zitiert am Ende seines Versuchs einer Schlußbilanz der Tagung den Philosophen Immanuel Kant: "Die Demokratie ist kein Naturzustand, sie muß gestiftet werden, Tag um Tag". Damit es nicht zur Selbstpreisgabe der bestehenden kommt, dazu verhilft die "Selbstpreisgabe einer Demokratie". (wi)

Jens Flemming/Claus-Dieter Krohn/Klaus Saul/Dirk Stegmann/ Peter-Christian Witt (Hrsg.)
Die Republik von Weimar
Bd. 1: Das politische System
240 Seiten, kt., DM 19,80
Bd. 2: Das sozialökonomische System
216 Seiten, kt., DM 19,80
(Athenäum/Droste)

Die beiden Bände zur Weimarer Republik sind eine nützliche Ergänzung zur übrigen wissenschaftlichen und populären Literatur über dieses Thema, die kaum noch überschaubare Ausmaße angenommen hat: sie lassen in Quellen und Dokumenten jene Zeit selbst zu Wort kommen. Verbunden mit Übersichtsdarstellungen und Einführungen in die einzelnen Problemstellungen, mit Sachstichworten und Kurzbiographien ergibt sich eine neue Konzeption: ein Übersichts-, Text- und Arbeitsbuch zur Sozialgeschichte der Weimarer Republik. Die Herausgeber wenden sich dabei an ein allgemein historisch interessiertes Publikum, aber auch an Studenten, Dozenten, Lehrer und Schüler.

Von anderen Quellensammlungen hebt sich diese vor allem dadurch ab, daß sie überwiegend aus staatlichen Archiven der Bundesrepublik und der DDR entnommenes Material erstmals publiziert, meistens allerdings in gekürzter Form. Etwas unübersichtlich bleibt im laufenden Text bisweilen die Zuordnung und Herkunft der Quellen.

Wissenschaftlich fundiert, wenn auch knapp gehalten, sind die Einführungen zu den einzelnen Problemfeldern. Im einzelnen sind das: das Verfassungssystem der Weimarer Republik; das politische, soziale und ökonomische System. Der Schwerpunkt wurde auf die Innenpolitik gelegt, auf staatliches Entscheidungshandeln, verbands- und parteipolitische Willensbildungsprozesse, auf ökonomische Entwicklungstendenzen und deren Brechungen im Bewußtsein der Zeitgenossen. Dabei werden treffende Schlaglichter geworfen auf Entfaltungschancen, die Probleme und Polarisierungen in einem Jahrzehnt des Umbruchs, in einer Gesellschaft zwischen Revolution und Gegenrevolution, zwischen Abdankung des Wilhelminischen Obrigkeitsstaates und Machtübernahme des Nationalsozialismus.

Die Auswahl der Quellen ermöglicht insgesamt einen repräsentativen Einblick in das Thema und läßt dem Leser selbst die Möglichkeit einer Interpretation. (my)

Erich Helmdach
Überfall?
Der sowjetisch-deutsche Aufmarsch 1941
5. Auflage, 164 Seiten, Broschur, DM 19,80 (Vowinckel)

Der Autor rückt in militärisch knappem, aber gut lesbarem Stil die Frage in den Vordergrund: hat Hitler die Sowjetunion 1941 gleichsam "aus heiterem Himmel" überfallen, war Rußland damals unschuldiges Opfer seines "Dranges nach Osten", oder kam er nur seinerseits einem sowjetischen Angriff zuvor? Betrachtet man die seit 1939 geradezu exorbitante sowjetische Aufrüstung und die Dislozierung der Truppen an der Westgrenze des Riesenreiches, dann drängt sich die Erkenntnis auf: hätte Hitler nicht am 22.6.41 losgeschlagen, dann hätte Stalin ihn angegriffen, vielleicht noch im selben Jahr. Zahlreiche Äußerungen des kommunistischen Diktators und hoher sowjetischer Militärs weisen in diese Richtung, und sie liegt ja auch in der Logik der Dinge: wenn es gesichert ist, daß Stalin wenige Tage vor Abschluß des Ribbentrop-Molotow-Paktes erklärt hat, die kapitalistischen Mächte Deutschland auf der einen sowie England und Frankreich auf der anderen Seite sollten sich in dem kommenden Krieg erschöpfen, und wenn der schnelle deutsche Sieg im Westfeldzug 1940 damit neue Fakten für Stalin geschaffen hat, dann mußte er darauf aus sein, den Raub von 1939/40 (Ostpolen, Baltikum, Bukowina, Bessarabien, Vyborg, Salla) nunmehr zu sichern. Bei aller deutschen Aggression also, die durch diese Fakten natürlich nicht aufgehoben wird: die Sowjetunion hat nur deswegen nicht als erste angegriffen, weil ihre Vorbereitungen noch nicht abgeschlossen waren, und nur deshalb hat sie ihre vertraglichen Verpflichtungen gegenüber Deutschland bis zuletzt gewissenhaft erfüllt. Die Überraschung in den ersten Kriegswochen geht auf Stalins Wunschdenken zurück, der einen Krieg noch nicht ganz brauchen konnte. Damit verschiebt sich die Frage des deutsch-sowjetischen Kriegsbeginnes vom moralischen auf das militärisch-taktische Feld.

Der Autor ist als ehemaliger Generalstabsoffizier der 4. Armee, die entlang der Achse Warschau-Moskau operierte, prädestiniert für das Thema. Er handelt es in schon wissenschaftlich zu nennender Fülle der Quellenverwertung und Exaktheit ab. Dabei geraten ihm allerdings die Verweisungen auf den Anmerkungsteil manchmal etwas durcheinander, was auch deshalb stört, weil gerade der Text der Anmerkungen oft sehr interessante zusätzliche Informationen enthält. Zeittafel, Kartenbeilage und ein recht opulentes Literaturverzeichnis steigern die Brauchbarkeit des Buches noch. Insgesamt muß die Aussage des Buches als gewichtiges Wort zur zeitgeschichtlichen Diskussion gewertet werden. Der Autor macht beklemmend deutlich, daß die sowjetische Expansion, innerhalb derer der Angriff Hitlers nur ein Betriebsunfall war, seit der Oktoberrevolution kontinuierlich weitergeht. Der deutsche Angriff 1941 darf nicht über diesen historischen Prozeß hinwegtäuschen — auf die tagespolitische Aktualität des 22.6.1941 braucht dann in solchem Zusammenhang nicht mehr eigens hingewiesen zu werden! (ri)

Wolfgang Horn
Der Marsch zur Machtergreifung
Die NSDAP bis 1933
452 Seiten, kt., DM 24,– (Athenäum/Droste)

Das umfangreiche Werk ist die unveränderte Neuedition der Originalausgabe von 1972. Das bedeutet, daß in der Zwischenzeit publizierte Forschungsergebnisse in ihm nicht berücksichtigt sind. Dennoch ist es in seiner von wissenschaftlicher Methodik bestimmten Breite nach wie vor höchst lesenswert. Die Kompliziertheit der Formulierungen hält sich in gewissen Grenzen, was bei wissenschaftlichen Abhandlungen bekanntlich nicht selbstverständlich ist.

Der Verfasser verbindet den Aufstieg der NSDAP mit dem "Führergedanken", den er in seiner praktisch-organisatorischen Ausformung als "Führerprinzip" bezeichnet, und durch den die sehr heterogene Partei zusammengehalten wurde, so daß Hitlers persönlicher Erfolg und derjenige der Partei weitgehend übereinstimmen. Der Autor greift dementsprechend hauptsächlich die Punkte der Parteigeschichte heraus, an denen die Entwicklung dieses Prinzips abzusehen ist. Das Buch ist also nur in recht beschränktem Sinne eine Geschichte der NSDAP bis 1933 und gar keine der Weimarer Republik. Z. B. fehlt völlig die Darstellung des Novemberputsches von 1923, aber der Verfasser gibt zu diesem und anderen Ereignissen jedenfalls hinreichende Literatur an.

Umso mehr sticht dafür die politische Raffinesse Hitlers bei den weniger spektakulären Ereignissen hervor, etwa seine propagandistische Ausnützung des nachfolgenden Hochverratsprozesses. Seine Fähigkeit, tatsächlich zu führen, seine Führungseigenschaften, die jenseits der Führer-Ideologie bestanden, werden dadurch und durch andere Episoden schlaglichtartig beleuchtet. Das eigentliche Charisma, das Hitler ausstrahlte, wird allerdings weder beschworen noch untersucht. Es wird auch sichtbar, daß der Führermythos von dem, der ihn mit Leben erfüllen sollte, auch immer besondere Leistungen verlangte, und daß Hitler diesem Druck in den Jahren 1930/32 kaum standhalten konnte, da gerade das Anwachsen der NSDAP in diesen Jahren eine Fortsetzung seiner Herrschaft über die Partei anders als durch Erlangung der Regierungsgewalt kaum mehr möglich machte. Dazu aber hätte er seine Regierungsziele konkretisieren müssen, womit er demagogische Beweglichkeit verloren hätte.

Doch diese Konsequenz muß man sich erst seitenlang erlesen. Trotz mancher Langatmigkeit und Pedanterie ist das Buch aber geeignet, Lehren politischer Taktik zu vermitteln, die über sein eigentliches Thema hinausgehen. Die Beschreibung, die wegen ihrer Wissenschaftlichkeit bei weitem nicht so dramatisch ist, wie der Titel verspricht, verrät nicht nur Belesenheit und großen Fleiß, sondern auch politisches Gespür des Autors. (ri)

Ludwig Hümmert
Bayern vom Königreich zur Diktatur
1900 - 1933
254 Seiten, 36 Fotos, 3 Abbildungen, Leinen, DM 24,– (Ludwig)

Ludwig Hümmert beginnt mit einer Stammtafel des Hauses Wittelsbach. Sie setzt bei Ludwig I. (1786 - 1868) ein und endet mit den fünf Töchtern Rupprechts (1869 - 1955) aus zweiter Ehe. Doch sollte man sich von der Eröffnung des Buches nicht auf falsche Pfade führen lassen. Der Autor schrieb eine Geschichte Bayerns der Neuzeit in vier Teilen: Vorkriegszeit, Weltkrieg und Revolution, Bayern in der Weimarer Republik, Bayern im NS-Staat/Das Jahr 1933. Das erste und das letzte Kapitel sind logischerweise die kürzesten. Doch auch sie schrieb Ludwig Hümmert mit viel Engagement und Einfühlungsvermögen wie das ganze Buch. Volkstümlich wollte er diesen Abschnitt der bayerischen Geschichte darstellen. Der Versuch ist gelungen. Doch erzählt hier ein gebürtiger Münchner. So kann man sich streckenweise des Eindrucks nicht erwehren, als hätte sich fast ausschließlich in München bayerische Geschichte ereignet.

Begeistert werden jene Leser sein, die einen erfrischenden Schreibstil lieben. Hintergründiger Humor ist ein Signum des Buches. Ludwig Hümmert, Jahrgang 1905, stellte die meisten Fakten aus eigener Anschauung dar. Dies spürt man in jeder Zeile des Buches. Er promovierte 1927 an der Münchner Universität über ein Thema der bayerischen Geschichte, war in seiner Studentenzeit in der Hochschulgruppe der Deutschen Volkspartei, wie er im Vorwort darlegt. Dieses Bekenntnisses hätte es nicht bedurft. Es sind zwei weitere Kennzeichen seines Werkes: Historisch saubere Arbeit und viel politische Energie in den Aussagen. Das führte dazu, daß die bayerische Geschichte der Weimarer Zeit keineswegs nur durch die weiß-blaue Brille gesehen wird, schon gar nicht in leuchtenden Farben.

Wertvoll aber wird diese Geschichtsschreibung vor allem dadurch, daß sie ein Autor verfaßte, der in gutem Sinne "dabei gewesen war". Authentische Aussagen aus jener Zeit werden mit den Jahren immer geringer. Manches wird durch den Zeitabstand verklärt, erscheint in einem angenehmeren Licht als es tatsächlich war. Nicht so bei Ludwig Hümmert. Dazu verhilft sicherlich ein klar durchgegliedertes Konzept. Die zahlreichen biographischen Anmerkungen geben zusätzlich wertvolle Aufschlüsse. Ein umfassendes Personenregister hilft jenen weiter, die die Rolle einzelner Persönlichkeiten in der bayerischen Geschichte nachschlagen wollen. Die 36 Fotos, hauptsächlich Portraits, und drei Abbildungen sind ausgezeichnete Ergänzungen zum geschriebenen Wort. Die bayerische Geschichte im ersten Drittel des 20. Jahrhunderts wird lebendig auch und gerade für Nachgeborene. (wi)

Egbert Kieser
Danziger Bucht 1945
Dokumentation einer Katastrophe
4. erweiterte Auflage, 328 Seiten, 25 Dokumentarfotos, 10 Karten im Text, Leinen, DM 32,– (Bechtle)

Die Vertreibung der Deutschen in den letzten Kriegswochen und danach gewinnt zunehmend das Interesse der Historiker und wird damit auch zum Stoff populärwissenschaftlicher Bücher. Dabei sind die umfassenden Darstellungen sicher problematischer als die punktuellen — wie die vorliegende über die tragischen Ereignisse vom Frühjahr 1945 im Raum der Danziger Bucht.

Die deutsche Ostfront war im letzten Januardrittel zusammengebrochen, die Sowjets riegelten in mehreren gewaltigen Zangenbewegungen Ost- und Westpreußen, Danzig und Hinterpommern vom Westen ab und drängten die dort kämpfenden deutschen Truppen zusammen mit der Zivilbevölkerung an die Küste der Danziger Bucht. Für diese hungernden und frierenden zwei Millionen Menschen gab es nur eine Rettung: mit einem Schiff über die Ostsee zu entkommen. Die Berichte über die Einschiffungen in die rasch zusammengezogenen Boote der Kriegsmarine erschüttern auch aus der historischen Distanz von beinahe vierzig Jahren.

Es ist das Verdienst des Autors, daß diese Betroffenheit entsteht, denn er schilderte die Ereignisse um Danzig vor allem aus der Sicht der fliehenden Zivilisten. Sicherlich ist das zum Teil mit reißerischer Dramatik dargestellt, doch erscheint dieser Kunstgriff angesichts des tatsächlichen Elends jener Tage erlaubt. (or)

Walter Lüdde-Neurath
Regierung Dönitz
Die letzten Tage des Dritten Reiches
Mit umfangreichem Dokumentenanhang und dem "Dönitz-Tagebuch"
5. wesentlich erweiterte Auflage
208 Seiten, 16 Abbildungen, Ganzleinen mit Schutzumschlag, DM 24,80 (Druffel)

Walter Lüdde-Neuraths Buch ist — sowohl für Historiker als auch für das Breitenpublikum — eines der wertvollsten und zugleich fesselndsten Dokumente neuester deutscher Geschichte. Als Adjutant des Großadmirals Dönitz ab dem September 1944 hatte der Autor unmittelbaren Einblick in die letzten Tage des Deutschen Reiches, die Kapitulation der Wehrmacht und die Auflösung der Regierung.

Lüdde-Neurath, der sich zum "legalen Anspruch des deutschen Volkes auf Kontinuität und Einheit seines Reiches auch über der Katastrophe des Jahres 1945" bekennt, maßt sich nicht an, "Geschichte" zu schreiben, und tut dies doch so authentisch wie kaum ein anderer. Das Buch ist eine subjektive Erlebnisschilderung, in der Ich-Form geschrieben. Es gibt die Gedanken und Handlungsmotive des letzten gesamtdeutschen Führungsstabes wider und bettet dies alles ein in die Rekonstruktion der allgemeinen militärischen und politischen Ereignisse. Dönitz selbst wird dabei als ein Mann dargestellt, der voller Verantwortungsbewußtsein auch gegen die Idee eines "Kampfes bis zum letzten Mann" auf Seiten "mancher Fanatiker" weitere "Opfer an Gut und Blut" zu vermeiden trachtete.

Trotz der persönlichen Betroffenheit des Autors und trotz mancher eigenen Wertung zeichnet sich das Buch durch eine nüchterne Betrachtungsweise aus, ohne deshalb auch nur für einen Augenblick an Spannung zu verlieren. Die Einblicke, die Lüdde-Neurath etwa vom Führerhauptquartier bietet, gestatten ebenso wie die Beschreibung der Verhaftung der Geschäftsführenden Reichsregierung eine Korrektur verschiedener anderer Publikationen zum gleichen

Thema. Die Hälfte des Bandes besteht aus einem Anhang von 30 aus den verschiedensten Archiven zusammengetragenen Quellen, die sonst nur Fachleuten zugänglich sind. Darunter sind Hitlers Testamente ebenso wie Funksprüche über seinen Tod, Tagesbefehle und Geheimerlasse, Kapitulationsurkunden in deutscher und englischer Fassung, der letzte Wehrmachtsbericht, die "Feststellung" über die Einteilung Deutschlands in Besatzungszonen, Dokumente zu den Konzentrationslagern sowie das aus der Feder Lüdde-Neuraths stammende "Tagebuch" des letzten gesamtdeutschen Staatsoberhauptes Dönitz. (my)

Hans Werner Neulen
Eurofaschismus im Zweiten Weltkrieg
Europas verratene Söhne
221 Seiten, 43 Fotos, DM 29,80 (Universitas)

"Faschistische Freiwillige für Hitlers SS" oder "Die europäischen NS-Kollaborateure" — so oder ähnlich müßte eigentlich der Titel dieses Buches lauten. Denn die Hintergründe des europäischen Faschismus in den 20er und 30er Jahren sind von Ernst Nolte (Der Faschismus in seiner Epoche), Francis L. Carsten (Der Aufstieg des Faschismus in Europa) und anderen ausführlicher und besser dargestellt worden.

Hans Werner Neulen ist es dennoch gelungen, detaillierte Informationen zusammenzutragen über die Zehntausende von Freiwilligen, die sich aus ganz Europa den Verbänden der deutschen Wehrmacht und der Waffen-SS anschlossen, um vorwiegend im Osten gegen die Rote Armee zu kämpfen. Angelockt von Schlagworten wie der "Weißen Internationalen", von einer "europäischen Neuordnung" und von einem "antibolschewistischen Kreuzzug" agierten sie in der Grauzone zwischen Patriotismus und Landesverrat. Neulen zeigt nicht nur die Motive dieser bewaffneten Kollaborateure auf, er legt auch den Beweis vor, daß die Angst vor der Germanisierung Europas und der nationale Überlebenswille kaum eine umfassende Nazifizierung der Ausländer zuließen.

Hans Werner Neulen studierte Rechtswissenschaften an der Universität Köln, veröffentlichte zahlreiche Beiträge zur Zeitgeschichte und ist heute als Jurist im öffentlichen Dienst tätig. (or)

Kurt Preis
München unterm Hakenkreuz
Die Hauptstadt der Bewegung: Zwischen Pracht und Trümmern
264 Seiten, 74 Abbildungen, Leinen, DM 33,— (Ehrenwirth)

Die letzte Fotografie im Buch zeigt einen schwer durch Bomben mitgenommenen bayerischen Löwen im München des Jahres 1945 — "noch einmal davon gekommen". Das erste Bild ist ein Portrait des Bayerischen Ministerpräsidenten Dr. Heinrich Held, der am 15. März 1933 sein Amt niederlegen mußte. Dazwischen stehen Bilder der "braunen" Größen, Aufmärsche, Reichskristallnacht, Fotos der Zerstörung, vom "letzten Aufgebot" des Volkssturms ..

Eines davon ist betitelt: "Gleichgeschaltet in jeder Hinsicht: Fahnen, Stiefel und kein Gesicht". Über 60 Fotos sind es insgesamt. Dazu gesellen sich 12 Bilder, Zeichnungen, Textauszüge.

Geschrieben hat ein Reporter und Redakteur: Kurt Preis, ein Münchner. Witz, wie bei der Bildunterschrift, kennzeichnet — trotz aller Tragik der beschriebenen Zeit — den Stil des Buches. Sachkenntnis steht hinter den Zeilen. Das Buch fesselt den Leser von der ersten bis zur letzten Seite. Viel spannender läßt sich der Weg Hitlers "zwischen Pracht und Trümmern", das Schicksal der Stadt der Bewegung nicht mehr darstellen. Die "Heil"-Rufe fehlen ebenso wenig wie Verfolgung und Widerstand. Die Sicht des kleinen Mannes, der Alltag kommen dabei nicht zu kurz. Immer wieder leuchtet hintergründiger Humor durch. Das Grauen setzt nach wenigen Seiten ein. Beschönigt wird nichts. Ebenso wenig fehlen Details. Dafür setzt der Autor sehr viel in Verbindung. In den "Tagen der Ohnmacht", so eine Kapitelüberschrift, erfährt der Leser sowohl, daß nach Polizeischätzung etwa 150.000 Münchner Hitler empfingen, aber auch, daß damals im März 1933 die "Löwen" gegen "Bayern" 2:1 gewannen und die Salvatorzeit auf dem Nockherberg begann. Übrigens kostete die Maß 90 Pfennige. Auch diese Angabe ist in dem Buch enthalten. Gegenbeispiele? Im Kapitel "Der totale Krieg" berichtet Kurt Preis von zwei Bombenangriffen im Oktober 1943 auf München. Von den Opfern und dem damaligen Reichsmarschall Göring ist die Rede. Originalzitat Kurt Preis: "Mancher Münchner aber mochte sich fragen, warum die Ratsherren der Stadt den großen Sprücheklopfer, Hermann Göring, zum Ehrenbürger der Hauptstadt der Bewegung gemacht hatten. Anläßlich seines 50. Geburtstags gewiß. Aber doch wohl nicht mehr in der Erwartung, daß er diese Stadt vor den tödlichen Schlägen der gegnerischen Luftwaffe würde schützen können".

Eine "Bilanz der Zerstörung" und eine Zeittafel runden das Buch ab. Die Stadt München verlieh dem Autor die Medaille "München leuchtet — den Freunden Münchens". Als Freund lebendiger Zeitgeschichtsschreibung erwies sich der Autor — doch nicht für jene, die vergessen oder nicht mehr wahrhaben wollen. (wi)

Joachim Schultz-Naumann
Die letzten dreißig Tage
Das Kriegstagebuch des OKW April bis Mai 1945
248 Seiten, 35 Fotos, 12 Karten im Text, 2 im Vorsatz, DM 29,80
(Universitas)

Gerade die letzten Tage des Zweiten Weltkriegs in Europa werden sehr häufig in der Literatur nur noch als Nachspiel verkürzt oder als Hitlers letzte Tage im Berliner Führerbunker dargestellt. Umso interessanter ist die hier vorliegende Ergänzung, die aus dem authentischen Kriegstagebuch des Oberkommandos der Deutschen Wehrmacht, aufgezeichnet von dem damals jungen, heute noch lebenden ehemaligen Generalstabsoffizier Joachim Schultz-Naumann, zusammengestellt wurde.

Durch seine Aufzeichnungen wird neben den dramatischen, aber schon oft nacherzählten Vorgängen im Hauptquartier besonders die Zeit nach Hitlers Selbstmord und nach der bedingungslosen Kapitulation am 7./8. Mai 1945 geschildert. Es ist ein Verdienst des Buches, einmal ganz deutlich herausgestellt zu haben, daß die oberste deutsche Kommandobehörde bis zur Verhaftung von Admiral Dönitz und seiner Mitarbeiter am 23. Mai tätig war und auch von den Alliierten zur Mitwirkung herangezogen wurde.

Der zweite Teil des Buches, die Darstellung der Schlacht um Berlin, ist sachlich-nüchtern gehalten. Sie liefert jedoch zu den schon erschienenen Veröffentlichungen keine nennenswerten Ergänzungen.

Joachim Schultz-Naumann, als Major des Generalstabes im Wehrmachtführungsstab zu Kriegsende abkommandiert, das amtliche Kriegstagebuch des OKW zu führen, rettete seine Aufzeichnungen und stellt sie seitdem der zeitgeschichtlichen Forschung zur Verfügung. (or)

Alfred Spieß/Heiner Lichtenstein
Das Unternehmen Tannenberg
Der Anlaß zum Zweiten Weltkrieg
184 Seiten, 11 Abbildungen und Karten, Leinen, DM 22,— (Limes)

Das Buch behandelt nicht etwa eine der beiden Schlachten (1410 und 1914), welche als die von Tannenberg in die Geschichte eingegangen sind, sondern die Kommandounternehmen, die Hitler den unmittelbaren Anlaß zum Losschlagen gegen Polen am 1. September 1939 geben sollten: den Überfall auf den Sender Gleiwitz, das Zollhaus Hochlinden und das Forsthaus bei Pitschen in Oberschlesien, angeblich verübt von polnischen Freischärlern, in Wirklichkeit ein vom Reichssicherheitshauptamt eingefädeltes Unternehmen.

Darauf ist nach dem Krieg einiges Licht gefallen, da die Staatsanwaltschaft beim Kammergericht Berlin, zuständig für alle Verbrechen im Zusammenhang mit dem RSHA, wegen Mordverdachtes gegen Beteiligte ermitteln mußte. Die Aufarbeitung der staatsanwaltschaftlichen Ermittlungen für einen breiteren Leserkreis, verfaßt durch Alfred Spieß, leitenden Oberstaatsanwalt in Wuppertal, und Heiner Lichtenstein, Journalisten beim WDR, ergab das vorliegende Buch. Der US-Chefankläger in den Nürnberger Kriegsverbrecher-Prozessen, Robert M.W. Kempner, hebt im Vorwort hervor: "Dieses Buch ist von großer historischer Bedeutung", und der Verlag folgt ihm verständlicherweise darin, indem er diesen Ausspruch auch im Klappentext verwendet. Doch wissen wir seit Thukydides, daß die tieferen Gründe für einen Krieg von seinen unmittelbaren Anlässen zu trennen sind, und daher ist die "große historische Bedeutung" wohl als übertriebene Formulierung anzusehen, ungeachtet der Tatsache, daß auch in anderen Fällen die Nazis sich die Anlässe zum Losschlagen konstruierten, wie sie ihnen gerade nützlich waren. Jedenfalls wird hier eine Studie zu einem wichtigen Thema der Zeitgeschichte geboten, die wegen des häufigen Zitierens von Zeugenaussagen und der durchweg nüchternen Sprache die Authentizität eines Ermittlungsverfahrens eindringlich wiedergibt. Wer Phantasie hat, kann aus dem Text die gnadenlose Atmosphäre von Gestapo, SD und Konzentrationslager ersehen; sachnäher geht es nicht. Schaueffekte besonderer Art haben die

Autoren nicht nötig; das Fesselnde liegt im Thema selber.

Daher kann das Buch für Juristen, Interessierte der Zeitgeschichte und sogar Krimileser uneingeschränkt empfohlen werden, denn abgesehen von der historischen Brisanz des Themas sind die besten Krimis ja immer diejenigen, die das Leben schreibt. (ri)

Zeitgeschichte: Nach dem 2. Weltkrieg

Günter Böddeker
Die Flüchtlinge — Die Vertreibung der Deutschen im Osten
384 Seiten, 85 s/w-Fotos, 9 Karten, Leinen, DM 38,— (Herbig)

Der Autor schildert das Thema nicht trocken und quasi vom Schreibtisch aus, sondern in fesselndem Stil mit journalistischen "Glanzlichtern" und erreicht dadurch und durch das Einrücken sehr vieler Erlebnisberichte von Betroffenen eine ganz besonders hohe Authentizität der Darstellung. Das gesamte Chaos, das er vor unseren Augen abrollen läßt, ist in seinen Einzelheiten zuverlässig recherchiert, oftmals mit Material aus der "Dokumentation der Vertreibung der Deutschen aus Ost-Mitteleuropa", die im Auftrag der Bundesregierung von einer wissenschaftlichen Kommission erarbeitet worden ist. Keiner der Schauplätze unvorstellbaren Elends, das über die Deutschen im Osten mit dem Ende des Krieges hereinbrach, ist ausgelassen: Ostpreußen, Pommern, Schlesien, der Fliegerangriff im Februar 1945 auf Dresden, das Schicksal der Sudetendeutschen, das Gemetzel in Prag, die Verfolgung der Deutschen in Jugoslawien, aber auch die Massaker, die slowakische Partisanen im September 1944 während ihres Aufstandes an den deutschen Bewohnern dieses Gebirgslandes verübten. Auch die katastrophalen Umstände, unter denen die Vertreibungsaktion aus den Gebieten östlich von Oder und Neiße 1946/47 durchgeführt wurde, sind nicht ausgelassen.

Ein Kapitel berichtet von den politischen Hintergründen "auf höchster Ebene", also von den Besprechungen der Alliierten in Teheran, Yalta und Potsdam. Die Leichtfertigkeit, mit der die Westalliierten Polen die Gebiete östlich der Curzon-Linie absprachen, wird zu Recht in Parallele gesetzt mit der Eile, mit der sie der exilpolnischen Regierung dafür Ostdeutschland andienten, ohne genau zu wissen, wieviel von Deutschland sie damit letztlich an die Kommunisten verschenkten. Das Gespräch zwischen Churchill, Eden und Mikolajczyk ist ein makabrer Höhepunkt der vielgeschmähten Kabinettspolitik. Wie sich die Westalliierten in Yalta und Potsdam ausmanövrieren, ja von Stalin nachweisbar belügen ließen, wird eindringlich vor Augen geführt. Der Autor benützt die westlichen und die sowjetischen Protokolle der Potsdamer Konferenz geschickt, um das schließliche Nachgeben der Westmächte vor dem fait accompli der Oder-Neiße-Linie plastisch darzustellen. Das ist Journalismus im besten Sinne: Aufbereitung der Fakten, ohne sie zu verzerren, und damit Vermittlung von politischer Information. Daß Stalin die Vertreibung der Deutschen durch den Terror der Roten Armee in den Ostgebieten planmäßig vorbereitet hat, geht aus seiner protokollierten Diskussion mit Churchill und Truman hervor; es ist das Verdienst des Autors, daß er ausdrücklich darauf hinweist. Auch die russischen Kritiker dieser barbarischen Methode, Solschenizyn und Lew Kopelew, kommen zu Wort. Ebenso wird nicht verschwiegen, daß die Gewaltmaßnahmen des Hitler-Regimes im Osten einen Deutschenhaß hervorgerufen haben, den sich Stalin zunutze machen konnte, so wie die Untaten der kroatischen Ustascha-Regierung es den siegreichen Partisanen Titos erleichterten, gegen die deutschen Siedler in Slawonien und der Batschka über alles Maß zu wüten.

Das Gemälde einer der größten Katastrophen unseres Jahrhunderts, die uns trotz der gelungenen Integrierung der Vertriebenen in der Bundesrepublik immer noch unmittelbar angeht, wird ergänzt durch eine Fülle dokumentarischer Aufnahmen und ein umfangreiches Literaturverzeichnis. (ri)

Frank Grube/Gerhard Richter
Die Gründerjahre der Bundesrepublik
Deutschland zwischen 1945 und 1955
224 Seiten, davon 128 Seiten farb. Abbildungen, DM 39,80
(Hoffmann und Campe)

Die Nachkriegszeit und die Entwicklung der beiden deutschen Staaten sind in den letzten Jahren zunehmend Gegenstand historischer Forschungen geworden. Das ist gut so. Sind doch an denen, die damals mit dem Wiederaufbau beschäftigt waren, die politischen Ereignisse oft fast unbemerkt vorbeigelaufen. Und bei den meisten Schülern fallen bis heute die Gründerjahre der Bundesrepublik in die Lücke zwischen Geschichts- und Sozialkundeunterricht. Frank Grube und Gerhard Richter wollen mit ihrem Buch einen ersten Überblick über Politik und Gesellschaft in den ersten zehn Nachkriegsjahren verschaffen.

Die Zeitperiode ist gut gewählt. Die Autoren beginnen mit der bedingungslosen Kapitulation Deutschlands und enden im Jahre 1955, einem Zeitpunkt, zu dem "die Bundesrepublik und die DDR ihre festen Positionen in den beiden Machtblöcken bezogen haben". In sieben knappen Kapiteln werden die wichtigsten Themen abgehandelt. Zunächst wird die politische Entwicklung bis hin zur Bundesrepublik, dann die Geschichte von Ostzone und DDR bis 1955 geschildert. Weitere Abschnitte gelten dem "Kalten Krieg", den Ursachen des Wirtschaftswunders und Adenauers Politik der Westorientierung. Die letzten, wohl interessantesten Kapitel beschäftigen sich mit den Menschen: Wie verarbeiten sie die Folgen des Dritten Reichs und des Kriegs, wie kommt es zum "Ärmel aufkrempeln" und zu den "Goldenen Fünfzigern"?

Grube und Richter schreiben einfach und verständlich, sie schrecken vor Wertungen nicht zurück. Manche ihrer Thesen wie, daß der hohe Lebensstandard im Westen durch die Aufgabe der deutschen Einheit erkauft und Ludwig Erhards Formel vom "Wohlstand für alle" eine Augenwischerei gewesen sei, werden sicher Widerspruch hervorrufen.

Das eigentlich Bemerkenswerte an diesem Buch ist der hervorragende Bildteil, der jedem Kapitel angefügt ist. In hervorragenden Photographien wird die Stimmung jener Zeit eingefangen, der Leser kann sich in jene Tage gleichsam einfühlen. Vor allem deswegen ist der Band, ungeachtet mancher Vereinfachungen im Textteil, zu empfehlen. (pe)

Frank Grube/Gerhard Richter
Flucht und Vertreibung
Deutschland zwischen 1944 und 1947
240 S., 112 Seiten s/w-Abbildungen, DM 39,80 (Hoffmann und Campe)

Das umfangreich bebilderte Buch reiht sich ein in die Fülle an Bänden, die in deutschen Verlagen in jüngster Zeit nach einer Fernsehserie zu diesem Thema veröffentlicht wurden: die im Osten bei Kriegsende sich abspielende deutsche Tragödie gewinnt jetzt nach Jahrzehnten mehr oder minder stärkerer Verdrängung ein intensiveres Interesse in der Öffentlichkeit, obgleich bereits vorher gewichtige Bücher und Dokumentationen zu diesem Thema erschienen sind; sicherlich ist eine auf eine breite Basis gestellte Dokumentation des Flüchtlingsdramas zu begrüßen, wenngleich auch die historische Aufarbeitung hinterherhinken wird. Zu sehr ist auch diese Tragödie — wie so viele der Zeit des Nationalsozialismus — noch emotionell aufgeladen und mit einer moralischen Komponente befrachtet, was falschen Blickwinkeln und Einseitigkeiten in der Betrachtung einen breiten Spielraum läßt. Hinzukommt, daß die Forschung in den einstigen alliierten Ländern nur mit Vorbehalt sich diesem heiklen Thema nähert, die Sowjetunion gar hält auch weiterhin am Propagandabild des als Befreier umjubelten Sowjetsoldaten fest und verwirft das Eingeständnis einer moralischen Schuld an den bei Kriegsende von der Roten Armee verübten Greueln und Verbrechen. So wird die Aufarbeitung und Bewältigung wohl stärker auf deutscher Seite bleiben.

Das von den Politologen und freien Publizisten Frank Grube und Gerhard Richter herausgegebene Buch "Flucht und Vertreibung" bringt eine Fülle an Dokumentarfotos, die natürlich nur einen begrenzten Eindruck von den Schrecken und Leiden der deutschen Zivilbevölkerung und den bei Kriegsende verübten Greueln zu geben vermögen. Darstellungen unterschiedlicher Autoren versuchen die Tragödie näher zu erhellen. Die einzelnen Beiträge sind dabei schon von ihrem Ansatz und ihrer Methodik von unterschiedlichem Gewicht, neben dem Augenzeugenbericht z. B., der vom subjektiven Erleben getragen ist (Lew Kopelew), steht die objektivierende historische Aufarbeitung. Insgesamt versucht das Buch so, sich unter den verschiedensten Blickwinkeln der Tragödie zu nähern, eine umfassendere Geschichtsschreibung des Flüchtlingsdramas kann und will der Band nicht sein. Angreifbar ist das Einleitungskapitel der Herausgeber, in dem in verknappter Form versucht wird, den kausalen Zusammenhängen der Flüchtlingskatastrophe nachzugehen, die Autoren werfen dabei über die Komplexität historischer Vorgänge ein vereinfachendes Raster, die komplizierte Geschichte der deutsch-polnischen Beziehungen wird fast schon klischeehaft in einseitiger Weise verdichtet und in ein jegliche Differenzierung vermeidendes Schema gepreßt, die Zielsetzungen und Hintergründe der sowjetischen Politik, welche zu der Flucht- und Vertreibungskatastrophe führten (z. B. der bewußt von Stalin eingesetzte Terror), gelangen überhaupt nicht zur Darstellung.

Alles in allem stellt sich auch mit diesem Buch die totale moralisch-ethische Disqualifikation des 20. Jahrhunderts dar, wenn man noch von der Wertordnung des Dekalogs ausgeht; dabei spielt es keine Rolle, von wem gerade in der jeweiligen Situation die Verbrechen ausgeübt wurden. Die Frage stellt sich für eine Menschheit, die zwischenzeitlich ihre Vernichtungsmittel noch verfeinern und potenzieren konnte, welche übergreifenden allgemeingültigen normativen Kräfte sie in eine das 21. Jahrhundert prägende Weltordnung hinüberretten möchte; zu welchem Grauen sich das Überschreiten der durch Zivilisation und Kultur gesetzten sittlichen Schranken steigern kann — dafür leistet dieser empfehlenswerte Band beängstigendes Zeugnis. (pa)

Hans Graf Huyn
Der Angriff
Der Vorstoß Moskaus zur Weltherrschaft
3. Auflage, 276 Seiten, Broschur, DM 34,— (Molden)

"Natürlich sind nicht alle Terroristen in sämtlichen Terrororganisationen der westlichen und der Dritten Welt besoldete Agenten des KGB . . . aber Moskau versteht es, die Terroristenorganisationen zu nutzen und für seine Ziele einzuspannen". Das ist nur eins der grundsätzlichen Erkenntnisse, die der Autor vor dem Leser ausbreitet, und sie sind reichlich belegt: mit einer Art Auflistung der terroristischen Aktionen, die nachgewiesen dem KGB zur Last fallen, und derer, mit denen er zumindest zufrieden sein kann.

Hierbei werden dem Kundigen keine Neuigkeiten erzählt, aber das Buch richtet sich auch nicht an den Kundigen, sondern allgemein an den politisch Interessierten. Ein Polit-Krimi nach dem anderen rollt vor dem Leser ab, nicht reißerisch, sondern trockensachlich präsentiert. Die grundsätzliche Stoßrichtung kommunistischen Terrors wird nach Zitaten von Marx, Lenin, Manuilski (ehemaliger Chef der "Komintern"), Chruschtschow, "Prawda" und "Iswestija" mehr als deutlich. Nur scheinbar entfernt sich der Autor hiermit vom Thema, das der Titel ankündigt, denn gerade die angeführten Zitate belegen, daß die Sowjetunion in Umkehrung des Satzes von Clausewitz die Politik als nichts anderes denn als Fortführung des Krieges mit anderen Mitteln betrachtet. Zur Grenze zwischen Krieg und Frieden hat sie ein ausgesprochen dynamisches Verhältnis. Da sie damit erheblich beweglicher ist als der Westen mit seinen Vorstellungen von politischer Wohlanständigkeit und zudem infolge ihres totalitären Systems ihre Ressourcen zielbewußter und vollständiger einsetzen kann, gewinnt ihr "Angriff" auch tatsächlich an Raum, selbst wenn Rückschläge nicht ausbleiben. Da die Kommunisten nirgendwo auf parlamentarisch-friedlichem Wege an die Macht kamen und kommen, mußten sie notgedrungen zu Virtuosen der Gewaltanwendung und der Täuschung werden – Lenin hat das vor 80 Jahren schon erkannt, der Westen beliebt sehr häufig, dies nicht zur Kenntnis zu nehmen.

Der Autor kann es sich nicht verkneifen, als verständnisinniges bzw. begütigendes Echo auf kommunistische und terroristische Äußerungen Zitate von Willy Brandt einzumontieren. Dabei reißt er manches wohl aus dem Zusammenhang, aber es bleibt genug Material übrig, um die rosarote Brille Brandts doch für bedenklich zu halten. Wenn die neomarxistische Welle an den Universitäten ebenfalls angetippt wird, zusammen mit grundsätzlichen Gedanken der "Frankfurter Schule", dann scheint das mit Moskau zunächst nichts zu tun zu haben, denn von Klaus Mehnert haben wir erfahren, daß Moskau mit der "Neuen Linken" in Deutschland wenig anfangen konnte, und zwar wegen seiner eisernen, von Lenin kanonisierten Parteidisziplin. Aber da es im Interesse von Destabilisierung und Desinformation auch liegen kann, ideologische Wirrköpfe zu untersützten, so ist Klaus Mehnerts logisch durchaus plausible Wahrheit eben nicht die vollständige Wahrheit.

Angenehm ist die Lektüre sicher nicht, sie erfordert ständiges Mitdenken und Registrieren der mitgeteilten Fakten. Politische Fronten, die man nach Lesen der Tageszeitung einigermaßen für begründet hielt, muß der Leser dabei in Frage stellen können. Wenn sich z. B. die Kommunisten Italiens als Ordnungsmacht profilieren wollen und dennoch Kontakt zu den "roten Brigaden" haben sollen, etwa um dem Bedürfnis nach einer Ordnungsmacht aktiv nachzuhelfen, dann ist das eine klare Parallele zu Aktionen der östlichen Geheimdienste in Frankreich und besonders in der Bundesrepublik, die ein Aufleben des Nazismus suggerieren sollen. Wenn man berücksichtigt, daß Hitler durch SD-Leute u. a. den Sender Gleiwitz überfallen ließ, dann besteht kein Anlaß, dem Autor in diesen beiden genannten Punkten nicht zu glauben. Man wird ihm vielmehr folgen in der Erkenntnis, die er im Einleitungssatz seines Buches bereits ausspricht: "In Wirklichkeit hat der Dritte Weltkrieg bereits begonnen".

Damit ist das Buch an Informationsgehalt dem "Klassiker" von John Barron über den KGB zu vergleichen. Nur wünsche man dem Werk eine aktualisierte Neuauflage, denn seine Detailinformationen reichen lediglich bis zum Jahr 1978. (ri)

Hans Graf Huyn
Fünf vor Zwölf
Die Welt nach Afghanistan
274 Seiten, Format 13,5 x 21 cm, geb., DM 32,– (Molden)

Der Einfall der Sowjetunion in Afghanistan am 27. Dezember 1979 bedeutete eine Wende in der Weltpolitik – abrupt wurde die Entspannungspolitik der 70er Jahre durch diesen aggressiven Akt in Frage gestellt, der Westen hinsichtlich der Vorstellung, der internationale Frieden sei durch Nachgeben gegenüber Moskau zu sichern, desillusioniert, der Ost-West-Konflikt, der aus der Phase des Kalten Krieges in die der Entspannung hinübergeleitet worden war, geriet wieder in eine gefährliche Dimension der Eskalation, in den USA ließ sich ein plötzliches dramatisches Umschwenken der öffentlichen Meinung konstatieren.

Hans Graf Huyn, seit 1976 Mitglied des Deutschen Bundestages (CSU) und des Auswärtigen Ausschusses, unternahm mit seinem Buch "Fünf vor Zwölf" den Versuch, eine Analyse der weltpolitischen Situation unmittelbar nach dem Einmarsch sowjetischer Truppen in Afghanistan vorzulegen. Er sieht in dem Einfall in Afghanistan einen weiteren Schritt der Sowjetunion auf dem Wege zur Weltherrschaft, wobei Europa gemäß leninistischer Doktrin eine entscheidende Rolle zukommt. "Infiltration, Subversion, Neutralisierung, politische und militärische Einschüchterung" sind daher "die Mittel der gegen das freie Europa gerichteten sowjetischen Direktstrategie", die noch wirkungsvoller indirekt durch die Abschneidung Europas von seinen Energie- und Rohstoffquellen verstärkt werden soll — in diesem Sinne sieht Huyn auch den Überfall in Afghanistan als Vorbereitung für einen weitergehenden Vorstoß Moskaus im Mittleren und Nahen Osten. Die 70er Jahre, in denen die UdSSR friedliche Koexistenz und Entspannung als bereits bekannte Macht- und Kampfinstrumente einsetzte, sind für Huyn daher gekennzeichnet von einem generellen Versagen und Zurückweichen des Westens gegenüber dem mit anderen Mitteln geführten Vorstoß Moskaus; der UdSSR gelang es nicht nur, gezielt aufzurüsten und teilweise den Westen zu überrunden, sie mißbrauchte auch den Vertrauensvorschuß des Westens für die Vorbereitung der direkten Aggression, mit der sie erstmals über ihren bisherigen Herrschaftsbereich hinausgriff, mit dem Fernziel, in Richtung Indischer Ozean und zu den Ölquellen des Mittleren und Nahen Ostens vorzustoßen, Europa von den USA abzuriegeln und schließlich in die Knie zu zwingen; eine Rettung sieht Huyn nur in der Aufgabe der Appeasement-Haltung des Westens, wenn auch der Abschied vom Traum der Entspannung schwerfallen dürfte.

Diese Thesen stehen dabei nicht einfach im luftleeren Raum, sie werden mit einer Fülle von Fakten untermauert, die erst einmal widerlegt werden müssen, wenn man sie nicht von vornherein ohne qualifizierte Beurteilung — von einem ideologischen Standpunkt aus — als moskaufeindliche Hirngespinste und entspannungshindernde Übertreibungen abtun möchte. Der ernsthaft politisch Interessierte wird jedoch nicht umhin können, diese zwingenden und untermauerten Thesen näher zu betrachten. Natürlich kann und will das Buch, das sich unmittelbarem Zeitgeschehen widmet, noch nicht Geschichtsschreibung sein, überzeugend ist daher Huyns Analyse vor allem dann, wenn sie sich retrospektiv auf Fakten der Vergangenheit stützen kann, schwieriger wird das Unterfangen, wenn die futuristische Prognose gewagt wird.

Die Huynsche Analyse wird immer an den Axiomen der sowjetischen Außenpolitik, die bekannt sind, zu messen sein, d. h. steht sie noch weiterhin im Zwang der Leninistischen Lehre und schöpft ihre Dynamik aus der dogmatisch unverrückbaren Starre der Ideologie, die auf die Vernichtung des bürgerlich-kapitalistischen Lagers zielt, oder hat sie sich geändert und paßt sich den Veränderungen der Weltentwicklung an — hat sich doch auch das kapitalistische System anders entwickelt als es die "Seher" des 19. Jahrhunderts gesetzmäßig zu prognostizieren sich berechtigt gefühlt hatten. Aber trotz aller Wandlungen: es gibt das kapitalistische Lager noch, und damit ist gemäß kommunistischer Lehre das Angriffsziel vorgegeben, Frieden gibt es erst, wenn dieses verderbliche System auf "dem Müllhaufen der Geschichte" gelandet ist. Folglich muß der weltrevolutionäre Kampf weitergehen, was flexibel gehalten werden kann, ist die Wahl der Mittel, die Schwelle zum Vernichtungskrieg strebt man nicht unbedingt an zu überschreiten. Sowjetische Außen- und Aufrüstungspolitik entspringt daher nicht, wie verharmlosende Stimmen im Westen gerne glaubhaft machen möchten, einem Sicherheitsdefizit der Sowjetunion gegenüber den USA, sondern ihrem Verständnis von Weltrevolution: das hält das offensive Vorgehen in Schwung, wobei durchaus rational die jeweiligen Sicherheitsrisiken einkalkuliert werden. Wenigstens hat die Sowjetunion seit 60 Jahren in ihrem Vorgehen nicht gezeigt, daß etwa die Leninistischen Leitsätze des internationalen Klassenkampfes, der weltrevolutionären Strategie und der moralischen Berechtigung zum Einsatz eines jeglichen Mittels zur Erlangung dieser Ziele keine Gültigkeit mehr besäßen. In diesem Sinne ist auch die Ausweitung der Breschnew-Doktrin in einer gefährlichen und dramatischen Wendung zu sehen. Die Befürworter des Festhaltens an der bisher im Westen gepflegten Appeasement-Politik um der internationalen Entspannung und des Friedens willen müssen sich dabei darüber im klaren sein, daß sie dem Rigorismus eines Wertes (der aber auf Dauer auch nicht zu halten sein wird) andere aufopfern, die Freiheit, Menschenrechte, die pluralistische Gesellschaftsform, die freie Marktwirtschaft, Liberalismus etc. Der Glaube, im Schatten eines auf globale Strategie ausgerichteten, eine Heilserwartung erfüllen wollenden totalitären Systems ein Eigenleben entwickeln und auf Dauer erhalten zu können, ist ein gefährlicher, tödlicher Traum, wenigstens lassen sich empirisch aus der Geschichte des 20. Jahrhunderts keine anderen Schlüsse ziehen.

Insofern besitzen die Thesen Huyns zweifelsohne ein stärkeres Gewicht als gegenteilige beschwichtigende oder verharmlosende Leitsätze. Das Buch sei daher breiten Kreisen als ein politisches Buch empfohlen, das entschieden und kämpferisch den westlichen Standpunkt der Verteidigung der demokratischen Ideale vertritt und aufruft, die aggressive Haltung der Sowjetunion richtig einzuschätzen und nicht zu verharmlosen, für Befürworter des Kommunismus kann das Buch natürlich nur propagandistische Streitschrift aus dem bürgerlichen Lager sein.

Ein formales Ärgernis des Buches sei am Rande erwähnt, da es gar so gravierend hervortritt: der Text weist eine Fülle an Interpunktions- und Satzfehlern auf bis hin zum mehrfach vorkommenden Zeilensalat, eine sorgfältigere Bearbeitung der Satzkorrektur vor einer Drucklegung sei dem Verlag auf jeden Fall empfohlen!

(pa)

Hans Georg Lehmann
Chronik der Bundesrepublik Deutschland 1945/49 - 1981
209 Seiten, Paperback, DM 14,80
Leinenausgabe, DM 25,– (Beck)

Angesichts der Fülle von Veröffentlichungen über die deutsche Nachkriegsgeschichte stößt der Bonner Professor Hans Georg Lehmann in eine Marktlücke. Seine Chronik der Bundesrepublik bietet ausführliches, chronologisch und systematisch geordnetes Faktenmaterial. Der Autor orientiert sich dabei nicht stur an Jahreszahlen, sondern bringt übergreifende Sachthemen in eine zeitliche Reihenfolge.

Die ersten Abschnitte beschäftigen sich mit den Vorentscheidungen der Alliierten, der Entstehung der Bundesrepublik und ihres Regierungssystems. Dann aber fächert Lehmann die Gebiete geschickt auf, behandelt etwa die Berlin- oder Saarfrage getrennt, versucht die Außenpolitik in ihren einzelnen Perioden zu fassen und endet schließlich in Sparten wie der Familien-, der Bildungs- oder der Umweltpolitik. Mit Querverweisen in den einzelnen Abschnitten soll auf übergreifende Zusammenhänge hingewiesen werden. Den zweiten Teil des Buches bildet ein umfangreicher Anhang von der Bevölkerungsentwicklung über Wahlergebnisse bis hin zu Kabinettslisten. Ergänzt wird dies alles durch eine detaillierte Bibliographie, geordnet nach Sachgebieten.

Das Buch bietet vor allem Fakten, kann also seinem Anspruch, auch gesellschaftliche Trends aufzuzeigen, nicht ganz gerecht werden. Ansonsten ist es für Schüler, Studenten und überhaupt jeden politisch Interessierten ein vorzügliches Nachschlagewerk, weil es die Entwicklung der Bundesrepublik übersichtlich und umfassend dokumentiert.

(pe)

Biographien – Lebensbeschreibungen und -bilder – Historische Gestalten im Roman – Historische Porträts – u. a.

Wolfgang Arnold
Erzherzog Johann
Sein Lebem im Roman
318 Seiten, 8 Schwarzweißbildseiten, Leinen mit farbigem Schutzumschlag, DM 39,– (Stocker)

Der Einführungstext verspricht, in diesem Buch würde sich das Romanhafte im Leben des volkstümlichsten aller Erzherzoge auf das richtige Maß reduzieren. Genau das ist dem Verfasser gelungen, und er hat Geschmack genug, um die Darstellung trotzdem lebendig und abwechslungsreich zu halten. Keine chronologisch exakte Biographie wird geboten, wohl aber sind alle wichtigen Stationen im Leben des Erzherzogs, beginnend mit seinem unglücklichen Kommando in der Schlacht von Hohenlinden (1800) und endend mit dem Amt des Reichsverwesers (1848/49), festgehalten. Ihre Anordnung zeugt von dramaturgischem Fingerspitzengefühl, die historische Information leidet unter der Freiheit der romanhaften Darstellung in keiner Weise. Weder verfällt der Autor in rührseligen Anekdotenkitsch, noch kommt er mit interessanten Nebensächlichkeiten zu sehr von der wirklich wichtigen Historie ab. Denn er stellt seinen Helden zwar mit liebevoller Anteilnahme, aber ohne lebensfremde Idealisierung dar. Daß ihm die lauten Töne nicht liegen, paßt auch sehr gut zum Erzherzog Johann und erspart uns nebenbei "dichterische" Verkrampfungen der Sprache, denen populäre Biographen manchmal erliegen. Politische Zusammenhänge fließen gleichsam nebenbei ein, immer exakt und allgemeinverständlich.

So wie Erzherzog Johann selbst, sind auch andere Protagonisten des Zeitalters unvoreingenommen dargestellt: der trockene Kaiser Franz I. bekommt eine Portion verständnisvoller Psychologie ab, Metternich wird nicht dämonisiert, und beide reden im natürlichsten Ton der Welt über die Haupt- und Staatsaktionen des Vormärz. Der Autor macht kein Hehl aus seiner Liebe für das alte Österreich, ja, man kann aus der Lektüre seines Buches sehr wohl entnehmen, was eine der Hauptstützen der Donaumonarchie gewesen sein muß: die durch Jahrhunderte hindurch gewachsene Loyalität eines Großteiles ihrer Untertanen. Ein historischer Roman kann gar nicht mehr leisten, als solche auch politisch grundlegenden Gefühle zu vermitteln.

Die Ereignisse von 1848/49 werden aus dem österreichischen Blickwinkel heraus betrachtet, aber das ist auf dem bundesdeutschen Buchmarkt sicherlich ein Plus, denn die überwiegend preußisch ausgerichtete Betrachtung dieser Revolution bei unserem Publikum hat hier eine Marktlücke offengelassen. (ri)

Hans Peter Bleuel
Ferdinand Lassale
oder der Kampf wider die verdammte Bedürfnislosigkeit
Biographie
320 Seiten, 16 S s/w-Abbildungen, geb. mit Schutzumschlag, DM 34,– (Bertelsmann)

Zeitgenossen wie Biographen hatten es gleichermaßen mit ihm schwer. Ferdinand Lasalle (1825 - 1864) steckte voller Gegensätze: Anwalt der Armen und gleichzeitig Lebemann, sozialistischer Theoretiker und gleichzeitig Pragmatiker bis hin zum Opportunismus, ein "roter Revolutionär", der mit Geist und Charme Zugang zu den gebildetsten Kreisen Berlins fand. "Ein Arbeiterführer, der im Duell einer Frau wegen den Tod fand", kennzeichnet Hans Peter Bleuel in seiner neuen Biographie noch einmal diese Widersprüchlichkeit. Diese aber, so schreibt Bleuel richtig, darf man nicht um eines einheitlichen, handlichen Bildes wegen wegdiskutieren, denn hinter einem solchen Bild "verschwindet das Leben selbst mit seinen Gegensätzen".

Bleuel will "tatsächlich das Leben und die Lebensumstände Lasalles nachzeichnen". So erhalten Jugend, Studienjahre, Anwaltstätigkeit und sein Einsatz für die Gräfin von Hatzfeld gebührenden Raum. Der Autor faßt Lasalle vor allem an Hand von Selbstzeugnissen, Korrespondenzen und Schriften, Prozeßakten und Zeitungsberichten, Äußerungen von Freund und Feind. All dies wird ergänzt durch kurze, einfühlsame Schilderungen des politischen und gesellschaftlichen Hintergrunds. So wird gut deutlich, wie sich nach dem "tollen Jahr 1848" das theoretische und politisch-pragmatische Denken des "Revolutionärs im Wartestand" entwickelt. Und weil die Darstellung so facettenreich ist, kann sie mehr sein als ein bloßes Erklärungsmodell für die letzten zwei aktiven Jahre Lasalles, die den Schluß des Buches bilden.

Bleuel vermeidet Legendenbildung und Spekulationen, etwa über Lasalles Frauenaffären oder die Begegnung mit Bismarck. Er will nicht Neues bringen, sondern das vorhandene historische Material in anspruchsvollem und ansprechendem Stil einem breiten Publikum darlegen. Und das gelingt ihm. Bleuel beläßt die Person Ferdinand Lasalle in all ihrer faszinierenden Widersprüchlichkeit, nach der Lektüre dieser in sich runden Biographie soll und kann sich jeder sein eigenes Urteil bilden. (pe)

Georg Bönisch
Der Sonnenfürst
Karriere und Krise des Clemens August
204 Seiten, 6 farbige und 45 s/w-Abbildungen, 2 Karten, Leinen mit farbigem Schutzumschlag, DM 32,— (Greven)

Sicherlich ist die Biographie über Kurfürst und Erzbischof Clemens August aus dem Hause Wittelsbach mehr von regionaler Bedeutung, den Nordwesten Deutschlands, den Bereich der ehemaligen Erzbistümer Köln, Münster, Osnabrück, Paderborn und Hildesheim, betreffend, wenngleich seine beiden bedeutendsten Bauwerke, seine Residenz in Bonn und sein Schloß in Brühl, heute als Repräsentanzgebäude der bundesrepublikanischen Regierungen Internationalität besitzen und sich von daher ein überregionales Interesse ergeben könnte. Das Buch ist eine sehr populär geschriebene Lebensdarstellung Clemens Augusts, der als weltlicher und geistlicher Fürst dieses Gebietes die typisch "prachtvolle" Lebensweise barocker Potentaten zur Schau stellte. Die Freuden des Lebens werden in vollen Zügen genossen und treten auch in diesem Buch in den Vordergrund. Dennoch ist Clemens August nicht nur als vergnügungssüchtiger Fürst in die Geschichte eingegangen; er erwarb sich auch einige Verdienste durch seine Fürsorglichkeit seinen Landeskindern gegenüber und auch als Mäzen der schönen Künste. Die Biographie über Clemens August darf als leicht lesbare Lektüre angesehen werden, die die so oft genannten Namen Bonn und Brühl mit anderem Inhalt füllt. (hp)

Sarah Bradford
Cesare Borgia
Ein Leben in der Renaissance
392 Seiten, 4 Karten, geb. mit farbigem Schutzumschlag, DM 36,— (Hoffmann und Campe)

Um die Gestalt Cesare Borgias (1475 - 1507), des illegitimen Sohns Papst Alexanders VI., hatten sich bereits zu dessen Lebzeiten zahlreiche Legenden gebildet, er galt als Archetyp des rücksichtslosen Gewaltmenschen und in der geschichtlichen Überlieferung "seit mehr als fünfhundert Jahren als der Inbegriff des Bösen"; aus den Berichten seiner Zeitgenossen erwuchs ein Borgia-Mythos, der die historische Einstufung beeinflußte. Die vorliegende Biographie will "daher über das Kaleidoskop der Eindrücke seiner Zeitgenossen hinausblicken, die Entstellungen ausscheiden und den Mann selbst nach den Tatsachen beurteilen". Der Engländerin Sarah Bradford gelingt dabei eine interessante, kenntnisreiche Biographie eines ungewöhnlichen Menschen, wenn er auch in seinem Tun und Lassen, vor allem in seinen negativen Erscheinungen, in seiner Zeit verankert ist; Machiavelli soll Cesare Borgia Vorbild für sein Ideal eines Renaissancefürsten in seinem berühmten Werk "Il principe" gewesen sein. Die Autorin stützt ihre Untersuchung nicht nur auf die umfangreiche Sekundärliteratur zu den Borgias und zur Geschichte Italiens in der Renaissance, sondern geht auch auf die primären Quellen zurück, welche sie für ihre Darstellung geschickt einsetzt, ohne das Mittel des Zitierens zu sehr zu strapazieren; sie vermag damit das Bild Cesares, des "schrecklichen Valentino", wesentlich authentischer zu zeichnen und das macht diese Biographie noch lesenswerter als wohl gewandte, aber nur aus Sekundärquellen zusammengetragene kompilatorische Arbeiten.

Die hervorstechende Gestalt Cesares, der als päpstlicher Gonfaloniere und Generalkapitän die Romagna in kürzester Zeit unter Einsatz aller Mittel unter seine Hand zwingen konnte, bis ihm Julius II. wieder alles nahm, hat die Phantasie der Geschichtsschreiber immer wieder beflügelt, letztlich ist aber auch er trotz aller sich abhebenden Genialität nur vor dem Hintergrund der Renaissanceepoche zu verstehen, die nicht nur eine Kulmination in Kunst und Wissenschaft bedeutete, sondern sich im politischen Bereich als gewalttätige und von ethischen Normen losgelöste Machtbesessenheit bis zur Skrupellosigkeit darstellte, was den Zerfall des mittelalterlichen Weltbildes und seiner "ordo" widerspiegelte. Imperium und sacerdotium waren nur noch bedingt die Mächte, welche den Erdkreis lenkten und leiteten, längst hatten die zu Nationalstaaten aufgestiegenen Königreiche in das Spiel der Kräfte eingegriffen, allen voran Frankreich, das Papsttum war nach dem erzwungenen babylonischen Exil in Avignon restlos in die Parteienkämpfe des italienischen Adels verstrickt, seine sittliche Verwahrlosung war für heutiges Verständnis ungeheuerlich. Meuchelmord, Verrat, Krieg, Gewalttätigkeiten waren an der Tagesordnung — dies ist der Boden, aus dem Cesare Borgia erwuchs, in ihm potenzierten sich gewisse Eigenschaften des Renaissancemenschen und er führte den Typus des Condottiere des Quattro- und Cinquecento, der nicht mehr nur um Gewinn, sondern um politische Macht kämpfte, in eine gefährliche und damit einsame Höhe, bedrohte er doch damit das Selbstverständnis der gesamten italienischen Staatenwelt — letztlich mußte er auch daran scheitern. Für die Autorin ist der Schlüssel zu seinem Tun sein brennender Ehrgeiz, er war vor allem ein "politisches Tier".

Eine auch höheren Ansprüchen gerecht werdende Biographie

in flüssiger, in breiten Passagen sich zu sprachlicher Eleganz steigernder Diktion. (pa)

Alan Bullock
Hitler
Eine Studie über Tyrannei
886 Seiten, DM 19,80 (Athenäum/Droste)

Die Flut der Werke über Hitler und den Nationalsozialismus ist kaum noch zu überschauen. Sie wird im Jahre 1983 zum 50. Jahrestag der Wiederkehr der "Machtergreifung" der NSDAP sicherlich noch um einiges anschwellen. Als ein Fels in der Brandung erweist sich sicherlich die Neubearbeitung der unveränderten Taschenbuchausgabe der Hitler-Biographie des Oxforder Historikers Alan Bullock. Als eine der ersten Lebensbilder Hitlers erschien sie bereits 1953 in England. Damit ist zugleich ihre einzige Schwäche aufgezeigt, denn den neuesten Forschungsstand kann sie natürlich nicht wiedergeben. Dennoch gibt es bis heute wenig Vergleichbares, auch in der deutschsprachigen Literatur. Alan Bullocks "Studie über Tyrannei" wird mit Recht als Standardwerk der Literatur über Hitler und das Dritte Reich bezeichnet. Im Mittelpunkt steht eine außerordentlich gründliche Darstellung des Lebens und des Menschen Hitlers. Eine saubere Gliederung nach Lebenslauf und politischer Verlaufsgeschichte erleichtert den Einstieg, läßt auch ein Hineinspringen in bestimmte politische Ereignisse zu, die mit dem Namen Adolf Hitler verbunden sind. Die Hauptabschnitte, in drei Bücher eingeteilt, sind überschrieben mit "Parteiführer, 1889 - 1933", "Reichskanzler, 1933 - 1939" und "Feldherr, 1939 - 1945". Entsprechend setzt der englische Historiker die biographischen Gewichte: Aufstieg vom Herrn Jedermann zum Parteiführer, Staatsmann und schließlich Schlachtenlenker. Nur einmal wird dieses Prinzip durchbrochen. Es ist zugleich das schwächste Kapitel: "Der Diktator". Hier hätte man mehr Tiefe erwarten können. Angreifbar bleibt aber eine solche Studie immer.

Kühl in ihrer Diktion, ist die Hitler-Biographie nie langweilig geschrieben. Aufschlußreich auch für den Laien sind Anmerkungsapparat, Literaturverzeichnis und Register. Etwas dürftig ausgefallen dagegen sind die Stammtafel Hitlers sowie die beiden Kartenwerke über deutsche Annektionen 1938 - 1939 und die Ausdehnung des Hitlerreiches 1938 - 1942. Sie verdeutlichen jedoch nochmals, worum es Alan Bullock ging: nämlich um eine politische Biographie. Sie ist gelungen und noch längst nicht überholt. (wi)

Egon Cäsar Conte Corti
Ludwig I. von Bayern
7., neu bebilderte, gekürzte Auflage 1979, 352 Seiten, 29 Abbildungen, davon 3 in Farbe, Format 14,8 x 22,4 cm, Leinen, DM 36,– (Bruckmann)

Ludwig I. ist von 1825 an König von Bayern. Der pfälzischen Linie entstammend, verläuft seine Jugend im Zeichen der Ereignisse in Frankreich, was ihn in seiner politischen Haltung entscheidend prägt. Er ist eine eigenwillige Persönlichkeit, für Kunst und Wissenschaft aufgeschlossen, als deren Förderer er in die Geschichte seines Landes eingegangen ist. Während seiner Regierungszeit läßt er in München zahlreiche Bauten aufführen, die noch heute das Bild der Stadt prägen. Bedeutende Künstler ruft er an seinen Hof: Klenze, Gärtner, Schwanthaler, Cornelius u. a., so daß sich München Schritt für Schritt zu einer Stadt der Künste entwickelt. Innenpolitisch tritt Ludwig I. durch eine umfassende Bildungsreform hervor, die u. a. die Verlegung der Landesuniversität von Ingolstadt nach München bringt. Außerpolitisch begeistert er sich für den Nationalgedanken der Griechen. Die Errichtung der griechischen Monarchie mit seinem Sohn Otto als König bringt Bayern großes Machtansehen. Die Endzeit seiner Regierung ist überschattet durch seine Beziehungen zu der Tänzerin Lola Montez, was Anfang 1848 in München die Revolution heraufbeschwört, in deren Verlauf Ludwig I. zu Gunsten seines Sohnes Maximilian abdankt.

Dies sind nüchterne historische Fakten um König Ludwig I. von Bayern. Der österreichische Historiker und Schriftsteller Egon Cäsar Graf Corti unternahm es in seiner bereits 1937 erschienenen Biographie Ludwigs I., die Persönlichkeit des eigenwilligen Monarchen darzustellen. Er schöpft hierbei aus einer Fülle von unveröffentlichten zeitgenössischen Dokumenten sowie persönlichen Aufzeichnungen des Königs, so daß sich ein recht ausführliches und menschliches Bild des Herrschers ergibt, abwechslungsreich und faszinierend zu lesen, was nicht zuletzt an der romanhaften Darstellungsweise liegt. Man beginnt historische Ereignisse und Entscheidungen mit den Augen Ludwigs I. zu sehen. Sicherlich mag man sich an mancher Stelle mehr sachliche Nüchternheit wünschen, andererseits erweist sich die romanhafte Ausschmückung der historischen Fakten als ein Stilmittel, das zur Verlebendigung der geschichtlichen Inhalte beiträgt und vor allem den Leser ansprechen wird, der Geschichte lebensnaher, detailgetreuer vermittelt wünscht; eine Simplifikation ist jedoch vermieden. Das Buch erreichte mehrere Auflagen, anläßlich des Wittelsbacher-Jahres legte der Verlag eine 7., neu bebilderte, gekürzte Auflage vor, die ihre Frische und Lebendigkeit nicht verloren hat. (hp)

Hellmut Diwald (Hrsg.)
Im Zeichen des Adlers
Porträts berühmter Preußen
192 Seiten, 10 Abbildungen, Kt., DM 22,– (Lübbe)

Hellmut Diwald, profilierter und umstrittener Historiker, hat als Beitrag zum Preußenjahr zehn Porträts berühmter Preußen zusammengestellt. Geschrieben sind die Miniaturen von ihm selbst und sieben namhaften Kollegen und Publizisten. "Preußen bleibt vielmehr ein zentrales Stück unserer, der deutschen Wirklichkeit," schreibt Diwald in seiner Einführung, "es bleibt ein Stachel im Fleisch, ein Ärgernis, ein Objekt der Bewunderung, des Abscheus, der verheimlichten Liebe, man kann es verklären oder verdammen – man kann es nicht ignorieren. All dies wäre nicht möglich, wenn Preußen oder Preußisches nicht in irgendeiner Form existierte."

Dieses Substrat Preußens will Diwald in seinen zehn Porträts fassen, denn bei den Beschriebenen "handelt es sich um charakteristische Preußen, in ihnen manifestiert sich Preußisches, und bei einigen von ihnen kann man sogar sagen, daß sie es verkörperten."

Bodo Scheurig befaßt sich mit Friedrich dem Großen, Gösta von Uexküll mit Heinrich von Kleist, Ferdinand Lasalle und Gustav Stresemann, Hellmut Diwald selbst schildert Wilhelm von Humboldt, Hans Joachim Schoeps beschäftigt sich mit Friedrich Wilhelm IV., Ernst Graf Lynar zeichnet das Bild Walther Rathenaus. Paul Sethe beschreibt Erich Ludendorff und Rudolf Morsey porträtiert Heinrich Brüning. Man kann sich über die Auswahl sicher streiten, eine gute Mischung ist es allemal. Jedem der Beiträge ist ein knapper Lebenslauf und ein Brustbild des Beschriebenen vorangestellt.

Man mag Diwalds Ansatz von den preußischen Tugenden als Essenz des Borussenstaates vielleicht nicht teilen, die jeweils rund 20seitigen Beiträge bieten viel Interessantes. Sie sind gut geschrieben, versuchen knapp und pointiert die Charakteristika der Persönlichkeiten herauszuarbeiten und sie aus ihrer Zeit heraus zu begreifen. Sicher, die meisten Autoren sind eher im konservativen Lager anzusiedeln, natürlich spürt man das in ihren Beiträgen. Einen Vorzug besitzen aber fast alle Porträts: sie sind nüchtern, unsentimental und unpathetisch geschrieben. (pe)

Hellmut Diwald
Wallenstein
Biographie
564 Seiten mit zahlreichen Abbildungen, Leinen, DM 38,– (Herbig)

Seit seiner "Geschichte der Deutschen" ist Hellmut Diwald, Professor für mittlere und neuere Geschichte an der Universität Erlangen-Nürnberg, vielgefragter und von deutschen Verlagen vielbeschäftigter Historiker; diese Tatsache bewog sicherlich auch dazu, eine Sonderausgabe seiner bereits 1969 erschienenen Wallenstein-Biographie herauszubringen, ein aufwendiges Werk von 564 Seiten, das sich gemäß Verlagswerbung "auf ein jahrelanges Quellenstudium" stützt und "sich markant von allen bisherigen Wallensteinbildern" abhebt. Der Umfang des Buches mag vielleicht manchen, dessen Zeit knapp bemessen ist, zunächst vom Kauf und Lesen dieser Biographie abhalten – doch das Werk liest sich auch für den nicht mit der Materie Vertrauten nahezu mühelos, dies liegt an dem flüssigen Stil Diwalds, der auch Schwieriges lebendig zu vermitteln vermag; gerade das Leichte, Gekonnte aber trägt oft auch die Gefahr des Umkippens zum Saloppen, schnell Ausgesagten, Unernsten, Unausgewogenen in sich, wie es in modernen Geschichtsbüchern immer häufiger begegnet, oft Ausdruck der mißverstandenen Empfehlungen der Verlagslektorate an die Autoren, doch auf jeden Fall keinen schwierigen, sondern einen leichtfüßigen, lesbaren Stil um des potentiellen Käufers willen, der ja jeder sein kann, zu pflegen.

Nun, Diwald bedarf dieser Ratschläge nicht, er bringt einen flüssigen, eingängigen, plastischen, ausschmückenden Stil von vornherein mit, die Klippen des Saloppen, die sich auch bei ihm als Gefahr auftun, vermag er zu meistern, aber immerhin, auch er begibt sich zuweilen auf eine Gratwanderung des Gerade-noch-Begehbaren. Exemplarisch sei hierfür ein Beispiel angeführt: "Glücklich stirbt keiner von ihnen, es sei denn in der Version, daß sie vom Henker glücklich vom Leben zum Tode gebracht werden. Da er ein Meister seines Faches ist, muß kein zweiter beigezogen werden. Er heißt Johann Mydláf, der tschechische Name könnte fast eine Ironie sein: Johann Seifenmacher — er exekutiert ohne Pannen, wie geschmiert". Die Ironie des verarbeitenden Intellekts vermag auch dem Grauen eine erträgliche, wenn nicht gar komische Seite abzugewinnen, und zuweilen ist das ja beim Betrachten menschlichen Wirkens in der Zeit auf dieser Erde vonnöten!

Diwald — das ist sicherlich moderne Geschichtsschreibung, mag sie auch umstritten sein, da sie sich vom Üblichen des Akademischen abhebt, zumindest ist sie auffällig, erfrischend, wenn auch aus dem Gekonnten leicht Manier werden kann. Hier regieren nicht schwerfällige Erhabenheit, wo die Historie als ein über dem Geschehen Schwebendes, Entrücktes verstanden wird, sondern Wissen um den Menschen und seine Widersprüchlichkeit. Gekonnt zieht der Autor dabei die Register seiner Stilmittel: leicht hingesetzte, geschickt eingestreute Pointen, geistreiche, allgemein gültige Bonmots, die auch recht bissig sein können: "ohne ein Minimum an Wissen bleibt Intelligenz stumm und ohne ein Minimum an Intelligenz bleibt Wissen dumm" — das alles läßt das Lesen dieser Biographie nicht nur zur bloßen Pflichtübung, eventuell um der Bildung willen, werden, sondern bereitet auch Vergnügen, wenn man dem Autor zu folgen bereit ist — man muß ja nicht alles an Ausgesagtem bedingungslos akzeptieren.

Wallenstein, dieser "bis dahin größte Feldherr des Heiligen Römischen Reiches", war schon zu seinen Lebzeiten umstrittene Person, umso unterschiedlicher mußten die Urteile nach seinem Tode ausfallen, "die Mordmeldung war noch unterwegs", "da hatte sich schon ein Feuerwerk von Legenden und Mythen, Haß und Lügen, Flüchen und Verklärung entzündet. Ein Feuerwerk, das über Jahrhunderte hinweg bis heute andauert und die Gestalt des friedländischen Herzogs umlichtet, mit all den charakteristischen Knallkörpereffekten, bengalischen Flammenstreifen und schimmernden Blindgängerbahnen, die nun einmal zu dem solennen Feuerwerk gehören, das die kontroversen Geschichtsdarstellungen um Wallenstein entfesselt haben".

Dies ist nicht nur selber bengalisch knisternder, mit Effekten arbeitender Diwaldscher Stil, sondern auch Ausdruck eines mit Vehemenz und verhaltener Leidenschaft vorgetragenen Anliegens des Historikers Diwald, ein neues Bild Wallensteins und seiner Zeit zu entwerfen, der als General, Politiker, Mäzen, Landesfürst und Wirtschaftsführer souverän seiner Zeit seinen Stempel aufdrückte, für die einen genial, gigantisch, für die anderen nur der Emporkömmling und Verräter. Das "Rätsel" Wallenstein zu enträtseln, gilt Diwalds kritisches Bemühen, aus modernem Verständnis heraus ein neues Porträt Wallensteins zu entwerfen, die Genialität dieses Mannes verständlich und begreifbar zu machen. Die aufgehäuften Klischees werden beiseite geräumt und unter anderem Blickwinkel neue Perspektiven aufgezeigt, das vermeintlich Unverrückbare eines von der Historie bereits fest umrissenen Bildes wird aufgelockert und in eine neue Dimension gerückt. Es entsteht ein neues, modernes Wallenstein-Bild, in ihm "konzentrieren sich nicht die hellen Möglichkeiten unserer Geschichte, sondern die gebrochenen Wünsche, das Ausweglose der Existenz, die Vergeblichkeit des Handelns selbst" — eine nicht nur fesselnde, sondern geistvoll gezeichnete Darstellung eines auffälligen Lebens, glänzend und verhängnisvoll zugleich. (pa)

Friedrich Einsiedel
Heinrich I.
Vater des Reiches (Roman)
256 Seiten, 8 Bildtafeln, Leinen, DM 28,— (Türmer)

Ein typischer Fehler historischer Romane ist, daß ihre Figuren vom Verfasser haargenau so charakterisiert werden, wie sie zusammenfassend im Geschichtsbuch abgehandelt sind: das beraubt sie der Lebensechtheit. Ein weiterer Fehler ist, daß die Figuren historisch Grundsätzliches von sich geben, wie sie es in dieser Form unmöglich in die Konversation eingebracht haben können. Der Autor unterliegt beiden Fehlern vollständig. Seine Charaktere sind von holzschnitthafter Plumpheit, die Sachsen Heinrichs I. natürlich bieder und erdverwurzelt, daß es verwurzelter eigentlich gar nicht geht, Heinrich nicht minder. Leben hat eine solche Darstellung keines, denn sie folgt den Lesebuch-Klischees von vorgestern. So undifferenziert kann auch die Welt des frühottonischen Sachsen nicht gewesen sein — warum hat Heinrich keinen Zug von Bauernschläue an sich, der zu ihm mühelos passen würde? Die Dramaturgie ist unbeholfen, neben dem Klischee regiert der Kitsch, manchmal auch die Lächerlichkeit und die Stilblüte. Der besondere Pfiff in der Komposition soll wohl darin bestehen, daß neben Heinrich immer der Bauernsohn Hathumar parallel auftaucht. Aber wenn man schon Bedenken haben kann, ob das politisch so geradlinige Leben Heinrichs I. recht zum Roman taugen will, so werden sie durch die Erfindung des "Jungmannes" (sic!) Hathumar keinesfalls ausgeräumt, denn er ergänzt Heinrich nur, trägt also keine Spannung zusätzlich in den Handlungsablauf. Und ein mächtig dahinfließendes Epos erfreut uns auch nicht, das könnte der Autor wahrscheinlich gar nicht. Er treibt ja seine poetische Instinktlosigkeit so weit, daß er uns am Ende noch eine Allegorie vorführt — was aber als Steigerung gedacht war, um das Werk zu krönen, geht eigentlich auch nur geräuschlos daneben.

Eine sachliche historische Abhandlung wäre willkommener gewesen, denn der geschichtliche Hintergrund ist genau und zutreffend herausgearbeitet, man muß mit den langweiligen Tiraden der Handelnden nur Geduld haben. Jenseits der Altertümelei des Stiles wird uns die Politik der Zeit nahegebracht, Heinrich als der konsequente, geduldige und weitsichtige Staatsmann gezeichnet, der er war. Ein bißchen wird allerdings auch hier gealtertümelt: Heinrich ist ein derartiger Vorkämpfer der deutschen Einheit, daß er eigentlich die Farben schwarz-weiß-rot auf seinem Banner tragen müßte. Der Satz "Die Einheit der Sippen . . . ist seit der Bekehrung der Stämme (zum Christentum) . . . aufgelöst und zerstört", ist doch etwas fragwürdig in seinem Wahrheitsgehalt!

Fazit: Wer entschlossen ist, diagonal zu lesen, kann in diesem als Roman mißglückten, als Geschichtsinformation meistens ordentlichen Buch durchaus Hinweise zur Anfangszeit des Heiligen Römischen Reiches deutscher Nation finden. (ri)

Lothar Gall
Bismarck — Der weiße Revolutionär
812 Seiten mit 40 Abbildungen auf 32 Tafelseiten, gebunden, DM 42,— (Propyläen)

Die Bismarck-Biographie Lothar Galls, Professor für neuere Geschichte an der Universität Frankfurt, wurde bei ihrem Erscheinen 1980 von der Kritik ziemlich einhellig mit Beifall aufgenommen, sie liegt zwischenzeitlich in 5. Auflage vor. Hervorgegangen ist sie aus den Forschungsarbeiten des Autors; da sie von vornherein auch auf den Nichtfachmann abzielte, wurde auf einen komplizierten wissenschaftlichen Apparat im Anhang verzichtet, doch sind Quellenangaben und Auswahlbibliographie als Zugang zu vertiefenderer Beschäftigung mit Einzelthemen durchaus ausreichend.

Die Bismarck-Biographie Galls ist seit Jahrzehnten die erste eines deutschen Historikers, zu sehr erschien Bismarcks Werk mit der deutschen Tragödie in diesem Jahrhundert verknüpft, und viele wollten die Grundlegung des deutschen Irrweges in Bismarcks Wirken sehen, in polemischer Zuspitzung angesichts der Katastrophe wurde ein direkter Weg von Bismarck über Wilhelm II. zu Hitler konstatiert. Nun, Bismarcks Reich von 1871 existiert nicht mehr, es steht heute "als extrem unstabiles und kurzlebiges historisches Gebilde vor uns", und es bot sich daher geradezu an, Bismarck und sein Erbe aus kritischer historischer Distanz neu zu betrachten. Dem Historiker Gall gelang dabei mehr als eine bloße Beschreibung des Bismarckschen Lebens und Wirkens, nicht nur das Biographische an sich gelangt detailliert, kenntnisreich und durch die Forschung abgesichert zur Darstellung, sondern das Zeitalter selbst in seinen Strömungen und Tendenzen, seinen politischen und sozialen, wirtschaftlichen und geistig-kulturellen Entwicklungen wird kritisch befragt und durchleuchtet, die Gestalt Bismarcks ist das Medium für die historische Erhellung und Einstufung einer Epoche, "in der die deutsche Nation über alle Umbrüche hinaus ihre Prägung erhielt, in der sie zu ihrer Identität im modernen Sinne gelangte".

Die Biographie beantwortet eine Vielzahl von Fragen, welche mit der Person Bismarcks verknüpft sind, etwa ob Bismarck tatsächlich die Schlüsselfigur war, in der sich Tendenzen und Bestrebungen seiner Zeit geradezu fokusartig verdichteten. Für Gall ist Bismarck letztendlich der "konservative Revolutionär, der der Vergangenheit Tribut zollte, ohne ihr zu verfallen, und mit der Zukunft das Element der eigenen Macht und Freiheit beschwor". Mag auch nicht alles Fragen nach Bismarck, seiner Zeit und seinem Erbe mit dieser Biographie zum Abschluß gekommen sein und können manche Ansichten Galls auch anders gesehen werden, so darf doch resümiert werden, daß hier eine empfehlenswerte, große Biographie vorliegt, die über die rein biographische Aufzeichnung hinausgeht; sie unternahm den Versuch, einer Epoche umstrittener deutscher

Geschichte sich kritisch zu nähern und ihr eine aus der größer gewordenen geschichtlichen Distanz heraus ausgewogene mögliche Einstufung zu geben. (pa)

Pierre Gaxotte
Friedrich der Große
519 Seiten, 130 Abbildungen, geb., DM 19,80 (Ullstein)

Über Friedrich den Großen sind zahlreiche Biographien geschrieben worden, und gerade in der deutschsprachigen Geschichtsschreibung sind die Wertungen recht unterschiedlich, zwischen positiv und negativ pendelnd, je nach Standpunkt des Schreibers oder der Identifikation Friedrichs d. Gr. mit dem jeweiligen gesamtdeutschen Schicksal. Die nationale Befangenheit der einzelnen Biographen erwies sich mehr oder weniger als Erschwernis. Unbefangener und bei weitem objektiver befassen sich ausländische Historiker mit der Gestalt des großen Preußen. Auch Gaxottes Werk über Friedrich d. Gr. zeigt wohltuende Objektivität. Kritisch und kenntnisreich arbeitet er die Bedeutung Friedrichs II. heraus, der — wie er ausführt — früher noch als die Franzosen selbst die Gedanken der Aufklärung zu einem funktionsfähigen System entwickelt hat und zu jenen Männern der Weltgeschichte gehört, die durch ihr Tun über ihr eigenes Land hinaus wirkten. Der französische Historiker Pierre Gaxotte, Mitglied der Académie française, sieht die Basis für die staatlichen Erfolge Friedrichs des Großen nicht allein in seiner Kriegspolitik, sondern stärker in der gezielten Durchstrukturierung der Verwaltungs-, Wirtschafts- und Sozialverhältnisse seines Staates. Er betrachtet und wertet Friedrich II. aus dem Blickwinkel einer gesamthistorischen Schau unter Einbeziehung der Bedingungen des 18. Jahrhunderts, womit ein objektives Bild gewährleistet wird.

Ursprünglich erschien das Buch schon 1938, fand aber während des 3. Reichs in der Schweiz nur geringe Verbreitung. 1972 wurde es, von Gaxotte noch einmal überarbeitet und erweitert, erneut veröffentlicht. Trotz seines historisch anspruchsvollen Niveaus ist das Buch auch für den Laien geeignet, da der Autor neben seinem profunden Wissen ein ausgesprochen literarisches, erzählerisches Talent besitzt, das das Lesen des Buches zu einem reinen Vergnügen macht. Aus einer tiefen Menschenkenntnis schöpfend, begabt mit psychologischem Einfühlungsvermögen, verfolgt Pierre Gaxotte Leben und Entwicklung Friedrichs d. Gr. und seines Staates; er ordnet dem König, frei von nationalen und emotionalen Empfindungen, eine über Preußen hinausreichende Größe zu. Für die durch die Preußenausstellung in Berlin angefachte Preußendiskussion ein wertvoller und lesenswerter Beitrag. Allerdings halten die Abbildungen in ihrer Qualität mit dem Text nicht Schritt. Sie sind größtenteils zu klein und unklar. (hp)

Walter Görlitz
Adolf Hitler
2. durchgesehene Auflage 1971
146 Seiten, engl. Broschur, DM 10,80
(Reihe Persönlichkeit und Geschichte, Bd. 21/22) (Muster-Schmidt)

Das nach der Katastrophe des 2. Weltkriegs verständliche, weltweite Bestreben, das Phänomen Adolf Hitler zu begreifen, einzustufen, geistig zu bewältigen, hat eine Fülle von Biographien, wissenschaftlichen Arbeiten und Studien über diesen Mann, der dem Jahrhundert so entscheidend seinen Stempel aufdrückte, hervorgebracht, von der mehr populären Darstellung bis zur tiefschürfenden, alle nur irgendwie erreichbaren Quellen und Dokumente (auch Augenzeugenberichte) auswertenden wissenschaftlichen Arbeit; die Person Hitler wurde sowohl in den kausalen Zusammenhang der Entwicklung des deutschen Nationalstaates und Europas gestellt als auch psychologisch durchleuchtet — in einem sind sich trotz Widersprüchlichkeiten in der Bewertung jedoch fast alle Betrachter, wenn man von einigen im Abseits stehenden Stimmen absieht, einig: daß es sich hier um einen fanatischen, mit dem unheimlichen Willen zur Macht besessenen Menschen handelte, der aus seinen Übersteigerungen heraus (bis hin zu ungeheuren Verbrechen) Deutschland in die größte Katastrophe seiner Geschichte führte. Als Phänotypus der Machtbesessenheit gehört er zu jenen historischen Gestalten des 20. Jahrhunderts, welche durch die in den europäischen Ländern infolge des 1. Weltkriegs bewirkten Umschichtungen in allen Lebensbereichen aus dem Dunkel hervortraten und dann zu totaler Macht aufstiegen, Hitler reihte sich damit ein in die Gruppe erfolgreicher oder gescheiterter moderner Diktatoren.

Der bekannte Publizist Walter Görlitz gab bereits 1952 gemeinsam mit Herbert A. Quint die erste, breit angelegte Biographie Hitlers in Deutschland nach dem 2. Weltkrieg heraus, die vorliegende Arbeit ist eine schon 1960 erschienene Kurzbiographie, welche seit 1971 in 2. Auflage erschienen ist. Sicherlich sind zwischenzeitlich neue, teils gewichtige Biographien über Adolf Hitler publiziert worden, welche auch neue Forschungsergebnisse bringen, die Arbeit von Walter Görlitz ist aber immer noch brauchbar für eine erste Beschäftigung mit Hitler (vor allem für nachwachsende Generationen), welcher "mit schrecklicher Gewalt unsere Geschichte verwandelt hat". Görlitz sieht in Hitler insbesondere den Demagogen und "Gewaltmenschen von weltgeschichtlichem Ausmaß" und verfolgt mit Sachkenntnis in einer leicht verständlichen Sprache dessen einzelne Entfaltungsstadien und Stationen auf seinem Weg zur totalen Macht bis zum Ende mit fünfundzwanzig Millionen Toten in der ganzen Welt, der Zerstörung des Deutschen Reiches und der Aufhebung der führenden Rolle der europäischen Mächte in der Welt als Ergebnis.

Um die historische Bedeutung Hitlers vollgültig zu verstehen, wird man nicht umhin können, auch die Gesamtepoche intensiv zu betrachten, die totalitären Weltanschauungen und Systemen geradezu den Nährboden für ihr Aufblühen lieferte. Die knapp umrissene Biographie Hitlers von Görlitz bietet einen ersten Einstieg für eine Weiterbeschäftigung. (pa)

Werner Hahlweg
Carl von Clausewitz
Soldat, Politiker, Denker
135 Seiten, kt., DM 8,80 (Muster-Schmidt)
(Reihe Persönlichkeit und Geschichte, Bd. 3)

Vor zwei Jahren haben Ost und West seinen 200. Geburtstag gefeiert: General Carl von Clausewitz wurde am 1. Juni 1780 in der Nähe von Magdeburg geboren. Sein Leben zerfällt in zwei deutlich getrennte Abschnitte. Bis 1812 verzehrt sich Clausewitz "in dem heißen, freilich vergeblichen Bemühen, zunächst im äußeren Tätigkeitsbereich wirksam hervorzutreten, dann im praktischen Staatsdienst und im Staatsleben eine Stellung zu erlangen. Im zweiten Abschnitt", so schreibt Professor Werner Hahlweg weiter, "begann Clausewitz sich mehr den inneren, geistigen Bereichen des Lebens zuzuwenden, ... an dem großen Werk über den Krieg zu arbeiten. Dieser zweite Abschnitt darf als die in Wahrheit schöpferische Periode in Clausewitz Leben gewertet werden."

Der Militärhistoriker Werner Hahlweg kennt Clausewitz genau. Ist er doch der Herausgeber der heute für die Wissenschaft maßgebenden Clausewitzausgaben. So wird seine Biographie des großen Militärdenkers mehr als eine Aufzählung von Fakten und Theorien. Der Autor zeigt, warum ein Werk wie "Vom Kriege" das ungeteilte Interesse der Nachwelt fand und findet: Weil Clausewitz mit wissenschaftlicher Methodik, politischem Sachverstand, ja teilweise literarischer Brillanz an die Probleme heranging. Deshalb studierten Generäle und Politiker vor dem ersten Weltkrieg sein Werk, deshalb ernannten ihn Marx und Lenin zum Klassiker, deshalb zitieren auch heute noch sowjetische wie amerikanische Stabsoffiziere in Aufsätzen Carl von Clausewitz. Hahlweg gelingt es in seiner kurzen Biographie, die grundlegenden Positionen des Generals herauszuarbeiten und immer wieder auf Parallelen zu gegenwärtigen Militärfragen hinzuweisen. So bietet Hahlweg für den interessierten Laien eine gediegene Erstinformation, für den, der sich weiter mit dem Problemkreis befassen will, einen guten Einstieg. (pe)

Brigitte Hamann
Rudolf — Kronprinz und Rebell
536 Seiten, 16 Fotoseiten, Leinen mit farbigem Schutzumschlag, DM 38,— (Amalthea)

Schon zu Lebzeiten war Kronprinz Rudolf von Österreich Mittelpunkt zahlreicher Klatschgeschichten und Sensationshistörchen, und mit seiner Affäre Mayerling schuf er sich darüber hinaus ein posthumes, sensations- und spekulationsbeladenes Andenken. Er war seiner Zeit suspekt, unbegreiflich — viele hielten ihn wegen seiner Verwandtschaft mit dem bayerischen Königshaus durch seine Mutter Elisabeth (Sissi) für erblich vorbelastet —, und so überlieferten ihn seine Zeitgenossen von der ihnen begreiflichen Seite als Frauenheld, frivolen Vergnügungssüchtigen und opponierenden Freigeist. Das einseitige Bild des Kronprinzen ließ sich nur schwer revidieren, da nach seinem selbstgewählten Tod in Mayerling 1888 aufschlußgebende Quellen zum Teil zurückgehalten, zum Teil beseitigt wurden oder noch unbekannt waren. Den ersten Schritt einer wissenschaftlich fundierten Richtigstellung unternahm 1928 Oskar von Mitris. Da sich in der Zwischenzeit eine Fülle von neuem Material ergab, sah sich Brigitte Hamann veranlaßt, der ersten Mitris-Biographie über Rudolf eine weitere wissenschaftliche folgen zu lassen, die in ihrer ursprünglichen Form als Dissertation erschien.

Das vorliegende Buch ist die popularisierte Form der Doktorarbeit Brigitte Hamanns, ein gelungenes, rundes Werk, für den interessierten Laien leicht und anregend zu lesen. Mit psychologischer und historischer Akribie rollt sie Leben und Entwicklung des Kronprinzen auf, beginnend in der Kindheit, die seelisch einsam unter strengen, harten, von spanischen Hoftraditionen geprägten Erziehungsmaßstäben verläuft, hinzukommend ein durch den armeebegeisterten Vater aufgezwungener Lebensstil, der das Kind an Leib und Seele kranken läßt, bis schließlich Kaiserin Elisabeth gegen den Hof einfühlsamere, menschlichere Erzieher und Lehrer durchsetzt. Es sind liberal denkende Männer wie Josef Latour, Carl Menger, Josef Zhisman, Anton Grindely und Adolf Exner, um nur einige zu nennen, die Rudolfs Denken in eine liberale und demokratische Richtung lenken, was ihn Schritt um Schritt in eine oppositionelle Haltung zur restaurativen Gesinnung des österreichischen Hofes bringen muß. Er prägt in der Folgezeit, vom Liberalismus durchdrungen, politische Ansichten aus, die ihn für das Bürgertum und gegen den Feudalismus, den Nationalismus, den Antisemitismus und die Macht der Kirche sein lassen, eine revolutionäre Haltung nicht nur für das österreichische Herrscherhaus überhaupt, sondern auch für die Grundstimmung seiner Zeit. Seine politische Meinung hielt Rudolf vor seinem Vater und auch vor dem Hof geheim, da er mit Recht fürchten mußte, so niemals an die Regierung zu kommen. Ein Forum für seine Ansichten schuf er sich in anonymen Zeitungsartikeln und politischen Schriften.

Die Autorin Brigitte Hamann führt den Leser in nachvollziehbarer und plausibler Weise durch die einzelnen Entwicklungsstufen des Kronprinzen, an deren Ende der Selbstmord von Mayerling stehen muß, da zu diesem Zeitpunkt Rudolf seine Ideen und seine Ideale an seiner Umgebung und seiner Zeit gescheitert sieht und damit sich selbst auch. Brigitte Hamanns Rudolf-Biographie ist nicht nur wegen der konsequent sich entwickelnden Beweisführung lesenswert, sondern auch wegen der sozusagen als notwendiges Nebenprodukt sich ergebenden Zeitdarstellung: ein Stückchen österreichische Geschichte zwischen Restauration und Liberalismus wird hier dem Leser einprägsam vermittelt. Die Behandlung des Verhältnisses Rudolfs zum Kronprinzen Wilhelm von Preußen wirft allerdings die Frage auf, ob die Autorin mit den geschärften Augen der nach dem Nationalsozialismus Geborenen dem Antideutschtum des österreichischen Kronprinzen als persönliches Element vor dem politischen nicht zuviel Bedeutung beimißt. (hp)

Manfred Hellmann
Iwan IV. der Schreckliche
Moskau an der Schwelle der Neuzeit
81 Seiten, 8 Abbildungen, engl. Broschur, DM 8,80
(Reihe Persönlichkeit und Geschichte, Bd. 35) (Muster-Schmidt)

Das Buch des Münsteraner Ordinarius für osteuropäische Geschichte ist der 35. Band der Reihe "Persönlichkeit und Geschichte", die es sich zur Aufgabe gesetzt hat, Persönlichkeiten darzustellen, welche entscheidend mit ihrem Leben und ihren Taten in die Weltgeschichte eingegriffen und sie mitgeformt haben; durch ihre Biographien soll zugleich das Zeitalter, in dem sie wirkten, erhellt werden.

Zweifelsohne ist die Gestalt Iwans des Schrecklichen, der bereits die Phantasie seiner Zeitgenossen beschäftigte, nur verständlich aus seiner Zeit heraus, welche eine solch despotische Schreckensherrschaft, abgesichert durch den unerschütterlichen Glauben an das Charisma des Zartums, möglich machte: Moskau, nach der Abschüttelung der Tatarenherrschaft zur Führungsmacht in Osteuropa aufgestiegen, an der Schwelle zur Neuzeit, aber noch zutiefst dem Mittelalter verhaftet. Um diese Umbruchssituation, in welche Iwan IV. hineinwächst, zu umreißen, bringt der Verfasser in geraffter Form die Geschichte des Aufstiegs und Wachstums des Fürstentums Moskau, das Iwan als Dreijähriger als gefestigtes Erbe übernimmt. Sicherlich haben die schrecklichen Erlebnisse während der Regentschaft der Großfürstin Helene Iwans Wesen mitgeprägt, das andere, das Launenhafte, Unbeherrschte und Unstete, die für moderne Auslegung psychopathischen Züge dürften wohl als Veranlagung mit auf den Weg gegeben worden sein. Letztendlich – im historischen Zusammenhang gesehen – erschütterte die blutige Schreckensherrschaft trotz aller Anfangserfolge das Staatswesen aufs tiefste, das geschichtliche Ergebnis seines Wirkens ist die Vollendung der Autokratie in Rußland und die Zerbrechung der Macht der Bojaren.

Auf Grund der Zielsetzung der Reihe kann der Verfasser das wilde und oftmals entsetzliche Leben Iwans IV. – er erschlug sogar seinen ältesten Sohn im Zorn, Exzesse und Ausschweifungen wechselten einander ab – nur in groben Umrissen darstellen, weswegen viele Details zum Opfer fallen; die verknappte Form bietet kaum Möglichkeit für Ausschmückungen oder gar Nebensächlichkeiten, die aber gerade Biographien das Leben einhauchen. Der Leser aber, der die komprimierte, dabei aber wissenschaftlich fundierte Information sucht, wird bevorzugt zu diesem Buch und der Reihe insgesamt greifen.

(pa)

Gustav Hilger
Stalin
Aufstieg der Sowjetunion zur Weltmacht
98 Seiten, DM 8,80 (Muster-Schmidt)
(Reihe Persönlichkeit und Geschichte, Bd. 17)

Der Band zeichnet in sehr geraffter Form den Lebensweg Joseph Stalins vom Sohn eines kleinen Schuhmachers und einer armen

Tagelöhnerin zum Diktator der Sowjetunion auf. Er kann vieles nur anreißen, gibt trotz aller Kürze aber ein hinreichendes Raster über Stalins Persönlichkeit von der Kindheit bis zum Höhepunkt seiner Macht.

Der Autor betreibt dabei keine Heldengeschichte, sondern stellt gerade auch die weniger schmeichelhaften Charakterseiten Stalins jenen Fähigkeiten gegenüber, die ihn in die Lage versetzten, das in Europa bis dahin nur mitleidig betrachtete bäuerliche Rußland auf den Weg zu einer Industriemacht zu führen. Größenwahn und krankhaftes Mißtrauen sind nur zwei der Attribute, die der Autor – er war selbst 18 Jahre lang Mitglied der Deutschen Botschaft in Moskau – in diesem Zusammenhang verwendet.

Das Buch, das im Taschenformat gehalten ist, läßt angesichts der Tücken der offiziellen sowjetischen Geschichtsschreibung ganz zwangsläufig viele Fragen offen: der Mann, der sich zu Lebzeiten "eine glanzvolle Vergangenheit" andichten ließ, wurde schließlich nach seinem Tod ganz aus den Geschichtsbüchern des Landes verbannt. So bleibt zum Beispiel auch der Tod des Diktators "in jenes Dunkel getaucht, das der Phantasie des einzelnen stets neue Nahrung gibt".

Unbefriedigend, weil nur flüchtig behandelt, bleibt speziell der Abschnitt über die unmittelbare Nachkriegszeit, in der Stalin als Vertreter einer der Siegermächte seine persönlichen Machtaspirationen über die nationalen Grenzen hinweg ausdehnte und in der gerade die Wurzeln für internationale Machtkonstellationen in der Gegenwart geschaffen wurden, die damit vielleicht das nachhaltigste Erbe Stalins sind. (my)

Helmut Hiller
Otto der Große und seine Zeit
312 Seiten, 32 z. T. farbige Abbildungen, geb. DM 36,– (List)

Es ist tatsächlich seit 1945 keine populäre Biographie Ottos d. Gr. erschienen. Der Autor hilft dieser Lücke im Geschichtsbild nicht unbedingt ab, denn seine Darstellung ist zwar faktenreich und fleißig recherchiert, aber trocken und in der Darstellung glanzlos. Er versteht es nicht, als unbedingt erforderlichen Hintergrund das mittelalterliche Weltbild zum Leuchten zu bringen. Zwar zeugt das Einleitungskapitel (Darstellung des allgemeinen Zeithintergrundes) von der – ziemlich unsystematisch durchgeführten – Absicht des Verfassers, mehr als nur ein Korsett von Fakten zu bringen, aber die folgenden Kapitel türmen doch nur Ereignisse und kriegerische Aktion aufeinander. Der Atem des Historikers fehlt, ein Kompilator ist am Werk, der nicht den Schwung hat, Zeitalter zu verbinden und damit auch als einzelne verständlich zu machen.

Es fehlt eine knappe Darstellung des politischen Systems der Karolinger, obwohl uns gesagt wird, daß sich das ottonische von ihm grundlegend unterscheide, ebenso wie eine Charakterisierung der anschließenden salischen Epoche. So kommt die Folgerung am Ende, "Ottos Wirken war nicht nur für das ganze Mittelalter bedeutsam, sondern grundlegend für die Entwicklung bis in unsere Tage", für den Leser aus heiterem Himmel und ist nichts als ein unreflektierter Werbespruch, um dem Kunden Bedenken darüber auszuräumen, warum er ausgerechnet zu diesem Thema ein Buch kaufen sollte. Dafür schwelgt der Verfasser in Einzelheiten, wobei er zeitgenössische Quellen gegeneinander abwägt. Das ist verdienstvoll, auch wenn es oft nur um untergeordnete Themen geht. Die "sorgfältige Chronologie" mag ja, wie angepriesen, der Ideologisierung des Themas entgegenwirken, trägt aber zur Schwunglosigkeit bei. Stilblüten, sachliche und logische Fehler sowie Plattitüden werden nicht immer vermieden. Aristoteles, Plato und Cicero gelten unterschiedslos als "lateinische Kultur", "Mahedia" muß heißen "Mahdia" und ist sicher nicht das heutige Tunis, "Abderrhaman" muß in Europa garantiert "Abderrahman" geschrieben werden, einen "archidux" des 10. Jahrhunderts sollte man nicht mit "Erzherzog" übersetzen. Der Klappentext verspricht "Berücksichtigung des neuesten Standes der Forschung" — wie wacker. Aber wo ist die immerhin seit 1937 vertretene Auffassung referiert, daß nicht Heinrich I., sondern sein Sohn Otto die sächsische Burgordnung erlassen hat?

Fazit: wegen der Faktenfülle lesenswert für Interessierte ohne Vorkenntnisse, als Anregung zur weiteren Vertiefung begrenzt brauchbar.
(ri)

Andreas Hillgruber
Bismarck
Gründer der europäischen Großmacht "Deutsches Reich"
115 Seiten, engl. Broschur, DM 10,80 (Muster-Schmidt)
(Reihe Persönlichkeit und Geschichte Bd. 101/102)

Dem Autor Andreas Hillgruber, zum Zeitpunkt der Niederlegung des Bismarckbandes Professor für mittlere und neuere Geschichte an der Universität Köln, ging es in der Biographie nicht um die Beschreibung des privaten Bismarck. Wer also danach sucht, wird ihn schwerlich entdecken. Der Untertitel "Gründer der europäischen Großmacht Deutsches Reich" verweist auf eine zweite Einschränkung. Andreas Hillgruber stellte die europäische Dimension Bismarcks in den Mittelpunkt, nicht die deutsche innenpolitische. Die Gründung, Konsolidierung und Sicherung des Werkes aus dem Blickwinkel des Ministerpräsidenten und Reichskanzlers werden herausgehoben. Somit gerät aber Bismarck selbst in die europäische Dimension, während der innenpolitische Bismarck, die Sozialgesetzgebung, aber auch Kirchenkampf und Sozialistengesetze nur am Rande behandelt werden.

Im ersten Kapitel, überschrieben "Kindheit, Jugend, Reifejahre (1815 - 1847)", und im fünften Abschnitt, "Bismarck in Friedrichsruh: vereinsamt in seinen Sorgen um das Reich (1890 - 1898)", läßt der Verfasser auch den privaten Bismarck sprechen. Doch selbst hier bleibt das politische Gedankengut vorherrschend: "Als normales Produkt unseres staatlichen Unterrichts verließ ich 1832 die Schule als Pantheist, und wenn nicht als Republikaner, doch mit der Überzeugung, daß die Republik die vernünftigste Staatsform ist . . .". Mit diesem Bekenntnis, entnommen der Einleitung des Memoirenwerkes Bismarcks, leitet auch Andreas Hillgruber seine Biographie ein. Er bleibt durch alle Kapitel hindurch nahe am "Subjekt" Bismarck, wenn er ihn auch aus der Distanz des Historikers in die Geschichte zu stellen versucht. Somit erfährt man viel über die Beweggründe Bismarcks, so und nicht anders gehandelt zu haben. Viel ist aber auch über den Abschnitt der deutschen und europäischen Geschichte zu lesen, den Otto von Bismarck entscheidend mitgeprägt hat. Der Autor läßt dabei in der Hauptsache den Gründer des Deutschen Reiches selbst sprechen, unterzieht jedoch dessen Handlungen immer wieder einer kritischen Beurteilung. So mündet die Biographie in ein letztes Kapitel ein, in dem Andreas Hillgruber eine Gesamtbewertung Otto von Bismarcks für die deutsche Geschichte zu leisten versucht. Eine kleine Bibliographie zur Bismarck-Literatur und eine Zeittafel ergänzen den Band. (wi)

Helmut Hirsch
Sophie von Hatzfeldt
In Selbstzeugnissen, Zeit- und Bilddokumenten dargestellt
220 Seiten, 31 Abbildungen, Hardcovereinband mit farbig bedrucktem Überzug aus Polyleinen, DM 32,– (Schwann)
(Schriftenreihe des Stadtmuseums Düsseldorf)

Das Buch trägt eine Menge Material zum Leben der Gräfin Hatzfeldt zusammen. Das nostalgische Titelbild mit einem Porträt der Gräfin, auf dem sie eher wie eine Heilige der Gegenreformation wirkt, ist so unpassend wie möglich, denn die Gräfin machte im vorigen Jahrhundert erhebliches Aufsehen wegen der Scheidung von ihrem Mann und wegen ihrer Bekanntschaft mit Ferdinand Lassalle, Karl Marx und anderen Größen der damaligen sozialistischen Arbeiterbewegung. Was nicht hinderte, daß ihr zweiter Sohn Paul es unter Bismarck bis zum deutschen Gesandten in Konstantinopel brachte. Der Autor erklärt diesen Widerspruch nicht, wie seine Darstellung überhaupt auf das ruhige Entwickeln von Handlungsfäden verzichtet und stattdessen eine Menge Zitatensalat aus zeitgenössischen Quellen recht bunt aneinanderflickt. Das ist aus zweierlei Gründen von Vorteil: zum einen, weil so eine Menge dokumentarischer Information aufbereitet wird für zukünftige Autoren, die sich aufs Schreiben besser verstehen als der Verfasser, und zum anderen, weil dem Leser so erspart wird, andauernd mit dem Stil des Verfassers traktiert zu werden. Der ist nämlich derart überladen mit Anspielungen, unmöglichen Partizipialkonstruktionen, grotesken Stilblüten und ungeordneten Querverbindungen, daß man schon auch einmal die Geduld verlieren darf. Aber getrost: über die Hälfte des Bandes ist sowieso Dokumentation, Materialien zum Scheidungsprozeß der Gräfin sind gar in Faksimile abgedruckt, Zeittafel und Literaturverzeichnis sind sorgfältig und sehr ausführlich. Also vom antiquarischen Interesse her und als Quellenfundgrube zur deutschen Sozialgeschichte des 19. Jahrhunderts ist das prachtvoll aufgemachte Buch durchaus empfehlenswert. Wer die Zeittafel langsam liest, kann sich die Lektüre des Textteils eigentlich sparen, denn der Text ist ganz und gar nicht hilfreich darin, die politischen Hintergründe des wildbewegten Lebens der sozialistischen Gräfin verständlich zu machen. Und daher sind wir dem Verfasser dankbar dafür, daß er seine umfangreiche und als solche sicherlich verdienstvolle Materialsammlung von vornherein nicht als Biographie der Gräfin Hatzfeldt verstanden wissen will. (ri)

Karl Ipser
Der Staufer Friedrich II.
Heimlicher Kaiser der Deutschen
256 Seiten, über 100 Abbildungen, geb., DM 28,– (Türmer)

Das Werk behandelt den Höhepunkt kaiserlicher Machtentfaltung im hohen Mittelalter in drei Abschnitten: erst die Zeit Karls des Großen, dann das Verhältnis zwischen Reich und Kirche, dann den titelgebenden Kaiser Friedrich II. Der Stil ist lebendig und flüssig. Man merkt das Engagement des Autors für die Thematik. Es geht ihm um die Darstellung, welches Unrecht den Deutschen vom Papst zugefügt wurde. Karl der Große, Barbarossa und Friedrich II. sind ihm absolute Lichtgestalten. Das muß freilich nicht immer stimmen, etwa wenn er Friedrich II. als "deutschen Kaiser" bezeichnet. Dabei verkennt er vollständig die übernationale Grundlage der Kaiseridee. Es ist ja eben das Vertrackte an ihr, daß sie, obwohl auf der Macht der Deutschen beruhend, im Wesen nicht identisch war mit nationaler Machtentfaltung. Es haftet ihr etwas Unbestimmtes an, das durch den ideologischen Synkretismus Friedrichs II. und dessen Blinzeln nach dem Morgenland noch unbestimmter wurde – ist er vielleicht wegen dieser Unbestimmtheit der "heimliche Kaiser" der Deutschen?

Überhaupt hat der Autor einen zu stramm-nationalistischen Blick. Er geht recht frisch 'ran: Rudolf von Habsburg "wird einst nach Friedrichs II. Tod die Reste des zertrümmerten Reiches wieder zu einem Ganzen fügen" – das klingt erhaben, bildet die historische Wirklichkeit aber nicht ab. Die Päpste werden beschuldigt, sie hätten selbst Kaiser sein wollen. Bei aller ihrer Anmaßung: das nun auch wieder nicht! Und wenn es der Autor nur quasi so meint, dann soll er das genauer ausdrücken. Entsprechend dem nationalistischen Ansatzpunkt verschweigt der Verfasser das "statutum in favorem principum" von 1232 – vermutlich, weil es zur Zersplitterung Deutschlands beitrug und ein Zeugnis dafür ist, daß auch der angebliche Titan Friedrich II. Konzessionen machen mußte. Die Beispiele schiefer oder auch evident falscher Behauptungen ("Thietmar von Merseburg, auf dem unser Wissen über die ottonische Zeit beruht") ließen sich mehren. Der Verfasser geht souverän mit der Geschichte um, entsprechend seiner Stilblüte zu den Konstitutionen von Melfi, die "die weltanschaulichen Probleme eines Gemeinwesens regeln" und seinem Kommando an die überkomplizierte Historikerzunft: "Die Theokratie hat den Abfall von Gott und Kirche eingeleitet, das darf nicht wissenschaftlich aus den Umständen erklärt werden! "Mit seinen kaisertreuen Tiraden rennt er ein paar Jahrhunderte zu spät gegen Windmühlenflügel an.

Trotzdem: das Buch bietet eine in ihrer Kompaktheit brauchbare Übersicht über die "klassische" Kaiserzeit, und seine umfangreichen Hinweise auf zeitgenössische Kunst und Kultur sind lesenswert. Ein großer Bildteil, den drei Einzelteilen jeweils angefügt, ist recht instruktiv, besonders bezüglich der Bauten in Unteritalien und Sizilien, die auf Friedrich II. zurückgehen. (ri)

David Irving
Rommel
Eine Biographie
2. Auflage, 632 Seiten, 67 Fotos, 2 Karten auf den Vorsätzen, Leinen, DM 36,– (Hoffmann und Campe)

Bis heute gilt der als "Wüstenfuchs" zur Legende gewordene Generalfeldmarschall Erwin Rommel als Mitglied des Verschwörerkreises des 20. Juli 1944. David Irving, Verfasser zahlreicher Bücher über die deutsche Wehrmacht und das Dritte Reich, verweist diese Anschauung in den Bereich der Geschichtsklitterung. Als Beleg zitiert er die umfangreiche Korrespondenz, die Rommel mit seiner Frau und seinem Sohn Manfred führte, und die Tagebücher des Generals.

Danach wird deutlich, daß Rommel zwar von hohen Offizieren seiner Heeresgruppe B in Frankreich um Mitarbeit beim Widerstandskreis gebeten wurde, er aber nach einigem Zögern ablehnte. Durch diese Kontakte tauchte dann sein Name bei den Untersuchungen nach dem gescheiterten Attentatsversuch auf, und der Generalfeldmarschall war nicht in der Lage, Hitler seine Unschuld zu beweisen. Und so setzte er am 14. Oktober 1944 Hitlers Aufforderung zum Selbstmord in die Tat um.

Es ist sicher ein Verdienst des Autors, diesen Sachverhalt klar herausgestellt zu haben. Ebenso eindrucksvoll ist es Irving gelungen, den Soldaten Rommel darzustellen. Zu wünschen wäre freilich gewesen, den Menschen Erwin Rommel kennenzulernen. So erfährt der Leser nur auf zwei Seiten etwas über Rommels Elternhaus, Kindheit und Jugend bis zu seinem Eintritt in das 124. Württembergische Infanterieregiment im Jahr 1910. Für die Geschichte des Zweiten Weltkriegs ist Irvings Rommel-Biographie jedoch eine wichtige Ergänzung.

David Irving, geboren 1938 in Hutton/Essex, studierte Physik, Wirtschaftswissenschaft und politische Geschichte in London. Einen einjährigen Aufenthalt als Stahlarbeiter bei Thyssen, 1959, nutzte er dazu, seine Kenntnisse des Deutschen und der Deutschen zu vertiefen und gleichzeitig Unterlagen zur Geschichte Deutschlands im Zweiten Weltkrieg zu sammeln. Seinem Buch-Erstling "Und Deutschlands Städte starben nicht" (1963) folgten u. a. "Der Untergang Dresdens", "Die Geheimwaffen des Dritten Reiches", "Der Traum von der deutschen Atombombe", "Die Tragödie der deutschen Luftwaffe" und "Hitlers Weg zum Krieg". (or)

Mirko Jelusich
Prinz Eugen
Der Feldherr Europas
(Neuausgabe von "Der Traum vom Reich", 1941)
287 Seiten, Leinen, DM 34,– (Stocker)

Wem die Historienfilme der UFA aus der Zeit vor 1945 so richtig gefallen, der kommt hier auf seine Kosten — sonst allerdings sicher nicht. Der Verfasser hatte als Direktor des Burgtheaters eine Schwäche fürs Theater und dementsprechend sein Werk schon fast als Drehbuch konzipiert: dramatisch, ohne viel überflüssige literarische Stimmungsmalerei, mit knappen Regieanweisungen und Verlagerung der Handlung fast vollständig in die Dialoge der handelnden Personen. Seine Darstellung besteht aus 58 Einzelszenen von fast gleichbleibender Länge und ist daher angenehm zu lesen, ohne zuviel konzentrierte Denkarbeit zu verlangen. Es geht ausschließlich um Haupt- und Staatsaktionen, Weibsbilder treten nur am Rande auf und mischen sich in die hochpolitische und hochmilitärische Männerwelt nicht ein. Die militärischen Auftritte werden pathetisch, blutig-sachlich und garantiert ohne Ironie gestaltet. Der Autor nimmt Geschichte ganz als heldischen Kampf. Bereits das zeigt, daß der Klappentext gewaltig übertreibt, wenn er von "begabter Biographie" schreibt: Psychologie findet so gut wie überhaupt nicht statt, Prinz Eugen ist nicht differenzierter gezeichnet als Django, da lasse man sich nicht irre machen durch die gute Gesellschaft, in der er sich beständig bewegt. Außerdem ist vom Autor nur ein begrenzter Ausschnitt aus seinem Wirken gewählt worden, die Zeit des spanischen Erbfolgekrieges unter der Regierung von Kaiser Joseph I. (1705 - 1711).

Der Stil strotzt von antiquiertem Kitsch. Die Heroisierung und Kolossalisierung der Personen dürfte für Leser unserer Zeit weniger erträglich sein. Zudem macht der Verfasser den armen Prinzen zum Vorreiter der Ideologie des Dritten Reiches. Die Idee von Deutschland als der Vormacht Europas, das die anderen Staaten an den Rand drückt und im Osten kolonisierend auftritt, wird sage und schreibe in der Hofburg vorgetragen, nein: hymnisch apostrophiert. Dabei steigert sich der Kitsch zu totalitärer Pseudopoesie, und es ist kein Zweifel daran möglich, daß einst der Führer des Großdeutschen Reiches in die Fußstapfen des Prinzen Eugen zu treten haben wird, denn der Adel wirtschaftet saft- und kraftlos ab, Kaiser Joseph ist letztlich zu schwach und "einer von ganz unten" wird sein Werk fortsetzen — wer war damit 1941 wohl gemeint?

Also: wem es auf Kitsch nicht ankommt, wer die NS-Ideologie erkennt — und sie ist mühelos herauszufiltern —, der greife zu diesem Buch. Es ist auch eine Fülle unbeeinträchtigter historischer Information in ihm verarbeitet. Wer sich für Prinz Eugen und das Wesen des Habsburgerreiches genau interessiert, dem kann das Buch allerdings keine Hilfe sein. (ri)

Karl Jordan
Friedrich Barbarossa
Kaiser des christlichen Abendlandes
2. Auflage 1967, 91 Seiten, engl. Broschur, DM 8,80 (Muster-Schmidt)
(Reihe Persönlichkeit und Geschichte, Bd. 13)

Der Klappentext spricht von "knapper, lebendiger, leicht lesbarer Form". Dem ist uneingeschränkt zuzustimmen. Wer eine erste Übersicht über das Lebenswerk Friedrich Barbarossas sucht, wird hier bestens bedient. Dabei wird er auch an komplexe Sachverhalte diplomatischer und rechtlicher Natur treffend herangeführt (besonders gelungen: die geraffte Darstellung der Verhandlungen von Anagni und Venedig 1176/77). Da der Verfasser als Kenner der Zeit Barbarossas hinreichend ausgewiesen ist, beherrscht er den historischen Hintergrund sicher: ob es sich um die Entwicklungstendenzen der deutschen Reichsverfassung oder um das Aufblühen der ritterlichen Kultur handelt, man wird zuverlässig informiert. Die Darstellung ist stets klar auf das Wesentliche konzentriert; das gilt auch zu den grundsätzlichen Erläuterungen zur Kaiserideologie, dem leidigen Verhältnis zwischen Kaiser und Papst und der Streitfrage, ob Barbarossa nicht lieber "Ostpolitik" anstatt Italienpolitik hätte treiben sollen. Durch Skizzierung der vorangegangenen Entwicklung ab dem Investiturstreit wird der Leser in die Lage versetzt, Barbarossa historisch zutreffend einzuordnen. Zitate aus zeitgenössischen Chroniken verdeutlichen das Gesagte und verlebendigen es gleichzeitig. In einer Schlußbetrachtung wird der Kaiser als Persönlichkeit dargestellt, die klassischen Interpretationsprobleme (war Barbarossa eher fortschrittlich oder rückschrittlich?) werden angepackt und bündig abgehandelt. Ein Ausblick in die Zukunft fehlt nicht. Die Hinweise auf wissenschaftliche Standardliteratur sind zur Vertiefung hilfreich. Hier hätten vielleicht noch die einschlägigen mittelalterlichen Quellen ergänzt werden können, die aus dem Text nicht alle hervorgehen.

Insgesamt: Barbarossas Politik und Problematik wird so umfassend und beziehungsreich abgehandelt, wie das auf wenigen Seiten überhaupt möglich ist. (ri)

Detlef Junker
Franklin D. Roosevelt
Macht und Vision: Präsident in Krisenzeiten
160 Seiten, DM 10,80 (Muster-Schmidt)
(Reihe Persönlichkeit und Geschichte, Bd. 105/106)

Dem Heidelberger Historiker Detlef Junker gelingt es in dieser Biographie, trotz aller Kürze überzeugend die Rolle und Eigenschaften eines der großen demokratischen Politiker dieses Jahrhunderts zu skizzieren. Franklin D. Roosevelt, der 32. Präsident der Vereinigten Staaten von Amerika, der in seiner Jugend recht wenig mit Politik im Sinn hatte, wird dargestellt als ein Mann, der sein Land aus der schwersten Wirtschaftskrise seit der industriellen Revolution heraus und in den bisher größten Krieg in der Geschichte hineinführte. Es ist ein komplexes politisches Profil, das hier fachkundig vermittelt wird — die Geschichte eines Mannes, der mit ungeheurer Energie und Willensstärke die politischen Aufgaben und das eigene Geschick (Roosevelt erkrankte 1921 an der Kinderlähmung) zu meistern verstand.

Trotz mancher zwangsläufigen Oferflächlichkeit ist die Würdigung von Roosevelts Lebenswerk im letzten Kapitel des Bandes treffend: "Vergleicht man Herausforderung und Leistung im kalten Licht des historischen Abstands" — so schreibt Junker —, "so ist Roosevelt im Kriege erfolgreicher gewesen als im Frieden". Welthistorische Bedeutung erlangte er vor allem durch seinen unbeugsamen Willen, im Gegensatz zur Mehrheit der Amerikaner die Herausforderung durch den deutschen Nationalsozialismus, den japanischen Imperialismus und den italienischen Faschismus anzunehmen. Für den Verfasser der Biographie deckt sich allerdings letztlich die Gedankenwelt dieses Präsidenten mit dem unerschüttlichen

Optimismus und dem "robusten Fortschrittsglauben" der "Neuen Welt" insgesamt.

Nebenbei werden auch die politischen, wirtschaftlichen und sozialen Umfelder angerissen, die sich im Handeln des Präsidenten niederschlugen. Auch der persönlichen Umgebung Roosevelts wird der gebührende Platz eingeräumt — etwa seiner Frau Eleanor Roosevelt, die für den Präsidenten nie gleichberechtigte Vertraute und Partnerin war und deshalb im gemeinsamen Kampf für gemeinsame politische Überzeugung einen Ausgleich suchte. (my)

Gerhard Konzelmann
Arafat
Verhängnis oder Hoffnung?
320 Seiten, Leinen mit Schutzumschlag, DM 36,— (Lübbe)

Wer für die gerechte Sache kämpft, kann kein Terrorist sein. Möglicherweise ist diese Aussage auch die Meinung von Gerhard Konzelmann. Jassir Arafat aber vertritt diesen Anspruch. Konzelmann, ARD-Korrespondent im Nahen Osten, ist der einzige, der dank guter Verbindungen den Lebensweg dieses Mannes beschreiben kann. Dieses Privileg ist jedoch nicht immer Garantie für sachliche Information. Zuweilen gewinnt man beim Lesen des Buches den Eindruck, der Autor überfliege, auf einem arabischen Teppich sitzend, die gegnerischen Fronten.

Dort oben belauscht er dann verschiedene Standpunkte einzelner Politiker. Sein Schicksal, die Mächtigen im Irrgarten arabischer Politik persönlich zu kennen, beflügelt Konzelmann, auch in der Annahme, Telefongespräche zwischen Arafat und dem jordanischen König Hussein bestens herauszufiltern. Was Konzelmann schriftstellerisch anbietet, unterliegt dem Gebot eines begabten Journalisten, der im Räderwerk politischer Machenschaften seine vorzüglichen Kontakte — vor allem zu Arafat — buchstabenmäßig verpackt.

Unbestritten ist die Größe von Jassir Arafat. Konzelmann charakterisiert einen Menschen, der mit Recht als "der Patriot" bezeichnet werden darf. Doch hier muß man aufpassen. Selbst wenn Konzelmann öfters betont, Arafat unterstütze nicht den totalen Terrorismus, bleibt es Augenwischerei. Historisch nachgewiesen ist die Tatsache, daß deutsche Terroristen im Lager der Palästinenser ausgebildet wurden und werden. Konzelmann will mit seinem Buch Arafat positiv darstellen. Er verschweigt dabei nicht die terroristische Willkür verschiedener Kommandoverbände wie Schwarzer September oder Arafats Al Fatah.

Seine ungebrochene Sympathie gegenüber Arafat erfährt der Leser spätestens nach einer terroristischen Schilderung. Konzelmann verfällt in tiefe Trauer und moralisiert Arafat, der das Morden an Unschuldigen nicht verhindern konnte. Die Übertragung der Verantwortlichkeit, um von Arafat abzulenken, gelingt Konzelmann. Mehrmals beteuert er die Handlungsfreiheit eines Dr. Georg Habbash (Schwarzer September). Er will damit das Massaker der Olympischen Spiele 1972 in München noch einmal wachrufen.

Arafats Idealismus wird bestimmt durch wunderliche Energie und den unerschütterlichen Glauben an ein einziges Ziel: die Heimführung seines Volkes nach Palästina.

Bei näherer Betrachtung der weltpolitischen Lage fällt auf, daß dieses Ziel einen babylonischen Turmbau im ureigensten Sinne verkörpert. Erzfeind Israel sieht in der Person Arafat eine staatsfeindliche Bedrohung. Die Weltmacht USA würde einen Niedergang Israels niemals zulassen. Die arabischen Staaten selbst sind untereinander ideologisch gespalten. Hoffnung für Arafat waren das Ölembargo und der militärische Erfolg der Ägypter. Erfolge ergaben sich für Arafat in der UNO. Brandt und Kreisky geben diesem Mann in der Endkonsequenz seiner Einsamkeit allerdings keine Zündschnur für weltpolitischen Erfolg.

So beschreibt Konzelmann nicht unrichtig einen Menschen, dessen Leben das eines ganzen Volkes ist. Hineingepreßt in die Historie ist Arafat der Garant von träumerischen Veränderungen. Sein Volk ist wie das israelische eine Bildung neuzeitlicher Geschichte. Die Entstehung und Entwicklung vergißt Konzelmann nicht. Gut katalogisiert wird dem Leser im zeitlichen Aufriß das Leiden der Palästinenser verdeutlicht. Wer liest nicht gerne den heroischen Kampf eines Volkes, an dessen Spitze ein taktischer Genius steht. Was Konzelmann prägnant heraushebt, ist letztlich das Verhängnis von Jassir Arafat. Dieser Mann führt in seiner Tragik einen Verzweiflungskampf nicht nur gegen Juden, sondern vor allem gegen Araber. Fatal ist Arafat dazu bestimmt, von seinesgleichen Geld zu fordern. Anschließend feuern Raketenwerfer auf den Bittsteller. Diese Wahrheit gibt seinem Charisma unter seinem Volk die liebende Unsterblichkeit. (ra)

Werner Maser
Adolf Hitler
Biographie
7. vom Autor mit Bilddokumentation (Hitler-Sohn) ergänzte Auflage.
668 Seiten, 150 Fotos, Efalin, DM 25,– (Herbig)

"Was ich schon immer über Hitler wissen wollte". Dieser Satz kommt dem Leser bei der Lektüre dieser Hitler-Biographie unwillkürlich in den Sinn. Werner Maser, Historiker, darf wohl als der intimste Kenner Hitlers bezeichnet werden. Jahrzehntelange Forschungsarbeiten berechtigen dazu. Mit dem Hitler-Bild beseitigt er weitgehendst die weißen Flecken des Hitlerschen Lebensweges und von dessen Seelenlandschaft. Das ist das eine große Verdienst dieses Buches. Lesenswert allein aber wäre die Bilddokumentation über Hitlers Sohn.

Beispielgebend ist diese für die gesamte Arbeitsweise des Autors: Wissenschaftliche Kleinstarbeit, Sachlichkeit in der Analyse und der Darstellung. Werner Maser zerreißt emotionslos die grauen Schleier, die ein klares Bild Hitlers so oft verschwimmen lassen. Die Legende, die der Mann aus Braunau um sich selbst wob, wird ebenso demontiert wie jene, die sich nach 1945 um und über ihn zu ranken begannen. Klischees, Gerüchte oder angebliche Tatsachenbehauptungen werden von dem Historiker aber nicht einfach beiseite geschoben. Er unterzieht sie einer kritischen Betrachtung und verweist sie danach ins Feld der Unwissenschaftlichkeit. Nüchtern und klar geschieht dies. Beides zeichnet auch die Sprache aus. Doch Langeweile kommt nie auf. Aufregend und faszinierend reiht sich Faktum an Faktum, Kapitel an Kapitel. Manchmal jedoch droht die Fülle der Informationen, Fakten und Thesen unübersichtlich zu werden. Der Autor versucht dies durch eingestreute Zeittafeln zumindest teilweise aufzufangen. Werner Masers Stärke liegt jedoch eindeutig in der Analyse, in der klaren Zuordnung unzähliger Details. Die Biographie gleicht einer Zusammenfassung kriminalistischer Feinarbeit. "Was ich schon immer über Hitler wissen wollte": Tagesablauf, Krankheitsbild, Charakter-Struktur-Diagramm etc., hier finde ich sie. Das erleichtert sicherlich dem Leser, sich ein eigenes Urteil über Hitler zu bilden, sein Hitler-Bild zu erweitern oder zu vervollständigen.

Das Bildmaterial allerdings hätte sicherlich aufregender gestaltet werden können. Nur mit der Lupe zu lesende Briefkopien und persönliche Papiere Hitlers erhöhen sicherlich nicht den Aufmerksamkeitsgrad. (wi)

Wolfgang Mayer
Der Rebell Thomas Cochrane
Seeheld, Radikaler, Revolutionär
1775 - 1860
360 Seiten, 17 Abbildungen, 21 x 15, Broschur, farbiger Umschlag, DM 34,– (Idea)

Cecil Scott Foresters Abenteuerromane um den englischen Seeoffizier Horatio Hornblower ließen die große Vergangenheit britischer Seefahrtsgeschichte wieder lebendig werden — die Lebensbeschreibung Thomas Cochranes, Nachfahre eines alten schottischen Adelsgeschlechts, zeigt, daß Geschichte der Phantasie eines Romanciers in nichts nachstehen muß. Für die Geschichtsschreibung war das Leben dieses brillanten Seefahrers und -helden, Radikalen und Revolutionärs, Befreiers von Chile und Peru für lange Zeit kein Gegenstand zur Betrachtung, Thomas Cochrane aus der Vergessenheit hervorgeholt zu haben, ist das Verdienst dieses Buches. Dabei wird uns heutigen Thomas Cochrane in doppelter Weise interessant: einmal als geschichtliche Gestalt, als überragender Seekommandant und Berufsrevolutionär mit außergewöhnlichen Fähigkeiten, der seine Spuren in der Geschichte der unterschiedlichsten Regionen dieser Erde hinterlassen hat, zum anderen als tragischer Mensch, dessen Lebensgeschichte zeigt, daß Idealismus, der Kampf um Gerechtigkeit, Freiheit und Gleichheit, um eine bessere Welt nicht automatisch den Lohn der Mitmenschen nach sich ziehen. Thomas Cochranes Wirken ist nicht vom großen geschichtsprägenden Erfolg gekrönt, dennoch ist er uns in vielem sympathischer, vertrauter in seiner Menschlichkeit als die meisten der sogenannten "Helden" der Geschichte; mit seinem gegen die Interessen seiner Zeit gestellten und damit letztendlich zum Scheitern verurteilten leidenschaftlichen Kampf gegen Unrecht und Unterdrückung spricht er unser heutiges Bewußtsein mehr an als die glänzenden Leistungen der großen Gestalten der Geschichte. Thomas Cochrane war modern, seiner Epoche voraus, daher seinen Zeitgenossen suspekt in seinem Unangepaßtsein und seinem ihm zum Schaden gereichenden Festhalten an unverrückbaren moralischen Prinzipien. Seine aus der Französischen Revolution abgeleiteten Maximen, für die er sich kompromißlos einsetzte, waren unvereinbar mit seiner Zeit, und somit geriet er immer wieder in Konflikt mit den Menschen, denen er in ihrem Eigennutz und ihrer mittelmäßigen Konzessionsbereitschaft unbequem und ein moralischer Vorwurf war. Die Folgen seiner Rebellion, seines Widerstands gegen Korruptheit und Opportunismus aber waren – auch uns vertraut – Berufsverbot, Abdrängen ins Außenseitertum und die endgültige Ausschaltung. Insofern trägt dieses Buch eine ideelle und eine tragische Komponente in sich und wird vor allem die Leser ansprechen, die im menschlichen Wirken nicht nur die erfolgsgekrönten Taten suchen, sondern auch das Streben nach einer Besserung der menschlichen Verhältnisse, wie auch immer es geartet sei. Pragmatismus, Eigennutz, mit dem Altern wachsende Desillusionierung, Erstarrung decken dies zumeist zu, Thomas Cochrane hingegen bewahrte seinen jugendlichen Überschwang, sein Feuer, seine Begeisterung bis ins hohe Alter – allein dies, da es so selten in der Welt vorkommt, macht ihn uns schon zu einer erinnerungswürdigen Gestalt. Salvador de Madariaga, der Biograph Simon Bolivars, kennzeichnete Cochrane daher als "eine jener außerordentlichen Gestalten, deren Format und Feuer menschliche Institutionen sprengen."

Thomas Cochrane war alles in allem eine schillernde, abenteuerliche Persönlichkeit, für die einen der "schreckliche Schotte", wie der Teufel gefürchtet, der Alptraum selbst vieler Kampfgefährten. Für andere war er die perfekte Mischung aus Abenteurer und Idealist, ein ungeduldiger Ritter, dessen Leidenschaft für Freiheit und Gerechtigkeit sich verband mit dem Streben nach eigener Bereicherung. Sein Name wird eingereiht in die Liste britischer Seehelden wie Robert Blake, Horatio Nelson, Francis Drake, George Rodney und Edward Hawke. Man nannte ihn einen Partisanenführer, einen Missionar für die politische Freiheit, einen Kämpfer der Aufklärung und den Prototyp eines frühen Söldners. Er war wohl von jedem etwas – ein Außenseiter und gleichzeitig ein Jedermann, das Ideal eines Jedermann, zweifelsohne aber eine moderne Gestalt, voller Vorwärtsdrängendem und voller Widersprüche.

Als gefürchtetster Gegner der Franzosen und Spanier im westlichen Mittelmeer während der Napoleonischen Kriege schien sein Stern als wagemutiger, genialer Seeheld aufzugehen wie der Nelsons, doch seine Auflehnung gegen die englische Admiralität wegen des Unrechts, das man seiner Mannschaft zufügte, wurde ihm zum Verhängnis: mit Berufsverbot belegt wurde er als radikaler Abgeordneter im britischen Unterhaus, leidenschaftlich setzte er sich von nun an zehn Jahre lang für Reformen ein, bis es seinen Feinden gelang, ihn endgültig in England zu Fall zu bringen: im Staatsgefängnis von King's Bench endete seine politische Laufbahn. Im Exil, an anderen Schauplätzen setzte er sein turbulentes, an Abenteuern überreiches Leben fort. Als Flottenkommandant Chiles war er in den südamerikanischen Freiheitskampf verwickelt und war maßgeblich daran beteiligt, Chile und Peru von der spanischen Kolonialherrschaft zu befreien. Dann focht er im Dienste Kaiser Pedros I. für die Unabhängigkeit Brasiliens von Portugal, schließlich führte ihn sein Weg noch in den griechischen Unabhängigkeitskampf gegen die Türken als Admiral der griechischen Flotte. Seine späte Rehabilitierung in England vermochte ihn im hohen Alter nicht mehr so recht auszusöhnen.

Dies sind die Stationen eines außergewöhnlichen Lebens, reich an Abenteuern und Höhepunkten, aber auch an Niederlagen und Demütigungen. Nicht nur die wechselnden Schauplätze werden in diesem Buch lebendig, sondern die Geschichte selbst. Ein Buch, das einmal von der vielfach praktizierten geschichtlichen Darstellung abweicht und Geschichte lebensvoll und packend vermittelt. (ar)

Michael Morozow
Der Georgier
Stalins Weg und Herrschaft
2. Auflage, 344 Seiten, 28 Seiten Dokumentarfotos, Leinen mit Schutzumschlag, DM 38,— (Langen-Müller)

Die Gestalt Josef Stalins, jenes unbekannten Schustersohnes und gescheiterten Priesterseminaristen mit Namen Dschugaschwili, der wie Hitler aus dem Nichts kam und zum mächtigsten und erfolgreichsten Diktator des 20. Jahrhunderts aufstieg, hat immer wieder zu neuen Biographien angeregt. Es war Stalin, der, das Erbe Lenins gewaltsam an sich reißend, in einem "grandiosen und blutigen Drama", "alle Widerstände brutal und konsequent, erbarmungslos und zynisch" überwindend, das bolschewistische Rußland aus dem Chaos nach den Revolutionswirren durch die Katastrophe und Bedrohung im Zweiten Weltkrieg zur Weltmacht der Nachkriegsära hinführte. In diesen beispiellosen Erfolgen begründet sich auch das historische Gewicht, welches Stalin in der Geschichte der Sowjetunion und universaler gesehen in der europäischen und der Weltgeschichte zukommt. Der Stalinismus als Staatsidee überwucherte geradezu die ursprünglichen marxistischen und bolschewistischen Ansätze — bereits Lenin hatte ja die Idee der kommunistischen Gesellschaft zugunsten des Staates aufgegeben — und belegte wiederum einmal, daß die menschliche Geschichte — trotz aller modernen Neigungen, die Bedeutung des Kollektivs, der Massen, der soziologischen Strukturen zu betonen — doch in starkem Ausmaße vom Individuum her ihre Impulse und Stoßrichtungen bezieht, wobei das eine das andere ja — auch nicht im Falle Stalins — grundsätzlich ausschließen muß: letztendlich ermöglichte das duldende Verharren der Völker der Sowjetunion (vielleicht aber in totalitären Systemen mit ihrem übermächtigen Polizei- und Staatsapparat das einzig mögliche Verhaltensmuster des Kollektivs zum Überleben) den stalinistischen Terror, der gut vorbereitet immer punktuell einsetzte und damit Widerstandsformen gar nicht in organisierter Form aufkommen ließ; wie dem auch sei, die Neigung der breiten Massen zur Geschichtslosigkeit nach zeitweiligen Aufschwüngen zur geschichtlichen Teilnahme (etwa in Revolutionen) ist immer das Ferment, aus dem heraus sich die Individualstruktur der Diktatur oder der Oligarchie (sei es auch in der modernen Form des Parteikollektivs) entfalten kann.

Von diesem Ansatz her geht es dem Autor in seiner populär gehaltenen, journalistisch aufbereiteten Stalin-Biographie weniger um die Darstellung der Entwicklung der marxistischen Theorie in ihrer Umsetzung in die Praxis, auch nicht um die Schilderung gesamtgeschichtlicher Zusammenhänge (letztere bilden den jeweiligen Hintergrund), sondern vielmehr rein um die Person Josef Stalins, der in die Gegebenheiten seiner Zeit gestellt, diese sich zunutze machte und dabei historische Größe (wenn auch vielfach in negativem Sinne) erreichte, welche auch Morozow nicht bestreiten möchte. Mittelpunkt der Darstellung ist das Individuum Stalin, dessen Psychogramm durchleuchtet wird. Es wird dabei zugleich ein Element angeschlagen, das bei einer historischen Person wie Stalin, auf dessen Konto unzählige Opfer gehen und dessen Inhumanität geradezu Motor für seinen geschichtlichen Erfolg war, nicht außer Acht gelassen werden kann: die moralische Komponente, die eben über das reine Konstatieren der Erfolge und Mißerfolge und die geschichtliche Einstufung hinausgeht. Sicherlich, viele Biographen und Historiker vermeiden dieses Feld tunlichst, da es immer die Gefahr eines zu subjektiven Standpunktes in sich birgt und eine gewisse Unausgewogenheit der Darstellung mit sich bringt, der auch Morozow nicht entgehen kann, andererseits trägt diese nicht dem moralischen Fragen ausweichende Haltung auch etwas von Menschlichkeit und Seele in die Retrospektive hinein, während über so mancher nicht den moralisierenden Standpunkt beziehenden Darstellungsweise oft der Hauch der kalten Blutleere weht. Vor der Einnahme von klaren Standpunkten auf diesem Feld scheut der Autor jedoch nicht zurück ("Stalins Leben war bestimmt von vier Richtlinien: Mißtrauen, Prinzipienlosigkeit, Große Lüge und Vorsicht" — und die durch die Macht und die verbrecherische Psychopathie Stalins korrumpierte kommunistische Idee kann nur noch sarkastisch gesehen werden: "Gleichheit: Der alte Menschheitstraum wurde durch Stalin verwirklicht — jener Traum, den alle Revolutionäre und Systemveränderer träumen. Vor Stalin waren alle seine Untertanen gleich. Ob Minister, ob Kolchosbauer, Parteisekretär, Schriftsteller, Waffenkonstrukteur, Agent im Geheimdienst — jeder konnte jederzeit vernichtet werden. Und jeder wußte das.")

Zur historischen Bewertung Stalins gehört somit auch, daß er das Bild der Sowjetunion, wie es sich nach 1945 endgültig herausformte, von einem verschlagenen, macht- und beutegierigen, aggressiven Weltimperium, in dem der Terror bewußtes Instrument der Politik bildete, entschieden ausprägte. Sicherlich, die Biographie Morozows bedarf auch einiger Korrektive, vor allem ist auch der gesamtgeschichtliche Zusammenhang in anderen, nicht nur von der Person des Diktators ausgehenden Abhandlungen gegenzulesen, kenntnis- und detailreich liest sich das Buch jedoch als ein gewichtiges Dokument über die gegen den Menschen in seiner Gesamtheit gerichtete Entgleisung der Macht. Die Leiden der Völker gewinnen von diesem Ansatz her für Morozow auch einen metaphysischen Aspekt: "Stalin starb schwer und langsam — was konnte man denn anderes erwarten, wenn es schon keine irdische Gerechtigkeit für diesen, dem Mittelalter entsprungenen Mann gab?" (pa)

Alan Palmer
Alexander I. Gegenspieler Napoleons
416 Seiten, 14 Abbildungen, Leinen mit Schutzumschlag, DM 38,—
(Bechtle)

Alexander I. (1777 - 1825) war der älteste Sohn Pauls I., dessen nach preußischem Vorbild mit militärischem Drill autokratisch strukturierte Lebensweise in Gatschina in krassem Gegensatz zu der prächtigen, kulturellen Hofhaltung Katharinas d. Gr., seiner Mutter, in St. Petersburg stand. Der Hof in St. Petersburg zählte zu den glänzendsten Europas, aufklärerischen Idealen aufgeschlossen. Schon früh übernahm Katharina II. die Erziehung ihres Enkels Alexander; liberale Lehrer prägten seine Entwicklung, aber auch die strenge Lebensauffassung seines Elternhauses, in dem er sich zwar seltener als bei seiner Großmutter, aber doch oft genug, um prägend zu sein, aufhielt. In dem Wechselspiel dieser beiden kontrahenten Welten, in die der junge Alexander gestellt war, sieht der Autor auch eine Begründung für den wechselhaften Charakter des Zaren. Schwankend zwischen Liberalismus und Autokratismus wird er der Nachwelt als "rätselhafter Zar" überliefert.

Der Autor Alan Palmer, Verfasser zahlreicher historischer Standardwerke und geschichtlicher Biographien, von 1953 - 1969 Leiter des "History Department" an der Highgate School, bringt eine recht umfassend und interessant geschriebene Biographie von gehobenem Sachbuchcharakter über die Persönlichkeit Alexander Pawlowitschs, sowohl als Mensch wie auch als Herrscher. Der Autor hat es sich zur Aufgabe gemacht, die widersprüchliche Natur Alexanders aufzuhellen. Hierzu wird der Blickwinkel aus dem psychologisch aufgeklärteren 20. Jahrhundert gewählt — bei historischen Wertungen und Beurteilungen eher mit Skepsis zu genießen —, jedoch gekonnt verwendet. Die Faszination und der Idealismus, mit denen Alexander auf seine Zeitgenossen wirkte, werden keineswegs durch (gewaltsame) psychologische Entschlüsselungen — die Psychologie bleibt eher sekundär — trivialisiert. Alexanders I. Herrschaft stand unter dem Signum Napoleons, dem er auf seine ganz eigene Art entgegenwirkte und den er letztendlich besiegte. Gerade bei diesem historischen Kapitel treten die spezifischen Charakterzüge des Zaren deutlich hervor und werden vom Autor herausgearbeitet: sein Idealismus, seine Wechselhaftigkeit und der sich mehr und mehr verstärkende Mystizismus, der schließlich seinen Tod mit einer Legende umgab. Zar Alexander I. starb 1825 in dem abgelegenen südrussischen Hafen Taganrog unerwartet und unter mysteriösen Umständen, so daß sich die Fama bildete, er wäre gar nicht gestorben, sondern als Fedor Kusmitsch Einsiedler in Sibirien geworden. Auch Alan Palmer vermag dieses Geheimnis um den Zaren in seiner minutiös recherchierten Biographie nicht zu lösen, aber er trägt die Fakten jener Tage genau zusammen, Für und Wider der Theorie abwägend, und da das Problem nicht gelöst werden kann, für den Leser eine Anregung für spekulatives Nachdenken hinterlassend.
(hp)

Kurt Pfister
Kurfürst Maximilian I. von Bayern
Neuausgabe, bearbeitet von Gertrud Stettner
342 Seiten, zahlreiche Abbildungen, Leinen, DM 42,— (Ehrenwirth)

Persönlichkeits-Monographien erfreuen sich bei der historisch interessierten Leserschaft ungebrochener Beliebtheit, wenn sie auch von der wissenschaftlichen Geschichtsschreibung mit etwas scheelen Augen angesehen werden. Nun, so berechtigt die Kritik an der These, daß "Persönlichkeiten Geschichte machen", auch sein mag, es gibt Figuren der Vergangenheit, deren Leben und Wirken ebenso exemplarisch wie richtungsgebend waren.

Der erste bayerische Kurfürst, Maximilian I., kann diese Einschätzung auf verschiedenen Ebenen mit gutem Recht beanspruchen: Kein Zweifel besteht an seiner richtunggebenden Bedeutung für den bayerischen Staat, der unter seiner Herrschaft von einem bankrotten Feudalverband zu einem — trotz der verheerenden Kriegszerstörungen — wirtschaftlich gesunden, straff verwalteten Staatswesen im modernen Sinn wurde. Maximilian erkämpfte für Bayern nicht nur die reichspolitisch so wichtige Kurwürde, er legte auch die Grundlagen dafür, daß das Kurfürstentum rund 100 Jahre eine bedeutende Rolle in der europäischen Politik spielte — nicht unbedingt zum Wohl des Landes.

Auch die Geschichte des Dreißigjährigen Kriegs, mit seinen so komplizierten Verwicklungen religiöser und politischer Ursachen und Zielsetzungen, läßt sich ohne die Persönlichkeit und die Absichten Maximilians nicht einsichtig erklären. Und richtungsweisend war Maximilians Selbstverständnis von der Aufgabe des Fürsten als "erster Diener seines Landes": Lange vor Preußens "Soldatenkönig" und dem "Alten Fritz" forderte und lebte Maximilian das Vorbild eines Fürsten, der seine absolute Macht zum Wohl seines Landes einsetzte.

Es ist verdienstvoll, daß der Ehrenwirth-Verlag die 1949 erschienene Biographie Maximilians aus der Feder von Kurt Pfister (1895 - 1951) neu herausgegeben hat, eine Arbeit, die auf einem sehr gründlichen und ausgedehnten Quellenstudium beruht. Trotzdem hätte man gewünscht, daß die damit verbundene Überarbeitung mit etwas weniger Pietät gegenüber dem Verfasser und mit mehr Berücksichtigung von 30 Jahren moderner Geschichtsschreibung erfolgt wäre.

Die Umstände der Entstehungszeit, 1949 durchaus einsichtig, belasten heute das Werk. Pfisters Arbeit war von dem Bemühen geprägt, nach der Katastrophe der "Großdeutschen" Staatsideologie zu den Wurzeln der bayerischen Traditionen zurückfinden, und der verständliche Wunsch nach durchgängig positiver Tradition beeinträchtigte doch die Kritikfähigkeit des Verfassers. Die Konsequenz, mit der er die Handlungen und Entscheidungen seines "Helden" als richtig, die seiner Gegenspieler als falsch beurteilt, berührt mitunter peinlich. Gerade die Rolle Maximilians im Dreißigjährigen Krieg ist nicht frei von Brüchen, hatte auch fatale Folgen für sein Land wie für das gesamte Reich — seine Leistungen würden durch das Eingeständnis von Fehlern sicher nicht geschmälert, sondern glaubwürdiger!

Und die Biographie bewegt sich, auf einer heute kaum zu rechtfertigenden Weise, viel zu sehr auf der Ebene der Regierungen und Fürsten. Sicher deutet Pfister immer wieder das Elend an, das die bayerische Bevölkerung im Krieg zu erleiden hatte, aber wie man als bayerischer Untertan unter Maximilian lebte, wenn einmal keine Kriegshorden durchzogen, darüber gibt das Buch keine Auskunft.

Bis eine neue, moderne Biographie Maximilians erscheint, füllt Pfisters Buch eine wichtige Lücke, ist es ein bedeutsamer Beitrag zur Geschichte des 17. Jahrhunderts. Eine gründliche Neubearbeitung des Themas ist jedoch überfällig! (me)

Nikolaus v. Preradovich
Das seltsam wilde Leben des Pandurenoberst Franz von der Trenck
299 Seiten sowie 5 Kartenskizzen im Text, 16 Farb- und 24 Schwarzweißbildseiten, Leinen mit Schutzumschlag, DM 49,— (Stocker)

Franz Freiherr von der Trenck war einer der berühmtesten und auch berüchtigsten Kriegsführer in der ersten Hälfte des 18. Jahrhunderts, bewundert und gefürchtet zugleich. "Schaurig wie die Totenglocke", so spätere Historiker, habe sein Name in seiner Zeit gehallt. Daß man dem Pandurenoberst übel mitgespielt hat, ergaben erst jüngst die Forschungen eines Münchner Privatgelehrten: Die unter seinem Namen erschienenen Memoiren sind höchstwahrscheinlich gefälscht. Nikolaus von Preradovich geht es nicht darum, Trenck erneut zu verteufeln. Vielmehr ist er von der außergewöhnlichen, aber für diese Zeit vielleicht typischen Geschichte eines der letzten Abenteurer fasziniert, von einem "seltsam wilden Leben".

1711 in Reggio de Calabria geboren, mit 18 Jahren Fähnrich im Dienst des Grafen Palffy, tritt er 1736 in russische Dienste. Dort wegen eines Streits mit seinem Vorgesetzten erst zum Tode, dann zur Verbannung verurteilt, geht er nach Österreich. Für Maria Theresia stellt er sein berüchtigtes Pandurenkorps auf, zeichnet sich durch kühne Handstreiche aus. Aber auch in Wien intrigieren seine Gegner, erreichen Prozesse gegen ihn, die schließlich wieder zum Todesurteil führen. Es wird in lebenslange Festungshaft umgewandelt, 38jährig stirbt Trenck auf der Festung Spielberg.

Wer war dieser Trenck eigentlich? Ein Raufbold, ein Abenteurer? Ein brutaler Söldnerführer, der nur auf Beute aus war? Ein Edelmann mit überspitztem Ehrgefühl? Ein Frauenheld? Treuer Offizier Maria Theresias? Der Autor, der das Leben des Obersten einfühlig und nicht ohne Sympathie schildert, meint, von allem etwas. Auf jeden Fall war Trenck nicht schlechter oder besser als die meisten Söldnerführer seiner Zeit, nur erfolgreicher, und das brachte ihm den Haß der Neider. Das Buch bietet aber noch mehr. Der Autor gibt Einblicke in das alltägliche Leben jener Zeit, den militärgeschichtlich Interessierten werden die Schilderungen der Kampftaktik freuen. Auch die Abbildungen sowie der biographische Anhang sind gekonnt und sorgfältig ausgewählt. (pe)

Fritz J. Raddatz
Karl Marx
Eine politische Biographie
540 Seiten, gebunden mit Schutzumschlag, DM 38,— (Hoffmann und Campe)

Diese sich als eine "politische Biographie" bezeichnende umfangreiche Arbeit von Fritz J. Raddatz, Privatdozent an der Technischen Universität Hannover, über Leben, Wirken und Werk von Karl Marx, der wohl am umwälzendsten mit seiner Lehre, da es eine gesellschaftspolitische war, in unser Jahrhundert hineinwirkte, ist — wie der Verlag herausstellt — "die erste umfassende deutsche Marx-Biographie seit 1918". Sie ist in ihrer Kenntnis, Aufarbeitung des faktischen Materials, Wissenschaftlichkeit nicht nur profund, sondern zeichnet sich durch vorzügliche Analysen, überlegene Bewertung und ein literarisches Temperament aus, das den Atem besitzt, die Fülle an Stoff nicht nur chronologisch aneinanderreihend zu bewältigen, wie man es so häufig in historischen Biographien findet, sondern ihn, von diesem starren, oft langweilig gehandhabten Schema durch Querverbindungen, Auflockerungen, Einschübe, Vor- und Rückgriffe, Marginalisches abweichend, in einem stets die Spannung — ohne Übertreibung dieses Mittels — wahrenden Fluß des Erzählens zu integrieren. Die Gründlichkeit der Recherchen belegt ein umfangreicher Anhang mit Quellennachweis und Anmerkungen, Bibliographie und Personenregister.

Die Darstellung bleibt jedoch nicht nur in dem aus den unterschiedlichsten Quellen herausgefilterten, von der Forschung verifizierten Bibliographischen, das auch viele anekdotische Züge in sich trägt, in einem So-war-es-Charakter stecken, sondern sie versucht, hinter das reine Tatsachenmaterial zu dringen, es zu erhellen, einzuordnen, zu bewerten und zu analysieren, das Psychische gleichermaßen wie das Charakterliche, die dem Handeln zugrundeliegenden Motivationen ebenso wie das hinter dem Augenscheinlichen sich verbergende Persönliche, das gesamte physisch-psychische Geflecht, das von Tun und Denken nicht einfach loszulösen ist. Der Autor benützt dabei vorsichtig die ihm durch moderne psychologische Erkenntnisse zur Verfügung gestellten Mittel, es geht ihm nicht um Spekulation oder gar Sensationelles, was sich oft scheinbar durch tiefenpsychologische Analytik bis hin zur Konstruktion entdecken, aufhellen läßt, sondern um gesicherte Erkenntnis, etwa wenn er sich dem Feld der physischen Konstitution Marx' annähert, diesem Überlappen von Krankheitlichem und Seelischem in einer neurotischen Hypochondrie: "Die Psychosomatik ist wohl wissenschaftlich eine zu wenig abgesicherte Disziplin, um unumstößliche Behauptungen und Resultate geben zu können; man kann lediglich die Krankheitskurve in Marx' Leben verfolgen". Dieses Herantasten an das Mögliche, Wahre, die Vorsicht bei der Festlegung von abschließenden Urteilen kennzeichnet das gesamte Werk; dies ist umso auffälliger, wenn man dagegen die Diktion der angeführten Quellenzitate hält, die nicht sonderlich zimperlich zumeist im Umgang mit dem Wort und dem Entdecken der Richtigkeit einer Aussage sind. Darin aber spiegelt sich der Wandel des Denkens, das 19. Jahrhundert auf seiner Suche nach dem Genuin-Genialen, Originären bis hin zu den romatisierenden Exaltiertheiten und psychopathisch-pathologischen Verstiegenheiten, und das 20. Jahrhundert nach einer Reihe von Katastrophen bei der Umsetzung von Weltanschauungen in die Praxis bescheidener, mäßiger geworden, das Auszusagende moderierend, wenn auch durch alles aus Skepsis geborene "moderato" das hybrishafte, prometheische der Weltanschauungen des 19. Jahrhunderts immer wieder hindurchschimmert oder diese gar erstarrt konserviert werden. Raddatz arbeitet nicht holzschnittartig, polemisch, sondern kalligraphisch, was nicht genügend gesichert, belegt ist, gelangt nicht zur Aussage, insofern Wissenschaftlichkeit von ihrer besten Seite. Die Arbeit sucht die Mitte, vermeidet die Extrempositionen, nicht "Marxpfaffentum" noch Verteufelung, nicht Denkmal-Adoration noch aggressiver Bildersturm, es geht um die Durchleuchtung des Menschen Marx und seines Werkes. Gerade dieser Verzicht aber auf Maßlosigkeit des Urteils und das Ringen um seine Ausgewogenheit lassen die Analysen umso schärfer geraten; dies aber verstärkt das Gefühl, daß hier Gesichertes, Tatsächliches beim Schürfen zu Tage kommt.

Es enthüllt sich das Bild eines zutiefst gefährdeten und widersprüchlichen Menschen, und diese Widersprüchlichkeit äußert sich auch in den Urteilen der Zeitgenossen, die von Verherrlichung bis zu tiefer Ablehnung, ja Abscheu reichen. Mazzini etwa nennt Marx einen "zersetzenden Geist, dessen Herz eher vor Haß denn voll Menschenliebe birst . . . außerordentlich schlau, verschlagen und verschlossen. Auf seine Autorität als Parteichef ist Marx eifersüchtig, gegen seine politischen Rivalen und Gegner ist er rachgierig und unerbittlich; er ruht nicht, bis er sie zugrunde gerichtet hat; seine vorherrschende Eigenschaft ist grenzenlose Ambition und Herrschsucht."

Der Autor gestattet es sich nicht, eine zusammenfassende Beurteilung des Marxschen Charakters abzugeben, dieses Gesamtbild muß sich der Leser selber aus den Aussagen und dem Ablauf dieses Lebens herausfiltern, bestürzend aber werden die seelischen Leerstellen wahrgenommen: das Despotisch-Dirigistische, die Kälte der Überintellektualisierung, das Überbewerten der eigenen Person und die Beziehungslosigkeit zum Menschen, ja Menschlichen überhaupt; Zielpunkt war nicht die Gestaltung von Realität, sondern die Theorie, der alles untergeordnet wurde. In die Theorie aber fraß sich in übersteigerter Weise das Persönliche, und so lebten Theorie und Persönliches in Wechselwirkung voneinander. Marx' "neue Humanitas", "abgejagt denen, deren Menschenjagd" er anklagte, war "Denken", nicht das mitleidende Erfahren des Menschlichen im Schicksalhaften menschlicher Natur und Existenz, seine Erfahrung und was daraus hervorging, seine Lehre, waren "aus Papier geschlagen".

Hierin aber liegt gerade die Historizität eines Karl Marx, was in der Biographie nicht ganz klar zu Tage tritt: daß auch dieses Denken, und gerade es als politisches Denken, seiner Zeit verhaftet war, Person und Werk ebenso verwoben waren diesem Kontinuum, dessen Gesetzmäßigkeit entdeckt zu haben man überzeugt war. Die mit der Industriellen Revolution einhergehende soziale Frage und die Unfähigkeit derer, die politische Gewalt verkörperten, sie evolutionär zu bewältigen, zeugten geradezu unaufhaltsam den Sozialismus, die Erfahrungen der Französischen Revolution zeigten am Horizont eine neue Dimension, das Volk, die in Knechtung lebenden, aufgewühlten, zum Umsturz bereiten, aber auch verführbaren Massen, die sich jederzeit politische Gewalt aneignen konnten. Der Schritt, diese Entwicklung politisch zu nützen, konnte nicht mehr fern sein. Insofern stand gerade Marx als homo politicus in einem geschichtlichen Kontext und dieser ließe sich noch differenzieren mit Geniekult, Hang zu Totalitarismen, Überbewertung der rationalen Erkenntnisfähigkeit des Menschen, Kult um die eigene Person, Wissenschaftsgläubigkeit und Vergötzung des Vernünftigen, die Säkularisierung alles Sakralen und die Transponierung transzendenter, mystischer Bezüge ins Profan-Politische — all das als vorgegebenes historisches Koordinatensystem oder Geflecht aus locker geknüpften Fäden; das aber, was im Raum steht, aufzugreifen und in einem Guß zusammenzuschweißen, ist die geniale Tat, mehr als Kompilation, sondern schöpferisches Wirken.

Die neuentdeckte Kategorie der Klasse, die noch kein Bewußtsein besaß, bei der es galt, in einem philosophischen Akt als Schöpfer Bewußtsein einzuhämmern, Klassenbewußtsein, das die Partei bewahrte, tradierte und reglementierte, die neue Klasse aber insgesamt als Vehikel zur Macht, wobei unter Veränderung der ökonomischen Bedingungen eine neue Gesellschaft entsteht — hier bildete sich "Kirche" im säkularisierten Sinne, Wahrheit findet sich nur innerhalb des Dogmas, alles andere ist ketzerisches Abweichen von der Reinheit der Lehre oder einfach außerhalb ihrer stehender Paganismus, der noch nicht zum Heil der Erkenntnis gelangt ist, den man daher als historisch überholt zu stuprieren berechtigt ist; denn er ist verfault, morsch und dekadent, von und vor der Geschichte verworfen. Hierin aber liegt eine jahrtausende alte Problematik Europas, das Spannungsfeld zwischen Oktroyierung, Unterwerfung unter eine Idee oder der Pluralismus von Ideen und damit die Freiheit des Denkens; beim letzteren hat die Heilserwartung von der alle Menschen einenden Kraft der einen Idee keinen Platz, da sie sich in der historischen Praxis immer als Schändung des Individuums zugunsten der zum Kollektiv gepreßten Menschheit erweist. Cui bono?

In diesem skeptischen Feld ist auch vorliegende Biographie angesiedelt, im Wissen um die Fragilität und Fragwürdigkeit menschlichen Denkens, in der Kenntnis von der Ambivalenz der Dinge: "Intoleranz als Teil der großen Theorie von der Befreiung des Menschen?" "Unrecht aus Eschatologie?" "Birgt der Versuch, Menschen zu erlösen und zu führen, nicht die Gefahr, Menschen zu dirigieren und zu brechen?" — eine Gefahr, der auch das seinen Anspruch aus transzendenter Quelle herleitende Christentum in der historischen Ausformung nicht entgangen ist, der Marxismus aber leitet seinen Anspruch aus dem erkenntnismäßig begrenzten menschlichen Denken ab. Als Frage steht daher im Raum: "Ist der Entwurf einer Utopie gleichzeitig Irrweg zur Illusion?" Die von Hegelianern und Marxisten so viel bemühte Geschichte wird es erweisen, vielleicht auch in einem anderen, wenn nicht gar apokalyptischen Sinne als es das fortschrittliche 19. Jahrhundert proklamierte: "Sollte aber einmal die kommunistische Gesellschaft sich genötigt sehn, die Produktion von Menschen ebenso zu regeln wie sie die Produktion von Dingen schon geregelt hat, so wird gerade sie und sie allein es sein, die dies ohne Schwierigkeit ausführt" (Friedrich Engels). Dies ist nicht Roman-Vision a là "Brave new

World", sondern denkbare und damit – nach kommunistischem Verständnis – machbare Möglichkeit: der manipulierte Mensch in einer total verwalteten, denaturierten und unter ideologischem Vorzeichen technokratisch manipulierten Welt.

Darin aber, daß diese Biographie über das bloße Darstellen, Bewerten, Einordnen, Analysieren in diesen Bereich radikaler Fragestellungen vordringt, geht sie über das übliche Maß, das oft auch nur Mittelmäßigkeit bedeutet, hinaus und erweist sich als groß.

(pa)

Georg von Rauch
Lenin, Grundlegung des Sowjetsystems
4., verbesserte Auflage 1977
104 Seiten, 8 Abbildungen, engl. Broschur, DM 8,80
(Reihe Persönlichkeit und Geschichte Bd. 8) (Muster-Schmidt)

Die Jahre 1917/18 sind nicht nur Schicksalsjahre für Europa, als der Zusammenbruch der Mittelmächte allmählich sich abzeichnet, sie bringen die große weltgeschichtliche Zäsur: während der Blick noch auf das Kriegsgeschehen in Europa gerichtet ist, das mit dem Eintritt der USA eine neue Dimension gewonnen hat, vollzieht sich auf der östlichen Bühne die russische Revolution, Vorstufe der geplanten, durch Marx und Engels begründeten Weltrevolution, welche die alten Ordnungen, wie auch immer strukturiert sie sind, stürzen und ein neues Zeitalter der Menschheit heraufführen soll. Die russische Oktoberrevolution, aus der die Partei der Bolschewisten mit Lenin an der Spitze siegreich hervorgeht, leitet eine neue Epoche der Weltgeschichte ein, wie wir heute wissen; mit den USA und der Sowjetunion steigen neue, außereuropäische Mächte am Horizont auf, welche das alte Europa, das im Zeitalter des Imperialismus seinen macht- und weltpolitischen Höhepunkt erreichte, an die Peripherie drängen werden; der Machtzuwachs des Britischen Empire mit der Schwächung Deutschlands ist nur ein scheinbarer, zeitverschobener, mit dem Ende des 2. Weltkriegs gerät Europa endgültig in den Griff der neuen Weltmächte und damit in deren sich bald abzeichnenden ideologischen Gegensatz.

Die Grundlagen, welche das jetzige Weltgeschehen bestimmen, werden bereits im Jahr 1917 gelegt, als insbesondere ein Mann, Wladimir Uljanow, der sich im Laufe seines revolutionären Lebens Lenin nennt, mit dem Griff nach der Macht in Rußland die Weichen der Zukunft stellt: seine entscheidende Rolle im Ablauf der bolschewistischen Revolution ist unbestritten, mögen ihm auch objektive Gegebenheiten entgegengekommen sein, die Folgen für Europa und die Welt sind auch heute noch nicht ganz übersehbar, da der revolutionäre Prozeß nach bolschewistisch-leninistischem Verständnis noch lange nicht abgeschlossen ist. Lenin, sich als "Vollstrecker der ehernen Gesetze der marxistischen Geschichtslehre" fühlend, Berufsrevolutionär mit genialen Fähigkeiten zur Massenorganisation, fanatischer Volkstribun, der skrupellos seine Ziele durchsetzte, agitationsgeschulter Verschwörer, schuf in Rußland eine neue staatliche, politische und gesellschaftliche Ordnung, die keine Kontinuität mehr zum alten Rußland aufwies, der Bruch war von einer Radikalität ohnegleichen.

Die für die Reihe "Persönlichkeit und Geschichte" geschriebene Kurzbiographie Lenins von Georg von Rauch, Professor für Osteuropäische Geschichte, ist eine brillante Zusammenfassung mit welthistorischer Einstufung und geistesgeschichtlicher Wertung des widersprüchlichen, schillernden Lebens Lenins, dessen Persönlichkeit und Wirksamkeit Umwelt und Nachwelt gleichermaßen fasziniert und abgestoßen haben. Der Autor verfolgt die wechselnden Stationen im auf politische Agitation und Verschwörung ausgerichteten Leben Lenins, Wurzeln seines Wirkens, seiner Antriebskräfte und Motivationen werden bloßgelegt, durch Zeugnisse von Zeitgenossen erhellt, die revolutionäre Tradition, aus der Lenin herkommt, dargestellt. Am Ende eines von der Idee des Umsturzes und der Weltrevolution besessenen Lebens steht die Schaffung einer neuen Ordnung in Rußland, kontrolliert und beherrscht durch eine hierarchisch strukturierte atheistische Partei mit intoleranten diktatorischen Zügen; was in der neuen Gesellschafts- und Staatslehre durchschimmert, ist der Zynismus der Leninschen Menschenverachtung, sein politischer Fanatismus und die Unerbittlichkeit seines Herrschaftsanspruches.

Wer sich mit der Grundlegung des sowjetischen Regimes und seinem Begründer auseinandersetzen will, sei dieses geistvolle, scharf analysierende zusammenfassende Werk empfohlen. (pa)

Werner Richter
Abraham Lincoln
Mensch und Staatsmann
2., völlig überarbeitete und neu bebilderte Auflage
416 Seiten mit 16 Abbildungen und einer Karte, 14,5 x 22 cm, Leinen, DM 38,– (Bruckmann)

Diese Biographie – 27 Jahre nach ihrem ersten Erscheinen neu überarbeitet vorgelegt – ist alles andere als ein wissenschaftlich trockenes Sachbuch. Sie zeichnet den Aufstieg Abraham Lincolns vom Holzfäller zum Advokaten, zum Abgeordneten und schließlich zum 16. Präsidenten der Vereinigten Staaten von Amerika in leicht verständlichem, manchmal recht blumigem, in jedem Fall aber romanhaften Stil nach.

Die Stärke des Buches liegt vor allem in der Fülle von zusammengetragenen Details auch aus der Privatsphäre und dem Alltagsleben dieses Mannes, der vielen Amerikanern noch heute als Verkörperung der besten Eigenschaften ihrer Nation gilt. Durch diese Details wird nicht nur der Staatsmann, sondern auch der Mensch Abraham Lincoln sowie seine Umwelt, die seine Handlungen prägte, klar durchschaubar.

Zwangsläufig liefert die Biographie nebenbei auch ein Bild über eine der entscheidendsten Epochen amerikanischer Geschichte: die blutigen Auseinandersetzungen im Sezessionskrieg zwischen Nord- und Südstaaten, die mit der Amtszeit Lincolns zusammenfielen. Das historische Raster bleibt dabei allerdings vielleicht etwas grob, der geschichtliche Zusammenhang vordergründig – eine Schwäche, die durch das wertende Nachwort des Münchner Amerikanisten Rüdiger Wersich ausgeglichen wird.

Der Autor – er verfaßte außerdem Biographien über Kaiser Friedrich III., den Bayernkönig Ludwig II. (ebenfalls in diesem Katalog besprochen), Kronprinz Rudolf von Österreich und über George Washington – stellt manche Mythen und Legenden über Lincoln in Frage, die viele der über 5000 englischsprachigen Veröffentlichungen über diesen Präsidenten kennzeichnen. Wersich ordnet Richter dabei eher dem konservativen Lager zu und erklärt daraus die (allerdings sehr versteckte) Parteinahme in dieser Biographie für die amerikanischen Südstaaten.

Gelungen ist die Auswahl der zeitgenössischen Abbildungen in diesem Buch. (my)

Werner Richter
Friedrich III.
Leben und Tragik des zweiten Hohenzollern-Kaisers
2. Auflage, 392 Seiten, 23 Abbildungen, davon 4 farbig, Leinen, DM 39,– (Bruckmann)

Obwohl Friedrich III. nur ca. 100 Tage lang Kaiser war, von unheilbarem Kehlkopfkrebs befallen, ist seine Biographie durchaus nicht uninteressant, da er infolge seiner liberalistischen Neigungen als Stein des Anstoßes für die berühmte Frage genommen werden kann: hätte sich das Kaiserreich nicht auch anders also so autoritär-konservativ entwickeln können, als es das unter Bismarck tat? Nur ist das Handicap dabei, daß solche Fragestellung eine Biographie dieses Hohenzollern bei weitem sprengen würde, denn weder als Kronprinz noch als Kaiser hat er irgendetwas hinterlassen, das einem Regierungsprogramm ähnlich sieht, in seinen Tagebuchaufzeichnungen finden sich ebenfalls keine prinzipiellen politischen Gedanken, seine Proklamationen bei Regierungsantritt mögen sozialpolitische Nuancen enthalten, aber eben nur Nuancen – und der Verfasser ist auch so ehrlich und behängt seinen Helden nicht mit politischen Ambitionen, die er wenigstens nicht nachweisbar gehabt hat.

Deshalb macht den Hauptreiz seiner Biographie das Persönliche an Friedrich III. aus, der als Sohn des Kronprinzen und späterer Kronprinz noch Friedrich Wilhelm hieß. Er war keinesfalls eine geniale Persönlichkeit, und an politischem Willen und Verstand wird Friedrich denn auch von seiner Gemahlin Victoria, der Tochter der berühmten englischen Königin Victoria, eindeutig übertroffen. Aber Friedrich scheint menschlich sehr sympathisch gewesen zu sein, von schlichter Gemütlichkeit, so daß er in breiten Volksschichten gut ankam, und diese Erscheinung vermittelt uns der Verfasser sehr plastisch. Das wirkt gerade deswegen glaubwürdig, weil er dabei nicht übertreibt und in den Grenzen des psychologisch Vertretbaren und auch dem Nicht-Monarchisten Erfahrbaren bleibt. Infolge seiner Einfühlungsgabe und echten Teilnahme für Friedrich, die wohl allgemein die Voraussetzung für das gedeihliche Verhältnis zwischen einem Biographen und seinem "Helden" ist, braucht der Autor auch nicht in Zitaten zu schwelgen und sich dadurch vor der Notwendigkeit zu drücken, selber Text zu liefern – dazu ist seine Phantasie zu lebhaft. Im allgemeinen waltet gewinnende Sachlichkeit. Niemand wird heroisiert, niemand verteufelt, nur Bismarck bekommt einiges an Widerwillen ab, aber das ist zumindest aus dramaturgischen Gründen in einer Biographie Friedrichs III. ja auch nicht falsch. Der Stil ist bei aller Farbigkeit und Fülle an Vokabeln (da sollten die professionellen Historiker sich mal ein Beispiel nehmen!) fast ganz ohne Kitsch, obwohl insgesamt natürlich lyrischer als eine Biographie, die erst in der Nachkriegszeit auf den Markt gekommen ist — die Erstauflage des Werkes stammt nämlich aus dem Jahr 1938. Daß für die letzten Monate Friedrichs der Kitsch sich etwas breiter macht als üblich, sei wegen der Anteilnahme des Autors verziehen. Insgesamt ist seine sorgsam komponierte Darstellung innerhalb der historischen Biographien beachtlich, die journalistische Schulung im positiven Sinne unverkennbar.

Nur hat das Buch kein übermäßiges historisch-politisches Gewicht, und das kann nicht allein mit der Persönlichkeit Friedrichs entschuldigt werden. Vielleicht hätte der Verfasser seine noble Zurückhaltung im Politisieren manchmal doch aufgeben können.

(ri)

Werner Richter
Ludwig II. König von Bayern
9. Auflage, 336 Seiten, 26 Abbildungen, davon 4 in Farbe, Format 14,8 x 22,4 cm, Cell.Pappband, DM 24,— (Bruckmann)

Eine der legendärsten Gestalten der Bayerischen Geschichte ist Ludwig II., Bayerns Märchenkönig. Kaum 18jährig, besteigt er nach dem jähen Tod seines Vaters Maximilian den Thron seines Landes, auf sein Amt nur ungenügend vorbereitet und ohne feste menschliche Stütze an seiner Seite. Sensibel und schwärmerisch veranlagt, von hohen Idealen geprägt, mit starken Neigungen für die schönen Künste gerät er immer wieder in Konflikt mit der Nüchternheit und Härte der Staatsräson. Bald schon faßt er eine tiefe Zuneigung zu Wagner und dessen Musik, die beide in seinem Leben und Denken eine nicht unwesentliche Rolle spielen. Außenpolitisch bedeutsam sind in seiner Regierungszeit Preußens Hegemonialbestrebungen unter Bismarck, deren Sogwirkung sich Ludwig II., zwischen Lethargie und Aktivität pendelnd, nur schwer entziehen kann. 1870/71 erfolgt dann auch die Eingliederung Bayerns in das Deutsche Reich mit Preußen an der Spitze.

Im Laufe seiner Regierungszeit steigert sich Ludwig II. mehr und mehr in eine Realitätsflucht hinein, die ihn auf der anderen Seite eine ihm genehme Scheinwelt schaffen läßt: es entstehen prachtvolle Bauten — Linderhof, Neuschwanstein, Herrenchiemsee —, Kulissen für eine andere, von Ludwig II. erträumte Welt, in die er immer häufiger auf Kosten seiner Staatspflichten entflieht. Als die Absonderlichkeiten seines Wesens und auch die Schuldenlasten durch seine Bauwut immer vordergründiger werden, übernimmt 1886 sein Oheim Luitpold für ihn die Regentschaft. Ludwig II. findet bald danach im Starnberger See zusammen mit seinem Betreuer von Gudden den Tod, wobei bis heute die näheren Umstände nicht aufgeklärt werden konnten. Wie so viele Ereignisse im Leben Ludwigs II. wurde auch sein Tod aus Gründen der Staatsräson der Geheimhaltung unterworfen, und gerade diese Geheimniskrämerei war Anlaß für viele Legenden, Geschichten und Sensationen um Ludwig II.

Werner Richter hat sein Buch nicht auf Legenden und Sensationen, die sich um Ludwig II. ranken, aufgebaut: Es ist eine unkomplizierte Darstellung des Lebens und Wesens Ludwigs II. und seiner Zeit, Spekulationen vermeidend. Der Autor zeichnet ein lebendiges und nachvollziehbares Bild jenes einsamen und in vielem rätselhaften Königs von Bayern. Vom modernen psychologischen Verständnis ausgehend, erscheint im Tun und Lassen des Königs vieles begreiflich, was seiner Zeit unbegreiflich bleiben mußte. Das 1939 geschriebene Buch vermittelt einen lebendigen Eindruck jenes in Bayern so beliebten Königs; es ist sachlich, faszinierend, um historische Wahrheit bemüht, leicht zu lesen. (hp)

Gerhard Ritter
Friedrich der Große
Ein historisches Profil
262 Seiten, Paperback, DM 16,80 (Athenäum-Droste)

Wer wollte es bezweifeln, daß der bekannte Historiker Gerhard Ritter sowohl zur Biographie Friedrichs des Großen als auch zum Thema "Preußen" im allgemeinen einen wichtigen, kultivierten und tiefsinnigen Beitrag leisten kann! Im vorliegenden Werk, der 3. Auflage des 1933/34 zum ersten Mal erschienenen Buches, ordnet er die Persönlichkeit Friedrichs zwanglos in die historische Tradition ein, die beginnt mit der deutschen Kleinstaaterei als dem Ergebnis jahrhundertelangen Zerbröckelns der Kaisermacht und dem französischen Vorbild des Absolutismus und die endet nach Friedrich in der Auflösung der absolutistischen Epoche durch die französische Revolution und das Zeitalter der Nationalstaaten. Diese Zusammenhänge stellt Ritter an den Anfang und ans Ende seiner Biographie; den Übergang von Friedrich Wilhelm I. zu seinem Sohn setzt er gleich mit dem Übergang von Kleinstaaterei zum Großmachtaufschwung, Persönliches und Historisch-Politisches glücklich verquickend. Man hat eigentlich nie den Eindruck, daß in diesem Buch beide Elemente falsch gewichtet werden — Ritter beherrscht eben die Kunst der verantwortungsvollen historischen Biographie.

Im Stil merkt man jedoch, daß das Werk vor 1945 geschrieben worden ist: einmal an dem lebhaft malenden und rhetorischen Stil, also an dem literarischen Darstellungsideal; zum anderen an dem Heroismus, der Friedrichs Persönlichkeit immer wieder verklärt, nicht anders, als hörte man im Hintergrund dazu den "Hohenfriedberger": "Aus dieser ängstlich-zahmen . . . Gedankenwelt . . . erhebt sich eines Tages, jäh und unvermittelt, das Genie Friedrichs mit dem unbändigen Willen zu weltgeschichtlichem Ruhm" lesen wir da, und das ist nur ein Beispiel unter vielen. Etwas Otto Gebühr ist da schon dabei, auch wenn es zutrifft, daß Ritter selbst 1934 zu intelligent war, um Friedrich zum Ahnherrn des Dritten Reichs zu machen. Seine Sache ist überhaupt die differenzierende, abwägende Betrachtung. Was ist mit Friedrichs "Militarismus"? Was hat es mit dem Vorwurf auf sich, seine Politik sei eine Kette von Rechtsbrüchen gewesen und habe in ihrer Maßlosigkeit die Wurzel gelegt zur deutschen Großmannssucht des 20. Jahrhunderts? Das gereifte Urteil des Verfassers hierüber kann uns eindrücklich belehren, daß solche Fragestellungen wohl zu plump und demagogisch sind und daß man sich in dieser Hinsicht nicht von eilfertigen Skribenten ins Bockshorn jagen lassen muß, die sich verpflichtet fühlen, zum "Preußenjahr" auch etwas von sich zu geben und dies zwecks Verkaufsträchtigkeit so aufdonnern, als könnten sie interessante Antworten auf von vornherein schief gestellte Fragen liefern. Ritter aber fragt nicht umständlich, sondern bleibt immer im Konkreten, auch wenn sein Werk sich an Faktenfülle leicht übertreffen läßt. Das gilt besonders vom Kriegsgeschehen — vielleicht sollte das mehr Raum einnehmen, da Friedrich nun einmal als genialer Feldherr gilt. Aber dem Verfasser geht es um die großen Zusammenhänge. Er versucht auch psychologisch, auf der Spur seines Helden zu bleiben. Dabei mag er der Neigung zur Idealisierung eventuell nachgeben. Immer aber sind seine Aussagen vertretbar und suggerieren gerade dadurch, daß Friedrich den Beinamen "Der Große" zu Recht getragen hat, auch durch den gepflegt panegyrischen Stil, den Ritter so gekonnt einsetzt, daß er überzeugend wirkt.

Der Verfasser malt aber auch aus, wie Friedrich im 7jährigen Krieg seine Verzweiflung bannt, indem er sie in französische Verse faßt. Das hat jedenfalls den Vorteil, daß uns Friedrich als Mensch nahegebracht wird und daß seine Persönlichkeit im Maße bleibt, ebenso wie seine Politik. So sieht man eine der populärsten Gestalten der Geschichte auf ansprechende Weise entdämonisiert.

Das Preußenjahr 1981 hat keine Publikation von soviel Geist, Stil und historischer Urteilskraft hervorgebracht, wie es diese Biographie aus dem Jahr 1934 ist! (ri)

Fernand Salentiny
Soliman der Prächtige
240 Seiten, 16 Abbildungen, Leinen, mit farbigem Schutzumschlag, DM 28,— (Ludwig)

Kernland der Osmanen ist Anatolien, jenes Gebiet, das seit altersher von großen Völkerstraßen durchzogen ist. Hier begründete im 11. Jahrhundert Osman I. das Herrscherhaus der Osmanen, das sich durch tatkräftige Eroberungspolitik über die anderen Herrschaftsbereiche rund um das osmanische Urgebiet die Führung sicherte und zum Großreich aufzusteigen vermochte. Einer seiner schillerndsten Herrscherpersönlichkeiten war Soliman II., auch der Prächtige oder der Gesetzgebende genannt (6.11.1494 - 6.9.1566), ein ebenso feinsinniger, kulturellen Dingen aufgeschlossener, wie auch staats- und machtpolitisch denkender Mensch. Von seinen Vorfahren übernahm er ein mächtiges, konsolidiertes Reich. Byzanz und mit ihm das griechische Christentum waren gefallen, das Osmanische Reich war ein europäischer Machtfaktor geworden und hat das politische Leben in Europa tief beeinflußt, darüber hinaus schlossen sich nun Islam und katholisches Christentum ohne Pufferzone nahtlos aneinander. Die Uneinigkeit des Abendlandes ausnützend, verstand es Soliman, seinen Herrschaftsbereich bis nach Ungarn auszudehnen und das östliche Mittelmeer für sich zu gewinnen. Er erwies sich in den Kriegen als kluger, vorausschauender Politiker, der sich seiner führenden Rolle als islamischer Herrscher gegenüber dem Christentum durchaus bewußt war, wenngleich der geistig-religiöse Faktor auf seiner Seite hinter dem machtpolitischen Wollen zurückstand.

Die tradierte europäische Geschichtsschreibung sieht den Ursprung für die Türkenkriege des 16. Jahrhunderts in der Expansionspolitik Solimans, dem Salentiny widerspricht, indem er das Abendland, insbesondere Karl V., für den Ausbruch der Feindseligkeiten verantwortlich macht. Er zeichnet – in seinem Vorwort als Ziel des Buches angekündigt – Soliman als toleranten, keineswegs christenfeindlichen Herrscher, der den Weg einer friedlichen Koexistenz zwischen Abend- und Morgenland, zwischen Islam und Christentum zu gehen bereit war. Dies sind Hypothesen, die sicherlich nicht ohne Widerspruch hingenommen werden, zumal die Untermauerung der Prämissen nicht befriedigend und ohne konsequenten Beweisaufbau geführt wird. Ohne Zweifel erlaubte Soliman Andersgläubigen, Griechen, Armeniern und Christen freie Religionsausübung und weitgehende Berufsfreiheit und folgte damit ganz osmanischer Tradition: Andersgläubige wie auch die Bewohner der unterworfenen Länder zählten zur "Herde" (Raja), und ihre Aufgabe war es, nützlich zu sein, zu arbeiten, zu zahlen (Steuern) und zu schweigen. Es war die Toleranz des Potentaten, denn wer in irgendeiner Weise gegen seine Aufgabe verstieß, wurde evakuiert oder auf grausame Weise liquidiert. Die osmanische (begrenzte) Toleranz, wie sie auch Soliman ausübte, wird wohl kaum als Beweis für ein Laissez-faire-vivre für jedermann im Osmanischen Reich unter Soliman ausreichen und dessen Friedfertigkeit und Nicht-Christenfeindlichkeit kaum untermauern.

Obgleich das Buch – wie vom Autor im Vorwort angekündigt – zum Ziel hat, ein neues Bild Solimans zu geben, konzentriert sich die Biographie nicht konsequent auf die aufgeworfenen Thesen, sondern gibt, über eine Lebensbeschreibung Solimans hinausgehend, einen für breite Kreise gut lesbaren historischen Abriß der osmanischen Geschichte bis zur Herrschaft Solimans; gesellschaftliche, staatliche und kulturelle Bereiche werden mitbehandelt. Die neuartigen Hypothesen des Autors – er ist Professor für allgemeine Geschichte an der Universität Luxemburg – sind gewissermaßen als Würzung der Biographie beigegeben und regen sicherlich zur Diskussion oder auch Vertiefung der Thematik an. (hp)

Wilhelm von Schramm
Clausewitz – Leben und Werk
612 Seiten mit zahlreichen Abbildungen auf Tafeln und Karten im Text, Leinen, Sonderausgabe DM 25,– (Bechtle)

Das Buch ist die bis jetzt umfangreichste und gründlichste Clausewitz-Biographie auf dem Markt. Sie ist in allen Passagen flüssig und lesbar und entwirft insgesamt ein Panorama vom Leben des großen Kriegstheoretikers, wie es seinem geistigen Rang angemessen ist. Denn er hatte nicht nur Umgang mit Scharnhorst, Gneisenau und anderen militärischen Kapazitäten, sondern war auch zeit seines Lebens politisch, philosophisch, literarisch, mathematisch und naturwissenschaftlich interessiert. Also schon fast ein "uomo universale", und entsprechenden **Rang** hat sein Hauptwerk "Vom Kriege".

Man täusche sich aber nicht: der Autor stellt dieses Hauptwerk nicht etwa vor, sondern setzt seine **Kenntnis** halbwegs voraus, wohl als Anregung für den Leser, sich auch einmal mit Clausewitz' "Vom Kriege" zu befassen. Dazu kann man ihm nur Glück wünschen, denn da die Beschäftigung mit strategischem Denken in der Bundesrepublik niemals Mode war und in den gegenwärtigen Jahren es schon überhaupt nicht ist, kann Clausewitz nur als "großer Preuße" verkauft werden, etwa im Zusammenhang mit der Preußen-Welle, aber nicht mehr als Vorbild des Kriegsdenkens. Sein Grundsatz, den Krieg der Politik unterzuordnen, ist ja in unserem Jahrhundert immer mehr außer Acht gelassen worden, zuerst von den deutschen Landsleuten während der beiden Weltkriege, wie Schramm im letzten Kapitel seines Werkes mehr skizziert als gründlich ausführt. Das militärische Denken droht das politische laufend zu ersticken, und nicht nur, weil Clausewitz' Hauptwerk, die Anregung zu einer verantwortlichen Verbindung von beidem, nach Schlieffens Worten "eine philosophierende Betrachtungsweise hat, die den heutigen Leser nicht immer anmutet", sondern weil Ludendorffs Ausführungen von 1935 zum Volkskrieg, der sich die Politik unterwirft, eben nicht auf das damalige Dritte Reich beschränkt sind, sondern auch heute noch die Politik faktisch dominieren. Lenin und sein weiterer Schüler Mao haben dazu für die kommunistische Welt ihren Teil beigetragen, indem sie nicht nur Hegel auf den Kopf gestellt ließen, sondern auch dessen geistigen Verwandten Clausewitz mit viel Erfolg auf den Kopf stellten. Fügen wir noch hinzu, daß die Argumente der gegenwärtigen Friedensapostel sicherlich nicht dazu geeignet sind, den "Primat der Politik" überzeugend neu zu begründen, dann verbleibt das Interesse an einer Clausewitz-Biographie im Historischen. Vielleicht liegt das (in Berücksichtigung des Zitats von Schlieffen) wirklich daran, daß Clausewitz von Hegels Stil geborgt hat und einen Stil von hohem Abstraktionsgrad pflegt, daß seine nun tatsächlich klassische Weisheit sich mit einem derartigen Panzer umgeben hat, der ihr auch unter interessierten Lesern keine Breitenwirkung mehr gönnt. Daran kann allerdings auch Schramms Biographie nichts ändern. Sie kann nur das Heranreifen einzelner Punkte von Clausewitz' Erkenntnis illustrieren. Es wird jedoch eindrucksvoll herausgearbeitet, welch eine geistig reiche Welt das Preußen der napoleonischen und unmittelbar nachfolgenden Ära war. Die vielen Zitate aus Briefen und anderen Schriften Clausewitz' erfüllen diese Einsicht (deren Auffrischung nötig sein dürfte) mit plastischem Leben.

Damit ist das Buch bei weitem nicht nur für Militärs empfehlenswert, sondern auch für einen sehr breiten Kreis historisch interessierter Leser. Es tut der Popularisierung von Clausewitz gut, daß der Autor ihn mit viel Respekt und ebensoviel Anteilnahme porträtiert. Wer nun etwas Sinn für das Lebendige in der Geschichte hat, wird sich durch den Umfang des Buches nicht abschrecken lassen.

Aber Vorsicht vor der Karte "Europa 1815 nach dem Wiener Kongreß"! Sie strotzt vor Fehlern! (ri)

Wilhelm Schüssler
Wilhelm II.
Schicksal und Schuld
3. Auflage 1970, 151 Seiten, engl. Broschur, DM 10,80 (Muster-Schmidt)
(Reihe Persönlichkeit und Geschichte Bd. 26/27)

Die Gestalt Kaiser Wilhelms II. bleibt unauslöschlich mit der Tragödie des Ersten Weltkrieges verbunden. Wie groß war sein persönlicher Anteil an Schuld an dessen Ausbruch? Was war das für ein Mann, der das deutsche Volk im ersten Jahrzehnt des 20. Jahrhunderts erstmals an den Abgrund führte? Antworten auf diese Fragen gibt Wilhelm Schüssler in seiner Biographie über den letzten deutschen Kaiser. Die Entstehung des Ersten Weltkrieges erscheint hier in einem anderen, unüblichen Licht. Sie wird mit den Augen des Kaisers und seiner direkten Umgebung gesehen, ebenso der Verlauf des Krieges und das Ende der Monarchie in Deutschland. Insofern ist es eine politisch-historische Biographie. Der Mensch Wilhelm tritt nur dort in Erscheinung, wo er zur Erhellung der politischen Entscheidungen des Kaisers Wilhelm beiträgt. Kind und Kaiser etwa werden auch dort verwoben, wo es eigentlich nur um die Kindheit geht. Gerade aber dadurch wird die Biographie ein wichtiger Beitrag zur neueren deutschen Geschichte, zeigt sie doch auch die seelische Entwicklung eines Mannes, der eigentlich für den Frieden war und in letzter Verantwortung Millionen Menschen in den Tod trieb.

Die Frage nach Schicksal und Schuld nimmt dabei einen breiten Raum in der Darstellung des Lebensbildes ein. Ihr ist nicht nur ein ganzes Kapitel gewidmet. Sie scheint in jeder Zeile des Werkes durch. Doch der Autor macht es sich dabei nicht leicht mit seinem Kaiser. Er sucht nicht nur ihn, sondern auch sein Elternhaus, seine Umgebung, seine Berater, Minister und Generäle mit in die Betrachtung einzubeziehen: Kaiser Wilhelm II., ein Produkt seines sozialen Umfeldes. Dazu aber gehört auch das Volk. So überrascht die Endaussage keineswegs: "Und so ist zu sagen: die Verantwortung für das, was geschah, ist zwischen Kaiser und Volk geteilt. Schuld und Schicksal! Wer könnte sich vermessen, beide zu sondern? ..."

Die Weichen freilich stellte der Kaiser. Wilhelm Schüssler zeigt immer wieder auf, wo er sie hätte anders stellen können, weshalb er sie so stellte oder stellen ließ. Er läßt seinen Kaiser sprechen und die Geschichte. Sie vor allem. Wer Haupt- und Staatsaktionen nicht liebt, der sollte nach dieser Biographie greifen. Sie vermittelt die Einsicht, daß auch Haupt- und Staatsaktionen von Menschen gemacht werden − oftmals ohne genaues Wissen, wie das Stück endet. Über den Ausgang unter Kaiser Wilhelm wissen wir heute sehr viel. Nach der Lektüre der Biographie kennen wir auch die politische Person Kaiser Wilhelm II. besser als zuvor. (wi)

Gustav Sichelschmidt
Große Preußen
Zwölf biographische Skizzen
256 Seiten, 12 Tafeln, geb. mit Schutzumschlag, DM 29,80 (Türmer)

Gustav Sichelschmidts biographische Skizzen über "Große Preußen" sind eine interessante Ergänzung, in gewissem Sinn sogar Alternative zur allgemeinen Flut von Literatur über Preußen und das Preußentum. Durch die Auswahl der skizzierten Persönlichkeiten gelingt es, ein abgerundetes und für sich überzeugendes Bild vom "Preußengeist" aufzuzeichnen. Dargestellt werden, wenn auch jeweils nur in knapper Form, König Friedrich Wilhelm II., Gerhard von Scharnhorst, Ludwig Graf Yorck von Wartenburg, August Graf Neidhardt von Gneisenau, Gottfried Schadow, Ernst Moritz Arndt, Heinrich von Kleist, Friedrich August Ludwig von der Marwitz, Helmuth von Moltke, Adolf Menzel, Theodor Fontane sowie Alfred Graf Schlieffen.

Absicht des Verfassers ist es laut Klappentext des Verlages, mit Entschiedenheit "einer Verfälschung der Preußenlegende und damit einer Denkmalsdemontage" entgegenzuwirken, "die im Sinn einer falsch verstandenen Liberalität einen selbstzerstörerischen nationalen Masochismus betreibt und uns unserer letzten Idole zu berauben versucht". Damit ist der politische Standort klar abgesteckt: Im Sinne eines kompromißlosen Konservativismus wendet sich Sichelschmidt gegen die "publizistischen Meuchelmörder", die jene Vorbilder, welche Kants "kategorischen Imperativ vorlebten", auf das Abstellgleis der Geschichte schieben und sie zu Unpersonen erklären wollen.

Aus dem genannten Blickwinkel heraus entwirft der Autor in sich schlüssige Portraits der genannten Repräsentanten Preußens aus den verschiedensten politischen und kulturellen Umfeldern. Die analytische Treffsicherheit der biographischen Skizzen rechtfertigt dabei die relative Kürze der einzelnen Abschnitte und ist die eigentliche Stärke des Buches.

Der Text ist flüssig geschrieben und entbehrt nicht der erzählerischen Spannung. Das Buch ist somit einem breiteren Publikum zugänglich, dem es nicht so sehr etwa auf die Bewertung und auf die Frage nach der Herkunft der zahllosen zitierten Quellen ankommt.

(my)

Hedrick Smith
Ronald Reagan — Weltmacht am Wendepunkt
Aus dem amerikanischen Englisch übersetzt von G. Deckert. 304 Seiten, 16 Abbildungen, Leinen mit Schutzumschlag, DM 29,80 (Druffel)

Seit dem Eintritt der Vereinigten Staaten von Amerika in den Ersten Weltkrieg ist das Schicksal Europas und insbesondere das Deutschlands mit dem der USA verknüpft; diese Tatsache wurde in der europäischen Politik lange Zeit nie so richtig begriffen, für das Deutsche Reich und die Deutschen endeten die Versuche gegen Amerika in totalen Niederlagen und der zäsurhaften Katastrophe von 1945. Unter diesem Blickwinkel ist es für Deutschland immer bedeutungsvoll, die Entwicklung in den Vereinigten Staaten im Auge zu behalten.

In einem erdrutschartigen Wahlsieg gewann der republikanische Kandidat Ronald Reagan den Kampf um die amerikanische Präsidentschaft am 4. November 1980 und löste damit die zuletzt immer glückloser operierende Carter-Administration ab, zugleich schien der Sieg Reagans eine neue Ära amerikanischer Politik einzuleiten: Reagan verkündete eine Wiedererstarkung der amerikanischen Macht. All das mußte das Augenmerk Europas und der Welt wieder verstärkt auf die westliche Führungsmacht lenken.

Das vorliegende Buch, geschrieben von "Kennern der amerikanischen Szene" und herausgegeben von Hedrick Smith, Pulitzer-Preisträger, will ein erstes Bild des einstigen Hollywood-Filmschauspielers und späteren Gouverneurs des größten amerikanischen Bundesstaates Kalifornien Ronald Reagan geben, der als 40. Präsident der USA eine Gegenrevolution konservativen Zuschnitts und eine Ära nationaler Erneuerung angesichts nationaler Verzweiflug und von nationalem Zynismus hervorbringen möchte. Gegensätzlich zu Europa ist der Begriff "konservativ" in den USA dabei völlig anders in der politischen Tradition verankert und erweckt in weiten Teilen der amerikanischen Bevölkerung nicht die Assoziationen, wie sie dem europäischen Konservativismus — berechtigt oder unberechtigt — seit dem Zusammenbruch der napoleonischen Herrschaft im politischen Kampf von den jeweiligen Gegnern als Klassifizierungen untergeschoben zu werden pflegten: der Konservativismus als Hort der Restauration und Reaktion, repressive und rückschrittliche Erscheinung, welche alle fortschrittlichen Kräfte zu unterdrücken versuche. Allerdings erzwingt das Hervorbringen totalitärer Herrschaftssysteme mit bakuninschen oder inhumanen Grundzügen in den Revolutionen durch die sich als progressiv einstufenden Kräfte (was manches Gedankengut zur bloßen Utopie angesichts der politischen Praxis und Realität herabsinken läßt) zu einem allmählichen Überdenken der geistigen Positionen: der Anspruch des Konservativismus auf Bewahrung und Eingliederung des Überlieferten in das Neue (Evolution statt Revolution) wird nicht unbedingt mehr als in Bausch und Bogen zu verdammendes restauratives, eine Herrschaftsklasse absicherndes Denken verstanden außer von den politischen Gegnern; es wird begriffen, daß die Zertrümmerung alter Ordnungen für die Menschheitsentwicklung insgesamt nicht immer der einzig mögliche positive, progressive Aspekt sein muß. Zweifelsohne bedeutet die Stärkung des konservativen Standpunktes in den USA eine Vertiefung der ideologischen Kluft zwischen den Vereinigten Staaten und der UdSSR, welche sich in ihrem Selbstverständnis als Wegbereiter der Weltrevolution begreift. Es ist dabei verständlich, daß sich eine Weltmacht wie die USA nicht von vornherein in das Lager des historischen Verlierers, wie es der Marxismus-Leninismus propagiert, abdrängen lassen will; denn zweifelsohne gehören bestimmte Axiome der sowjetischen Außenpolitik, die sich aus der Ideologie herleiten, trotz aller lautstark verkündeten Gesetzlichkeit, die sich wissenschaftlich begründen lasse (die Geschichte kennt jedoch nur bedingt zwingende Determinanten), weniger in das Feld rationalen Wissens als mehr in die Sphäre ideologischer Glaubensthesen mit charismatischem Anstrich.

Die Studie über den neuen amerikanischen Präsidenten, der einen Standpunkt der Stärke gegenüber der Sowjetunion vertritt, gibt eine erste Darstellung und Analyse von dessen Leben und Aufstieg, seinem politischen Werdegang, seinen Absichten und Zielen, seinen wirtschafts- und verteidigungspolitischen Vorstellungen, seinem politischen Weltbild und seinen außenpolitischen Zielen. Das Buch trägt deutlich eine journalistische Handschrift, infolge der Beteiligung mehrerer Verfasser waren gewisse Überschneidungen, Wiederholungen und Längen unvermeidbar, Schwächen der Darstellung rühren auch daher, daß man das Buch rechtzeitig zum Wahlsieg herausbringen wollte. Andererseits liegt mit diesem Werk ein erstes Buch über den neuen amerikanischen Präsidenten vor, der der amerikanischen Innen- und Außenpolitik einen neuen Stempel aufdrücken will, was sicherlich auch Auswirkungen auf die Politik der Verbündeten haben wird. Wer erste Informationen sucht, um die neue amerikanische Politik, ihre Grundlagen, Leitmotive und Zielsetzungen, zu verstehen, wird zu diesem Buch greifen, das bereits in 2. Auflage vorliegt. Weiterweisende Analysen über die ersten Amtsjahre Reagans und die Durchsetzung seiner politischen Zielvorstellungen muß dann neuen Editionen vorbehalten bleiben.

(pa)

Karl Springenschmid
Die Gaismair Saga
Lebensbild eines Revolutionärs
286 Seiten, 1 Karte, 1 Faksimile, Leinen mit farbigem Schutzumschlag, DM 39,– (Stocker)

Michael Gaismair wieder lebendig werden zu lassen, der als Führer im Tiroler Bauernkrieg von 1525 nach dem Vorbild des Schweizer Reformators Zwingli durch eine "Tiroler Landesordnung" einen Bauernstaat aufzurichten versuchte – dies ist das Anliegen, das sich Karl Springenschmid als Lebensaufgabe gestellt und in diesem Buch verwirklicht hat. Der Autor, der als Lehrer in Salzburger Bergdörfern seine schriftstellerische Laufbahn begann, wählte dazu die strikte Romanform.

Das Werk, das nach jahrzehntelanger Auseinandersetzung mit dem Thema entstand, versucht sich nicht an einer analytischen Betrachtungsweise, sondern läßt eine starke Identifikation des Autors mit seinem Titelhelden spüren. Der "geächtete, verfemte, verkannte" Michael Gaismair war – so schreibt Springenschmid selbst in einem Nachwort – das Ideal seiner Jugend gewesen.

Die "Gaismair Saga" kann somit nicht und will sicherlich auch nicht den Anspruch auf Wissenschaftlichkeit erheben, zeichnet aber dennoch authentisch das Bild einer der schillerndsten Gestalten seiner Zeit und der Tiroler Geschichte überhaupt nach: Gaismair wollte – als beharrlicher Gegner der Habsburger – in einer Zeit gewaltiger geistiger, religiöser, sozialer und politischer Spannungen sozusagen "die Welt aus den Angeln heben". Der Verfasser sieht in ihm allerdings nicht – wie verschiedene Forscher – einen "Frühsozialisten", sondern ordnet ihm eine elementar christlich-revolutionäre Gesinnung zu. Das Buch ist – das muß bei der Lektüre berücksichtigt werden – Ausdruck eines starken Tiroler Nationalbewußtseins und bekennt sich auch mehr oder weniger zu einer nationalen Zielsetzung.

Der Stil des Buches muß Geschmackssache bleiben. Er ordnet sich am ehesten ein in die Tradition einer bodenständigen Heimatliteratur, die durchaus heute noch Leserkreise fesselt. (my)

Henry Valloton
Maria Theresia
Die Frau, die ein Weltreich regierte
320 Seiten, 24 Seiten Abbildungen, Leinen, DM 29,80 (Nymphenburger)

Der Untertitel "Die Frau, die ein Weltreich regierte" darf nicht zu der Annahme verleiten, hier würde in großen zusammenhängenden Bögen Geschichte geschrieben. Natürlich geht der Autor auch ausführlich auf die historischen Ereignisse ein, die die Regierung Maria Theresias beeinflußten und die sie selber auch entscheidend mitformte; aber seine Ausführungen dazu machen oftmals doch den Eindruck, als beruhten sie auf ziemlich lustloser Recherche. Wichtigste Haupt- und Staatsaktionen werden recht kurz und nicht immer in der gebotenen logischen Reihenfolge abgehandelt. Einzelheiten, bei denen es sich allerdings um Kleinigkeiten handelt, sind manchmal falsch oder in schiefem Sinne referiert. Man erkennt so, daß das ganze Welttheater des 18. Jahrhunderts dem Verfasser eigentlich nur als Hintergrund dient für seine Hauptfigur.

Damit ist er dem Dilemma historischer Biographie aufgesessen, das darin besteht, das richtige Verhältnis zwischen dem Allgemeinen der Zeitverhältnisse und dem Besonderen der dargestellten Persönlichkeit zu finden, bzw. klarzulegen, wieweit es der Persönlichkeit gelungen ist, sich selber zum Zeitumstand zu machen. Es erstaunt daher nicht, daß eines der wichtigsten Ereignisse der Regierung der Kaiserin, die innere Reform des Staates, recht summarisch abgehandelt wird. Vielleicht wäre es notwendig gewesen, Maria Theresia in ihrer politischen Klugheit eingehender zu porträtieren. Denn ihre Eigenschaften als Ehefrau und Mutter sind schon aus sehr vielen Veröffentlichungen bekannt. Insofern kann der Autor nichts bieten, was nicht schon vielfältig berichtet worden wäre.

Er bietet es aber in flüssigem Stil, der von einer gewissen Noblesse zeugt, die es verschmäht, die Anekdoten um Maria Theresia zu einem wahllosen Habsburger-Panoptikum ausarten zu lassen. Leider führt diese Noblesse auch dazu, daß die Darstellung nicht so dramatisch ist, wie sie das durchaus sein könnte, etwa beim Regierungsantritt der Königin. Die fehlende Dramatik wird von des Autors warmherziger Parteinahme für die Kaiserin nicht vollständig aufgewogen. Zudem dürfte ihn die Parteinahme nicht dazu verführen, aus dem historischen Kontext zu fallen, etwa wenn er die Hartnäckigkeit Maria Theresias bezüglich der Wiedergewinnung Schlesiens damit erklärt, daß dem Raub dieser Provinz durch Preußen weitere Räubereien gefolgt wären; das taten sie ja nicht, hier irrte die Kaiserin. Auch wird diese Behauptung im Rahmen der allgemeinen Unlust des Autors, auf politische Tendenzen mehr als minimal erforderlich einzugehen, nicht diskutiert. Die Befürchtungen des

Habsburgerstaates, auf diese Weise aus Deutschland allmählich hinausgedrängt zu werden, gelten noch nicht für das 18. Jahrhundert! Hier macht sich der Autor eines Anachronismus schuldig.

Es ist wohl eher ein wirkungsvoller Schluß als eine sachlich herzuleitende Aussage, wenn Vallotton die Kaiserin auf ihrem Sterbelager zu "Maria Theresia der Großen" erhebt. Aber was tut's — eben das letzte Kapitel mit dem Tod der Kaiserin zeigt des Autors Fähigkeit, geschmackvolle und auch gemütvolle Interieurs zu zeichnen, in einem recht vorteilhaften Lichte — und auch seinen Fleiß im Zusammentragen der einschlägigen zeitgenössischen Quellen.

(ri)

Henry Vallotton
Metternich — Napoleons großer Gegenspieler
368 Seiten, 10 Abbildungen, Leinen mit farbigem Schutzumschlag, Sonderausgabe, DM 19,80 (Nymphenburger)

Als Genie der Diplomatie und der Staatskunst ist Klemens Fürst Metternich (1773 - 1859) in die Geschichte eingegangen. Er agierte auf einer politischen Bühne, die reich war an umwälzenden Ereignissen, und er verstand es immer, politisch die Fäden in der Hand zu behalten und Österreich eine dominierende Rolle im Kräftespiel Europas zu erhalten. Metternich war eine umstrittene Persönlichkeit, von seinen Freunden mit allen vorzüglichen Prädikaten bedacht, von seinen Feinden geschmäht. Zu bewerten ist er vor dem Hintergrund seiner Zeit, die durch die Französische Revolution zu einer revolutionären Ära wurde, in der Metternich sich zur Bewahrung, zur Restauration berufen fühlte, womit er sich in Gegensatz zu allen fortschrittlich denkenden Zeitgenossen brachte, deren Beurteilung durch ihren gegensätzlichen Standpunkt bestimmt wurde. Unbestritten gilt er als Meister der diplomatischen Kunst. Er agierte ebenso geschickt mit Napoleon für Österreich, wie er später gegen den großen Korsen im Endkampf Europas gegen Frankreich arbeitete, wobei er sich auch hier die diplomatische Führung sicherte. Bei der Neuordnung Europas auf dem Wiener Kongreß 1815 hatte er eine maßgebliche Stimme und erreichte für Österreich die Vormachtstellung im Deutschen Bund. Die politische Ordnung, wie sie 1815 ausgehandelt wurde, war Ziel seiner Bewahrungspolitik, und er wurde zum Unterdrücker jeglicher revolutionären Bewegung, was letztlich mit die Revolution von 1848 heraufbeschwor und zu seinem Sturz führte. Metternich zählt zu den großen Staatsmännern, und seine Tragik liegt darin, daß er Repräsentant eines sterbenden Zeitalters war, das Ancien Régime.

In der Biographie Metternichs von Henry Vallotton wird mit einer Fülle von historischem Material aufgewartet. Die durch die Wissenschaft erarbeiteten Fakten sind für den Laien in eine leicht lesbare Form gebracht worden, flüssig im Stil und einprägsam durch die Darstellungsweise, die durch Zitate von Zeitgenossen, Freunden und Feinden verlebendigt wird und von Metternich als politischem wie auch als privatem Menschen ein abgerundetes Bild ergibt. Geschildert wird Metternich vor dem Hintergrund seiner Epoche, somit werden historische Zusammenhänge ebenso gegeben wie eine Darstellung des Ancien Régime. Das Buch ist die populäre Aufarbeitung der Lebensgeschichte eines großen Mannes und seiner Zeit, die Darstellung tieferer Probleme, wie sie die Aufhellung einer Epoche immer mit sich bringt, ist vermieden worden, ohne daß jedoch die Vereinfachung ein historisches Zerrbild bedingt hätte. Durch die Fülle der angebotenen Fakten ist es ein für den Laien äußerst informatives Buch, das zum Kennenlernen Metternichs und seiner Zeit als auch zum Wiederauffrischen von historischem Wissen geeignet ist. (hp)

Philipp Vandenberg
Nero
Kaiser und Gott, Künstler und Narr
376 Seiten mit 15 Farbfotos und 31 S/W-Fotos, DM 36,– (Bertelsmann)

Der Erfolg Philipp Vandenbergs als Bestsellerautor im Bereich der Archäologie und Geschichte liegt zweifelsohne in seinem schillernden, fast schon reißerischen Sprachstil: seine 1981 erschienene Biographie über den römischen Kaiser Nero (zugleich "Kaiser und Gott, Künstler und Narr", wie es im Untertitel heißt) ist im Grunde nichts anderes als ein fesselnder Roman. Vandenberg versteht es dabei, das Quellenwissen über diesen vielleicht ungewöhnlichsten Herrscher im alten Rom mit dichterischen Elementen gekonnt zu mischen – wodurch bisweilen auch Details, die nicht verbürgt sind, als authentische Tatsachen erscheinen.

Vandenbergs Buch zeigt, daß Geschichte nicht eine trockene Wissenschaft sein muß, und es zählt zu jenen, die Geschichte auch einem breiteren Leserpublikum zugänglich und attraktiv machen. Trotz mancher Vorbehalte, die vom wissenschaftlichen Standpunkt aus erhoben werden müssen, vermittelt das Buch auch treffsicher Hintergründe der politischen Phänomene und des Alltagsverhaltens in der Epoche Neros: es zeigt beispielsweise den Stellenwert von öffentlichen Spielen und Vergnügungen als "Ablenkung" von der Politik und die Voraussetzungen für den Zulauf zum Christentum, das gerade die Armen, Unterdrückten und Rechtlosen durch die Verheißung eines besseren Jenseits anzog. Insgesamt handelt es sich um das aufregende Kollossalgemälde eines Roms der Massen und einer (nach heutigen Maßstäben) sittenlosen Herrscherschicht.

Einer der Höhepunkte des Buches ist zweifelsohne der Abschnitt über den Brand Roms im Jahre 64 n. Chr., wobei Vandenberg nachzuweisen versucht, daß Nero zu Unrecht der Brandstiftung bezichtigt wurde und diese Tat ("die Lieblingsszene effektbesessener Hollywood-Regisseure") eine unhaltbare Legende sei. Trotz einer detaillierten Quellendiskussion zu diesem Punkt erscheint dies als der schwächste Abschnitt des Bandes.

Das Buch ist auch in seiner Aufmachung und vom verwendeten Bildmaterial her sehr ansprechend. (my)

Wolfgang Venohr
Fritz der König
Leben und Abenteuer Friedrichs des Großen mit Bildern von Adolph von Menzel
224 Seiten, 1 Karte, 216 s/w-Abbildungen nach Stichen von Adolph von Menzel, Kt., DM 22,– (Lübbe)

Zum Preußenjahr 1981 hatte der Historiker und Fernsehjournalist Wolfgang Venohr eine amüsante Idee. Das Leben des berühmtesten Preußen des 18. Jahrhunderts, dargestellt anhand der Bilder eines der berühmtesten Maler des 19. Jahrhunderts, Adolph von Menzel, zu schildern und diese Zeichnungen von einem bekannten Fernsehmann des 20. Jahrhunderts kommentieren zu lassen.

"Dies ist die Bildergeschichte vom jungen und alten Fritz, dem größten König Preußens. Es ist eine Abenteuergeschichte: spannend, kurios und bewegend vom ersten und letzten Augenblick." So leitet Venohr den Band ein. In der Tat hat er die bemerkenswertesten Holzschnitte und Zeichnungen Menzels zusammengetragen. Menzel wollte "den Fürsten darstellen, den die Fürsten haßten und die Völker verehrten ... mit einem Wort: den Alten Fritz, wie er im Volke lebt." Hinzuzufügen wäre, wie der Mann, den man inzwischen Friedrich den Großen nennt, in Teilen des deutschen Volkes des 19. Jahrhunderts lebt. Denn zu Menzels Zeiten umhüllt den alten Fritz schon ein Glorienschein, den seine Untertanen an ihrem Friedrich noch nicht so sahen. Venohr hat zu den Bildern einige Sprechblasen erfunden, sie zurückhaltend kommentiert. Manchmal übernimmt er, vom Schwung der Menzelschen Bilder getragen, Friedrich-Legenden, manchmal weist er die Überzeichnungen des Preußenkönigs im Text zurück. Venohr hatte aber sicher nicht die Absicht, einen tiefschürfenden Beitrag zu leisten, sondern eher ein Buch im Reportagestil mit Adolph von Menzel als Photograph. Man blättert gern in dem Band, freut sich an den Details der Zeichnungen und schmunzelt über irgendeine Anekdote. Um mit dem Autor zu sprechen: Es ist ein "Lebensbild entstanden; ein Leben in Bildern also, das des Anschauens wert ist ... einem jeden Leser zur Freude und Unterhaltung, zu Nutz und Frommen." (pe)

Tyler Whittle
Kaiser Wilhelm II.
416 Seiten, 28 Abbildungen, geb. mit Schutzumschlag, DM 46,– (List)

Nur im Lied wollten die Deutschen ihren alten Kaiser Wilhelm wieder haben. In Wirklichkeit fanden die Nachkriegsgenerationen kein rechtes Verhältnis zum letzten deutschen Kaiser. Was von seinem Bild im Bewußtsein blieb, das waren wenige, grotesk anmutende Züge: Sein Uniformspleen, schneidige Reden mit ungeschickten Worten von den Deutschen als "Hunnen" oder "vom Platz an der Sonne". Für die Konservativen wurde er der Mann, der den Lotsen Bismarck von Bord jagte, und die, die gleich ihm Verantwortung im Kaiserreich trugen, stempelten ihn in ihren Memoiren nur allzugern zum Sündenbock. Ja, die jüngste deutsche Historikergeneration glaubte gar, das Kaiserreich, den Wilhelminismus ohne

Wilhelm untersuchen zu können.

Solcher Entwicklung steuert die Biographie des englischen Publizisten Tyler Whittle erfreulicherweise entgegen. Er versucht, der Person Wilhelms Gerechtigkeit widerfahren zu lassen. Dabei geht es ihm nicht darum, die unverkennbaren Schwächen des Kaisers wegzudiskutieren, sondern sie zu erklären. Fast die Hälfte des Buches schildert die Entwicklung Wilhelms bis zur Thronbesteigung. Frei von Schuldzuweisungen stellt der Autor die oft fürchterlichen Erziehungsmethoden dar, die großen Schwierigkeiten des Kindes und jungen Mannes mit Eltern und Großeltern. Gleichzeitig zeigt Whittle aber, was dieser Wilhelm auch war: ein geistreicher Mensch mit rascher Auffassungsgabe, ja manchmal bestechenden politischen Ideen, hilfsbereit, liebenswürdig bis liebenswert. Hier liegt die große Stärke des Buches. Der Autor arbeitet eine bisher unbekannte Fülle von Material und Details auf und baut sie in ein einfühlsames, psychologisches Gesamtbild ein in einem Maße, das auch für einen Fachhistoriker beispielhaft sein kann.

Auch die Darstellung der Regierungszeit Wilhelms ist voll von genauen Beobachtungen und Details. Der Kaiser wird als ein Mann dargestellt, der das beste wollte, was aber durch Bürokratie und schlechte Ratgeber verhindert wurde. Hier wird das Bild manchmal schief, zu positiv. Es fehlt die Analyse von Wilhelms Machtmöglichkeiten, seines "pesönlichen Regiments", das ihm eine widersprüchliche Verfassung ließ und das er auch immer wieder ausübte. Die so wichtige Flottenpolitik wird nur am Rande skizziert. Whittle konzentriert sich zu sehr auf den Kaiser und seine unmittelbare Umgebung, es fehlt etwas vom Hintergrund, wozu eine tiefergehende Darstellung der internationalen und nationalen Rahmenbedingungen hilfreich gewesen wäre.

Vielleicht ist es deshalb nicht "die "große Biographie", die der Verlag verspricht. Wer aber eine einfühlsame, mit feinem Humor und flüssig geschriebener Charakterisierung der Person Wilhelms II. und seiner Umgebung lesen will, ist hervorragend bedient. Damit füllt Whittle auch eine Lücke in der Geschichtsschreibung über das Deutsche Kaiserreich. (pe)

Die außereuropäische Welt

Jacques de Mahieu
Das Wikingerreich von Tiahuanacu
316 Seiten, 16 Bildtafeln, 21 Abbildungen, Leinen, DM 32,– (Grabert)

Der Autor entwirft vor uns ein sehr ungewöhnliches Bild der Frühgeschichte Südamerikas: Wikinger unter ihrem Anführer Ullman seien 967 bei Veracruz am Golf von Mexiko gelandet und hätten von dort aus sukzessive so ziemlich alles erobert, was es in Lateinamerika an Erobernswertem gab, und noch einiges dazu. Das

Chimú-Reich in der peruanischen Küstenwüste bei Trujillo, die sagenumwobene Stadt Tiahuanacu am Titicaca-See, das Flußgebiet des Paraná sowie das gesamte Amazonasbecken seien unter ihrer Kontrolle gewesen. Begründet wird dies durch Auslegung indianischer Geschichtsquellen, archäologische Funde und immer wieder Etymologie: "Inka" z. B. leite sich ab vom nordischen "-ing", was soviel wie "Nachkomme" bedeutet, die Guarani-Indianer seien die Verbündeten der Wikinger gewesen, was sich ebenfalls aus ihrem Namen erkennen lasse, denn der leite sich her von nordisch "Vari" = Krieger.

Das vorliegende Buch ist die knappe Zusammenfassung der Ergebnisse von sechs Werken des Autors und Forschers, die sich sämtlich mit der Frage der Wikinger-Herrschaft in Südamerika vor der Ankunft des Kolumbus befassen, und es kann daher zur Wissenschaftlichkeit der präsentierten Ergebnisse nur gesagt werden, daß die Darstellung zwar kühn, aber nicht unsinnig ist, stets rational, und daß der Autor selber zugibt, daß man als Philologe mit der Etymologie alles beweisen und widerlegen kann, was man will. Mitunter glaubt man einen Unterton von Rassismus aus den Formulierungen herauszuhören, aber das ist natürlich kein wissenschaftliches Gegenargument. Der Autor leitet dann sogar her, daß der Beginn des Baues gotischer Kathedralen in Nordfrankreich von Gold unterstützt gewesen sein muß, das die Wikinger auf ihrem Rückweg aus Südamerika in der Normandie abluden — bei niemandem andern als bei den Templer-Rittern. Deren Verbindung zu den Wikingern Südamerikas könne als das eigentliche "Geheimnis der Templer" bezeichnet werden. Mehr noch: es seien im 13. Jahrhundert Missionare nach Tiahuanacu gekommen, die dort mit der christlichen Botschaft von der Gleichheit aller Menschen sozialen Unfrieden gestiftet hätten. Schließlich wurde die zentrale Wikingerherrschaft hinweggefegt. Die Indio-Reaktion ließ es den von den Templern ausgesandten Missionaren ratsam erscheinen, sich nach Mexiko zu verziehen. Wir wollen hoffen, daß diese abenteuerlich anmutenden Erkenntnisse nicht das Ergebnis angestauter Phantasie sind, nachdem der Autor zeitlebens wissenschaftliche Archäologie getrieben hat. Jedenfalls sind manche seiner Belege durchaus nicht vom Tisch zu wischen — etwa wenn er allen Ernstes Parallelen herstellt zwischen Ruinen im bolivianischen Urwald aus präkolumbianischer Zeit und der Pforte des Domes von Amiens! Ja, und die vielen nordischen Wörter in der Indianersprache Quechua ließen auf normannische Anwesenheit im Lande vor der Inka-Zeit schließen. Das klingt, insgesamt betrachtet, zumindest vertrauenserweckender als die Astronautenfabeln Dänikens. (ri)

Jacques de Mahieu
Die Templer in Amerika oder das Silber der Kathedralen
303 Seiten, 63 Abbildungen, Ganzleinen, DM 32,-- (Grabert)

Der Verlag verheißt in seiner Werbung Sensationelles: "Die Vorgeschichte Amerikas muß jetzt neu geschrieben werden!" Als Rezensent ist es angebracht, sich gegenüber solchen werblichen Imperativen verhalten zu zeigen, das zu besprechende Buch gehört zu einer Reihe von nunmehr sieben Werken, alle aus der Feder des französischen Professors Jacques de Mahieu, Rektor des "Instituto de Ciencias del Hombre" in Buenos Aires, in denen dieser den Versucht unternimmt, die vorkolumbianische Besiedlung Amerikas durch Europäer nachzuweisen und damit gewisse Rätsel der mittel- und südamerikanischen Kulturen und ihrer wohlorganisierten Reiche in ein neues Licht zu rücken. Diese These von den europäischen Kontakten vor Kolumbus zu Amerika erscheint zumindest glaubhafter als die zeitweilig Resonanz und Anhängerschaften findende Geschichte von Götter-Astronauten, aber eben doch noch reichlich spekulativ. Die Menschheitsgeschichte weist in ihrem Ablauf verschiedentlich weiße Flecken auf, Terra incognita, das zu entdecken immer wieder unternommen wird, zwingend wird die Beweisführung nur dann, wenn sie die Rätsel unter allen Blickwinkeln einigermaßen befriedigend dechiffrieren kann. Diese Lebensaufgabe hat Professor de Mahieu übernommen. Um seinen Thesen überzeugt folgen zu können, müßte der Leser eigentlich alle Bücher zugleich lesen, da die Verweise auf bereits anderswo Ausgesagtes sich häufen; in dem vorliegenden Buch kommt als neue Komponente der Templerorden hinzu.

Die Templer, seit jeher Objekt der Mystifikation und Spekulation, schon zur Zeit des Bestehens des Ordens, umso mehr nach seiner brutalen Auslöschung durch Philipp den Schönen von Frankreich im Einvernehmen mit Klemens V. In Frankreich ist das Interesse an diesem Thema naturgemäß am intensivsten, die Literatur reicht von ernsthafteren Arbeiten, etwa Gérard Serbanescos "Histoire de l'Ordre des Templiers et des Croisades" zu esoterischen Spekulationen (Le secret de la chevalerie) und Abhandlungen über die Schätze der Templer (Robert Charroux, Trésors du monde); Serge Hutin sieht in seinem Werk "Gouvernants invisibles et sociétés secrètes" in den Templern gar den Typ einer Organisation "unsichtbarer Herrscher". In vielen Punkten folgt de Mahieu dem Spekulieren Louis Charpentiers in dessen Werken "Les Mystères de la cathédrale de Chartres" und "Les Mystères templiers" und fügt dem noch eigene Vermutungen hinzu. Angreifbar sind auf jeden Fall de Mahieus Erläuterungen zu den Aufnahmeriten der Templer; der gegen die Templer geführte politische Prozeß war von Anfang an gekennzeichnet von dem systematischen Bestreben, die Angeklagten zu besudeln und zu entehren, die durch Folter erpreßten Geständnisse untermauerten die Anklage der Ketzerei; angesichts des Scheiterhaufens wurden sie jedoch von der Mehrzahl der Ritter widerrufen. Erweist sich hier de Mahieu als historisch nicht ganz sattelfest, so sind auch die Spekulationen um den Bau der Kathedralen in Frankreich nicht unbedingt auf gesichertem Fundament. Ob man dem Autor auch widerspruchslos auf all die verschlungenen Pfade seiner Beweisführung auf anthropologischem, archäologischem und philologischem Feld für seine Thesen folgen will, sei dahingestellt, zumindest lassen viele Details des angeführten Materials auch andere Deutungen und Schlußfolgerungen zu.

Andererseits die Thesen stehen im Raum, daß die Templer Amerika kannten, von dort Silber nach Frankreich importierten und schließlich nach Mexiko flohen, als sie in Frankreich ihrer Vernichtung entgegensahen. Als unseriös oder unwissenschaftlich sind die Hypothesen de Mahieus nicht von vornherein abzutun, für den

Freund von Literatur über noch ungelöste Rätsel der Menschheitsgeschichte sicherlich eine interessante Lektüre, für die Fachwelt zumindest untermauerte Thesen für eine Diskussion. (pa)

Wolfram zu Mondfeld
Blut, Gold und Ehre
Die Conquistadoren erobern Amerika
368 Seiten mit 8 Karten, 45 S/w-Fotos und 149 Zeichnungen, geb. mit farbigem Schutzumschlag, DM 42,– (Bertelsmann)

Das Buch ist die authentische und zugleich farbige Schilderung einer der gewagtesten und folgenschwersten politisch-militärischen Unternehmungen in der Weltgeschichte: der Conquista, der Eroberung des amerikanischen Kontinents. Es beginnt mit dem Auszug aus dem Tagebuch Christoph Columbus', die Entdeckung der Neuen Welt beschreibend, und zeichnet in 31 Biographien den Weg jener Abenteurer nach, die den Amazonas hinabfuhren, ohne zu ahnen, daß er sie zum Atlantik führen würde; die die Anden überquerten, ohne zu wissen, was sie auf der anderen Seite erwartete; die sich durch den Urwald schlugen, ohne absehen zu können, wo er endete – alles nur, um die Schätze von El Dorado und anderer sagenumwobener Ziele aufzuspüren.

Das Buch ist dabei sachlicher, als es der Titel vielleicht vermuten läßt. Der Autor belegt die abenteuerliche Geschichte der Conquista mit einer Fülle von Zitaten aus Originalquellen, die nicht nur den Ablauf, sondern auch die Hintergründe der Eroberung Mittel- und Südamerikas lückenlos und bis in kleinste Details nachvollziehbar machen. Nebenbei wird die Kultur jener Völker wieder lebendig, der die Eroberer aus der Alten Welt ein brutales Ende bereiteten. Es wird aber auch deutlich, daß jene Pioniere im Sinne der europäischen Welteroberung mehr noch als nach Gold und Reichtum nach Ruhm und nach Ehre trachteten. In Kämpfen erschlagen, verhungert, verdurstet, von Kannibalen zerrissen, erfroren, dem Fieber erlegen, ertrunken, von Neidern ermordet oder hingerichtet, im besten Fall um die Früchte ihrer Mühen betrogen, abgeschoben und vergessen – das war das Schicksal, das die Conquistadoren erwartete, nachdem sie ihr Ziel erreicht hatten.

"Blut, Gold und Ehre" ist ein Buch, von dessen Thematik allein eine ungeheure Faszination ausgeht. Neben der gelungenen textlichen Aufarbeitung erhöhen eine chronologische Übersicht über die Entdeckungsgeschichte sowie 45 Fotos und 149 Zeichnungen noch die Attraktivität des Bandes. (my)

Georg Schreiber
Auf den Spuren der Türken
350 Seiten, 46 z. T. farbige Abbildungen, Leinen, DM 36,– (List)

Hand aufs Herz – welcher Bundesdeutsche kennt sich schon in der mittelalterlichen und modernen Geschichte Südosteuropas aus, wenn er nicht akademisch oder diplomatisch vom Fach ist? Hier hilft uns nun der Autor; kein Turkologe, aber durch umfangreiche Reisen auf dem Balkan zum Spezialisten geworden. Neben dem geschichtlichen Wert ist sein Buch auch als gehobener Reiseführer gut verwendbar für alle, die nach Ungarn, Rumänien, Jugoslawien, Bulgarien und nach Griechenland fahren. Die Literaturangaben sind sehr geeignet für weiterführende Studien. Der Verfasser liefert neben einem geographisch exakten Reiseführer, der durch das angefügte Stichwortverzeichnis leicht benutzbar ist, auch einen Überblick über die Geschichte des Osmanischen Reiches, genauer gesagt: dessen Ausdehnung im späten Mittelalter auf der Balkanhalbinsel. Dies tut er in elegantem, abwechslungsreichem und auch humorvollem Stil, baut mit Sinn für Effekte dramatische Einzelszenen ein, so daß ein bunter Bilderbogen entworfen wird. Dabei kommen übergreifende Zusammenhänge allerdings (das haben Bilderbögen so an sich) zu kurz, z. B. die Bedingtheit der osmanischen Expansion durch die Ereignisse in Asien. Die Darstellung der osmanischen Geschichte nach der zweiten Belagerung von Wien (1683) ist nicht einmal skizzenhaft geraten, wohl mit Absicht. Ein Sonderlob sei dem Verfasser gezollt für die Darstellung der Schlacht von Mogersdorf (bzw. St. Gotthard an der Raab, 1664); sie ist sowohl höchst plastisch als auch logisch ausgefallen und damit weitaus besser als der Gedenktext auf dem Schlachtfeld selbst. Österreichreisende werden mit Interesse die Erwähnung all der Türkenspuren in Niederösterreich, in der Steiermark und im Burgenland zur Kenntnis nehmen. Die allem Anschein nach exakte Recherche besticht. Hinweise aus der altphilologischen Bildungswelt des belesenen Autors sind hilfreich gemeint, verwirren den unvorbereiteten Leser aber wohl eher. An der beigegebenen Karte des Osmanischen Reiches stimmt etwas nicht: Agram und Zara waren niemals osmanisch. Und innerhalb des Textes: die Kosakenhauptstadt am Dnjepr hieß nicht "Tschirigin", sondern "Tschigirin"!

Fazit: für historisch Interessierte, die sich dem Phänomen "Osmanisches Reich" zum ersten Mal nähern wollen, eine fast uneingeschränkt empfehlbare Reise- und Nachtkastenlektüre! (ri)

Quelleneditionen und Bilddokumente

Paul Christoph (Hrsg.)
Maria Theresia — Geheimer Briefwechsel mit Marie Antoinette
352 Seiten, 2 Abbildungen, Leinen mit Schutzumschlag, DM 29,80 (Amalthea)

Ein Dokument von historischem Wert ist der Briefwechsel zwischen Marie Antoinette und ihrer Mutter, Kaiserin Maria Theresia von Österreich. Marie Antoinette, das jüngste Kind der Kaiserin, war vierzehneinhalb Jahre alt, als sie sich zu ihrem Gemahl, dem um ein Jahr älteren Dauphin von Frankreich begab. Die Vermählung beider war ein wichtiger Markstein in der österreichischen Politik, sie bedeutete eine Stärkung der Allianz Frankreich-Österreich und ein weiteres Gegengewicht gegen preußisches Machtstreben.

In den Briefen werden daher auch — neben mütterlichen Ermahnungen, Ratschlägen und Erziehungstaktiken — Töne der Staatsräson laut, alles jedoch, wie die Briefdiktion Maria Theresias überhaupt, mit sanft-mütterlicher Diplomatie vorgetragen. Die Briefe sind ein beredtes Zeugnis von der Persönlichkeit Maria Theresias auch im privaten Bereich. Mit liebevoller Strenge suchte sie die zu früh der mütterlichen Obhut entrissene Prinzessin zu lenken, ihr Maßstäbe zu setzen. Marie Antoinettes Antwortschreiben zeugen von kindlicher Liebe und Achtung der Mutter gegenüber, aber auch von Eigenwilligkeit. Ihre Briefe sind einfach, anfangs kindlich, sie schildern den königlichen Alltag, fangen Stimmungen ein und tasten sich an die politische Welt heran.

Die in französischer Sprache geschriebenen Briefe wechselten einmal im Monat zwischen Mutter und Tochter hin und her und waren der Geheimhaltung unterworfen, ja Maria Theresia empfahl Marie Antoinette, die Briefe nach dem Lesen zu vernichten. Was sie selbst anbetraf, ließ die Kaiserin jedoch von dem einen oder anderen Brief ihrer Tochter und auch von eigenen Kopien anfertigen oder sie sandte Briefe von Marie Antoinette an die Geschwister weiter, so daß sich auf diese Weise Teile der Korrespondenz erhalten haben. Auch der Mittelsmann und Vertraute beider, Graf Mercy, hatte einige Originalbriefe der jungen Königin in seinem Besitz, so daß sich eine recht umfangreiche Korrespondenz beider Frauen ergab, deren uneingeschränkte Veröffentlichung erst nach dem Abdanken des österreichischen Kaiserhauses nach dem ersten Weltkrieg erlaubt wurde. Der Briefwechsel umfaßt den Zeitraum von 1770 bis 1780, dem Todesjahr Maria Theresias, und wurde erstmals von dem Direktor des Haus-, Hof- und Staatsarchivs Ritter von Arneth 1864 veröffentlicht. Allerdings hielt er aus Gründen der Diskretion verschiedene Briefe zurück. Erst nach dem Ersten Weltkrieg wurden die Briefe der Forschung uneingeschränkt überlassen, und Stefan Zweig wertete die bisher noch nicht bekannten Schriftstücke für seine Marie Antoinette-Biographie aus und machte den französischen Historiker Georges Girard auf dies weitere Material aufmerksam. Girard erweiterte die Arnethsche Veröffentlichung um diese Briefe und gab den Briefwechsel 1933 neu heraus. Es erwies sich jedoch, daß auch diese Ausgabe nicht vollständig war. Erst die vorliegende Veröffentlichung von Paul Christoph stellt eine ungekürzte und vollständige Sammlung der Briefe dar, übertragen aus dem Französischen, wobei die in früheren Veröffentlichungen ausgelassenen Passagen in eckige Klammern gesetzt sind. Die Echtheit der Briefe ist anerkannt erwiesen.

Der Briefwechsel zwischen Marie Antoinette und ihrer Mutter Maria Theresia ist nicht nur als Quellenwerk bedeutend, er dokumentiert darüber hinaus die Persönlichkeit beider Frauen —unmittelbarer im Eindruck als jede auf historische Fakten aufbauende Biographie — und vermittelt eine Vorstellung vom höfischen Leben im Frankreich des 18. Jahrhunderts, nicht so wie es nach außen hin erschien voller Repräsentanz und Glanz, sondern gesehen durch die Augen der Königin, es wird gewissermaßen ein Blick hinter die Kulissen gewährt. Hierbei ist es amüsant zu verfolgen, wie die junge Dauphine Vergnügungen und Zerstreuungen nur leichthin oder gar nicht erwähnt, um die gestrengen Ermahnungen von seiten der Mutter nicht hervorzurufen. (hp)

Die russische Revolution 1917
Der Aufstand der Arbeiter, Bauern und Soldaten
Eine Dokumentation
Herausgegeben von Richard Lorenz mit Manfred von Boetticher und Bianka Pietrow
376 Seiten, geb. mit farb. Schutzumschlag, DM 34,- (Nymphenburger)

Die Literatur über die russische Revolution hat zwischenzeitlich ein Ausmaß erreicht, das für den fachlich nicht spezialisierten Leser kaum mehr überschaubar ist, einen Großteil bilden dabei Untersuchungen, die ausschließlich auf den Spezialisten abzielen. Das von dem Osteuropa-Historiker, Professor Richard Lorenz, herausgegebene Werk "Die russische Revolution 1917" kann gleichermaßen den Fachmann wie den Nicht-Fachmann interessieren. Es handelt sich um eine umfangreiche Dokumentensammlung zum Ablauf der russischen Revolution, die die historische Entwicklung des 20. Jahrhunderts nachhaltig prägen sollte. Die auf der großen gesellschaftlichen Bewegung des Jahres 1917 basierende Entstehung der Sowjetunion und ihr nachfolgender, sich beschleunigender Aufstieg zur Weltmacht, in deren Sogwirkung die Dritte Welt gleichermaßen wie Europa geraten sind, hat auch in historisch und politisch orientierten Laienkreisen ein breites Interesse an der russischen Revolution geweckt, ein Kennenlernen der Quellen wird daher nicht nur für den Fachhistoriker reizvoll sein.

In 204 Texten, welche auf sowjetischen Quelleneditionen basieren, wird ein authentischer Überblick "über die Abläufe und politischen Willenskundgebungen dieser sozialen Revolution, die aus sich heraus zur Massenbewegung wurde", gegeben. Aus drei großen gesellschaftlichen Bewegungen entwickelte sich die Oktoberrevolution in Rußland: dem Zusammenbruch der Armee und dem Drängen der revolutionären Soldaten und Matrosen auf sofortigen Friedensschluß; der Revolte der Arbeiter mit dem Ziel, die Macht in den Industriebetrieben zu erringen; der Erhebung der Bauern unter deren traditioneller Forderung "Das Land den Bauern!" — und entsprechend gegliedert ist auch der Aufbau der Dokumentensammlung. Eine die Zusammenhänge der revolutionären Bewegungen durchleuchtende Einleitung, Erläuterungen zu den Dokumenten und eine ausführliche Zeittafel bieten auch dem Laien das notwendige Rüstzeug zum Verständnis der Texte, ein Katalog mit Erläuterungen der Begriffe und eine breit angelegte Bibliographie runden das fundierte Werk ab. Es wird neben dem Fachmann vor allem auch den Leser ansprechen, der sich geschichtlichen Ereignissen auch einmal von den Quellen annähern möchte, zudem ist die Ausgabe auch als Nachschlagewerk für Kurzinformationen (Zeittafel!) brauchbar. (pa)

Kaiser Wilhelm-Album
Bilder und Dokumente zum Leben und Wirken von Kaiser Wilhelm I. 22.3.1797 - 9.3.1888
180 Seiten, 16 farbige, 46 schwarz-weiße Abbildungen, 47 Seiten Reprint "Zum Tode Kaiser Wilhelms", Zeittafel, DM 12,80 (Harenberg)
(Die bibliophilen Taschenbücher, Band 34)

Die leidenschaftlichen Sammler, die viel Zeit, Geld und Idealismus in die Kollektion alter Postkarten, Fotografien, Zeitschriften und Bücher investiert haben, dürften über die Reihe der "Bibliophilen Taschenbücher" nicht sehr glücklich sein, ermöglichen sie dem interessierten Leser doch mit geringem finanziellen Aufwand einen direkten Zugriff zu solch sorgsam gehüteten Schätzen. Doch gerade deshalb verdient diese Reihe viel Beifall, da sie ein oft unterschätztes, jedoch wertvolles Quellenmaterial allgemein zugänglich macht. Denn die "politische Gebrauchsgrafik" einer Epoche vermittelt oft mehr und einsichtigere Informationen über eine Zeit als langatmige Untersuchungen.

Als Beispiel sei das "Kaiser Wilhelm-Album" herausgegriffen. Den farbigen Einstieg vermitteln Postkarten aus der Sammlung Robert Lebeck, die zu verschiedenen Jubiläen des Deutschen Kaiserreichs, wie dem 100. Geburtstag Wilhelms I., herausgegeben wurden — schwarz-rot-goldenes Pathos, geballt im Kleinformat. Dem folgen Illustrationen zu Leben und Karriere des Hohenzollernkaisers aus verschiedenen Zeitschriften. Wenn hier auch die markigen, deutschnationalen Sprüche der Postkarten fehlen, so sind diese Illustrationen nicht weniger als Vermittler einer Staatsideologie zu erkennen. Auffallend ist vor allem der Kontrast der Bilder vor und nach 1870. Stehen die früheren Abbildungen noch in der Tradition der fürstlichen Genremalerei, so sieht Kaiser Wilhelm auf allen späteren Szenen aus wie sein eigenes Denkmal: Ob im Kreis der Familie, ob auf den Schlachtfeldern des Krieges gegen Frankreich, ob bei der Begegnung mit dem geschlagenen Napoleon III. — der alte Kaiser trägt stets das gleiche, statuarische Mienenspiel; ein Symbol in Uniform, kaum noch ein Mensch aus Fleisch und Blut.

Die von offizieller Seite gewünschte Interpretation des Lebens Wilhelms I. gibt schließlich der Nachdruck der Extrabeilage zum Tod des Kaisers aus der Zeitschrift "Über Land und Meer": Eine konzentriertere Darstellung des Geistes des Kaiserreichs ist kaum denkbar.

Daß im Buch selbst keine deutende Interpretation mitgeliefert ist, kann man als Verzicht auf eine Meinungsvorgabe durchaus anerkennen, doch muß dahingestellt bleiben, ob die doch recht knappe Zeittafel als Hilfe zum Verständnis der Epoche und der Abbildungen wirklich ausreicht.

Die "Bibliophilen Taschenbücher" sind auf jeden Fall eine echte Bereicherung des Taschenbuchmarktes — ein "heißer Tip" für hübsche Geschenke wie eine unterhaltsame Quelle gezeichneter Geschichtsinformation!
(me)

Friedrich Seidenstücker
Von Weimar bis zum Ende
Fotografien aus bewegter Zeit
Hrsg. von Ann und Jürgen Wilde
2. Auflage 1981, 512 Seiten, 463 Abbildungen, DM 29,80 (Harenberg)
(Die bibliophilen Taschenbücher, Band 181)

Bei der Betrachtung der Fotografien Friedrich Seidenstückers liegt die Versuchung nahe, ihn als Zille des Fotoapparats zu bezeichnen. Drei Bereiche hat der Fotoband zum Inhalt: Berliner Leben, Berufsbilder, zerstörtes Berlin. Jürgen Wilde fügte ein knappes Nachwort hinzu. Den Schluß bilden eine Bibliographie und die Angabe der wichtigsten Ausstellungen des Fotografen.

Zille des Fotoapparats, diese Charakterisierung bezieht sich natürlich auf die Bilder, denn Texte gibt es nicht, nur Bildunterschriften. Dennoch trifft die Beschreibung. Milieubeschreibung hat er betrieben auf meisterliche Art und Weise. Berlin war das Pflaster, auf dem er arbeitete. Die Studien könnten aber auch in München oder Hamburg betrieben worden sein, denn Seidenstücker hielt Menschen fest und ihre Umgebung, eben das Leben. Wie sah dieses in einer Großstadt der zwanziger und dreißiger Jahre aus? Wie erlebten die Überlebenden des Zweiten Weltkrieges ihre im Bombenhagel untergegangenen Städte? Wem Geschichte in Buchstaben und Zahlen zu trocken ist, der verlangt nach den Aufnahmen Friedrich Seidenstückers. Wer eine fotografische Antwort sucht, wird nach diesem Band greifen.

Mit "Berliner Leben" wird der erste Themenbereich übertitelt. Mit lebensnahen Sprüngen beginnt das Buch. Herrlich die Aufnahmen der Pfützenspringerinnen, eindrucksvoll die Studien von dem alten Paar während der Arbeitslosigkeit, die Zeitungsverkäuferin ... Kinder sind immer wieder sein Thema, Kinderzeichnungen auf dem Straßenpflaster.

"Berufsbilder" sind im zweiten Teil zusammengefaßt. Eigentlich sind es Berufssequenzen. Tätigkeiten, die weit zurückliegen, hat er festgehalten. Unsere Zeit der Automation hat sie längst vergessen. Hier erwachen sie zu neuem Leben. Seidenstücker zeigt den einfachen Menschen, nicht die Großen. Der Brikettlieferant mit dem Handkarren ist sein Objekt ebenso wie das Rangierpersonal.

Das zerstörte Berlin bringt das Buch im letzten Teil. Nicht die Bauwerke hielt Seidenstücker fest, sondern Bruchstücke ihrer Vergänglichkeit. Melancholie liegt über den Bildern — dies nicht nur in diesem Teil. Das ganze Werk strahlt sie aus. Dazwischen immer wieder die spielenden Kinder, die dem Leben die heitere Seite abgewinnen.

Das Buch ist ein rundum gelungenes Werk. Vom Titel sollte man sich nicht irreführen lassen. "Von Weimar bis zum Ende" bedeutet nicht bis zum Ende der Weimarer Republik, sondern bis zum Ende des Schaffens Seidenstückers. Die fast 500 Abbildungen bringen die Zeit zwischen 1925 und 1955 nahe. Ein Zille des Fotoapparats schließt treffend mit dem letzten Bild: "Warnung, 1955". Freiheitsentzug droht Schlafenden in der Berliner S-Bahn, die so in die "Ostzone" weiterfahren. (wi)

Helgard Ulmschneider
Götz von Berlichingen — Mein Fehd und Handlungen
172 Seiten, DM 38,— (Thorbecke)

Hinter dem Titel "Götz von Berlichingen — Mein Fehd und Handlungen" verbirgt sich eine Quellenedition für Liebhaber und für Spezialisten. Gerade für Experten ist der Wert dieser Autobiographie des bekannten fränkischen Reichsritters, der von 1480/81 bis 1562 lebte und seine Lebenserinnerungen im hohen Alter von 80 Jahren einem Pfarrer diktierte, nicht hoch genug einzuschätzen — ist sie doch zugleich ein Zeugnis ritterschaftlichen Selbstverständnisses und Dokument mittelalterlicher Alltagswelt. Die Ausgabe gibt den zeitgenössischen fränkischen Sprachstil einschließlich aller orthographischen Eigenheiten im Original wider. Der Text behält gerade deshalb seine Lebendigkeit. Ein Zitat: "Do laufft aber ein bauer daherr, der hett ein schweinspieß, welchem ich zurannt, vnnd wie ich das schwerdt wider gewann, so schlecht der bauer herr, vnd trifft mich vf den arm, das ich dacht, er hett mir denn arm entzwey geschlagenn".

Helgard Ulmschneider bemüht sich darum, "dem wahren Götz und seinem Umfeld näher zu kommen, ein anderes, als das von Goethe einseitig geprägte Bild zu erarbeiten" — also die Legende, wie sie der deutsche Dichter in seinem Drama über diese Figur als des "Ritters mit der eisernen Hand" entwickelte und die erst den Ruhm Götz von Berlichingens nachhaltig begründete, wieder aufzulösen und transparent werden zu lassen. Dazu dient auch eine biographische Zusammenfassung und Würdigung, die Ulmschneider der eigentlichen Quellenedition als Kommentar voraustellt. Der Text selbst enthält in den Fußnoten noch weitreichende Erläuterungen. Wissenschaftlich sorgfältig ist ferner die Aufstellung der (insgesamt 16) vorhandenen Handschriften der Autobiographie. Auf eine detaillierte sprachwissenschaftliche Untersuchung wurde dagegen bewußt verzichtet.

Die Quellenedition beweist letztlich den Stellenwert des Götz von Berlichingen: als "in seiner adeligen Rauflust und Skurrilität, seiner bürgerlichen Rechnerei und seinem engagierten Luthertum einer der markantesten Gestalten der fränkischen Reichsritterschaft im 16. Jahrhundert". (my)

Einzelthemen

Raymond Aron
Clausewitz. Den Krieg denken
Aus dem Französischen von Irmela Arnsperger, 784 Seiten, geb. mit farbigem Schutzumschlag, DM 68,— (Propyläen)

Das umfangreiche, über 700 Seiten reinen Text umfassende Werk des französischen Philosophen und Soziologen Raymond

Aron über den preußischen Strategen Clausewitz ist kein leicht zu lesendes Buch, wenn auch der Autor beschwichtigt, es handle sich nicht um eine rein wissenschaftliche, nur den Gelehrten zugedachte Arbeit. Auf Grund seines Schwierigkeitsgrades wird das Buch trotz dieses Hinweises nicht mit einer großen Breitenwirkung rechnen können, es wird vielmehr ein Werk für einen kleineren Kreis von interessierten Lesern sein. Derjenige aber, der sich ernsthaft mit Clausewitz, seinem Werk und seinem Denken auseinandersetzen möchte, wird nicht umhin können, sich mit diesem Text zu beschäftigen, der versucht, "das geistige System dieses geborenen Soldaten zu rekonstruieren, der den Geist — das innerste Wesen — des Krieges auf den Begriff bringen wollte". Es handelt sich also um keine Biographie Carl von Clausewitz', wenn auch der Untersuchung eine biographische Skizze vorangestellt ist, nicht die Auseinandersetzung mit dem Menschen Clausewitz und seiner Zeit sind Anliegen des Verfassers — lapidar endet daher die Aufzeichnung des Biographisch-Historischen mit dem Satz: "Er oder sein Organismus sind schließlich der Cholera zum Opfer gefallen" —, sondern das Werk des Strategen Clausewitz und seine Wirkung auf die Nachwelt stehen im Zentrum der Untersuchung. Das Leben Clausewitz' ist in zahlreichen Biographien genügend abgehandelt, es verlief zwischen einer Periode der Tat und einer, die dem Werk gewidmet war, dieses aber impliziert ein "geistiges Gebäude, das noch nach anderthalb Jahrhunderten Ehrfurcht einflößt".

In einem Zeitalter, wo die Atomwaffen zu einem Umdenken sowohl in den Strategien der Politik als auch des Krieges zwingen, ist Clausewitz noch verstärkter interessant geworden als ein Denker, der die Natur des Krieges zu begreifen suchte, und die Frage stellt sich, ob seine immer wieder neu durchdachte und interpretierte berühmte Formel, wonach der Krieg die Fortsetzung der Politik mit anderen Mitteln sei, angesichts der neuen Dimension der Massenvernichtungswaffen mit ihrer Möglichkeit des apokalyptischen Untergangs noch ihre Gültigkeit besitzt, die ihr in mehr oder minder abgewandelter und oft auch mißgedeuteter Form bisher zugestanden wurde. Aron geht davon aus, daß sich trotz allem bisher Geschriebenen und Gedachten zu Clausewitz' Werk erst die Aufgabe stellte, "das Denken des Strategen Clausewitz zu erhellen und zu erörtern", die geistige Struktur von Clausewitz herauszuarbeiten, und er gelangt dabei zu einem eigenen Urteil, das er den Urteilen seiner Kritiker gegenüberstellt. Für Aron ist die Lehre Clausewitz' mehrdeutig, und es darf daher nicht verwundern, wenn sie entsprechend den jeweiligen Zeitaltern auch vielfältigste und unterschiedlichste Auslegungen erfahren hat.

Der erste Teil des Buches bringt Analyse und Kommentar des Clausewitzschen Werkes, in den folgenden Teilen wird seine Wirkung in der Zeit beobachtet, der Autor unterscheidet dabei zwischen dem europäischen und dem planetarischen Zeitalter, in dem vor allem das Aufgreifen der Clausewitzschen Lehre mit den entsprechenden ideologischen Umformungen im Marxismus-Leninismus die weitreichendsten Folgen haben dürfte. In einem umfangreichen Exkurs wird die Clausewitz-Kritik noch eingehender untersucht, wobei noch einmal eine Fülle von Details behandelt wird. Vor allem den Leser, der sich für ideengeschichtliche Zusammenhänge interessiert, wird das Werk in seinen Bann ziehen. (pa)

Karl Dietrich Bracher
Geschichte und Gewalt
Zur Politik im 20. Jahrhundert
352 Seiten, Leinen, DM 38,– (Severin und Siedler)

Dieses Buch versteht sich als eine Bilanz der wichtigsten Weichenstellungen unserer Epoche. Ausgangspunkt ist in diesem Kontext die Fragestellung: Wie unvermeidlich, ja unentbehrlich ist Gewalt? Autor Karl Dietrich Bracher hat es sich – genau gesagt – in diesem Werk zur Aufgabe gestellt, die wiederaufgelebte Gewaltdiskussion zu entmythologisieren und sie in einen historisch-politischen Zusammenhang mit Macht- und Ideologiekämpfen zu bringen. Er setzt sich dabei mit der Menschenrechtsforderung in der Französischen Revolution ebenso auseinander wie mit dem Terrorismus der "Roten Brigaden", beschäftigt sich allerdings schwerpunktmäßig mit der Analyse der politischen und gesellschaftlichen Entwicklung in Deutschland nach 1917. Die Perspektive ist ein "Neues Europa", das über die nationalistischen Beschränkungen der bisherigen Machtgeschichte hinausgelangt.

Als Lehre aus dem Fall der Weimarer Republik formuliert Bracher: "Daß gerade auch der demokratische Staat seine Kompetenzen voll ausschöpfen muß, und daß die stets gegenwärtige totalitäre Versuchung, komme sie von rechts oder von links, nicht als jugendliche Torheit oder Idealismus, auch nicht als unpolitische Kriminalität abgetan werden kann, soll die Grundlage unseres Staates, der antitotalitäre Konsens der freiheitlich-rechtsstaatlichen Demokratie, erhalten bleiben". Insgesamt – so zeigt schon dieses Zitat – ein intellektuell anspruchsvoller Text, der beim Leser den Umgang mit abstrakten Gedankengängen voraussetzt.

Bracher zieht eine Vielzahl politischer Kategorien in die Diskussion mit ein und stellt zugleich ihre Begriffsinhalte in Frage, wobei er stets undogmatisch bleibt. Das Buch setzt somit in erster Linie polit-theoretische Akzente; es faßt mehrjährige Gedanken und Studien des Autors – Bracher ist ordentlicher Professor für Politische Wissenschaft und Zeitgeschichte an der Universität Bonn – systematisch zusammen.

(my)

Gordon A. Craig
Die preußisch-deutsche Armee
1640 - 1954
Staat im Staate
576 Seiten, 34 Abbildungen, kt., DM 26,– (Athenäum/Droste)

Die Darstellung, ein unveränderter Nachdruck der ersten deutschen Ausgabe von 1960, verlegt ihr Schwergewicht auf die Zeit ab 1807, also seit der Heeresreform Scharnhorsts, denn erst seit dieser Zeit ist die preußische Armee ein politischer Faktor mit einem Selbstverständnis, das nicht immer mit dem der Regierenden zusammenfällt: erst als Trägerin der Konstitutionalisierung des preußischen Staates gegen den reaktionären Zeitgeist nach den Befreiungskriegen, dann als Hort des Konservativismus zur Stütze des Königs und späteren deutschen Kaisers, dann als Opponent gegen die Weimarer Republik und schließlich unter Hitler gleichgeschaltet. Es liegt also eine Studie über die innen- und außenpolitische Rolle der preußisch-deutschen Armee vor, nicht über ihre militärischen Leistungen. Der Autor sieht dies von dem Standpunkt aus, daß sie die Demokratisierung entscheidend mitgebremst hat, ist aber ehrlich genug, in den modernen Armeen nach 1945 ähnliche Gefahren zu wittern: nicht des reaktionären Politisierens, aber des Mitwirkens am Militarisieren des politischen Denkens. Damit behandelt seine Darstellung eines der wichtigsten politischen und geistigen Phänomene der modernen Zeit in seiner preußisch-deutschen Ausformung.

Dem Autor muß die Fähigkeit zu gründlicher, faktenreicher, objektiver und stilistisch glanzvoller Darstellung nicht mehr eigens attestiert werden; sie findet sich in diesem Buch in vollem Umfang bestätigt. Der Verfasser stellt den politischen Gehalt einer Situation plastisch heraus, wobei sein Temperament ebenso groß ist wie seine wissenschaftliche Zuverlässigkeit, letztere ausgewiesen durch einen umfangreichen Apparat an Fußnoten, ein geradezu riesiges Verzeichnis der benutzten Literatur und ein ausführliches Stichwortverzeichnis. Natürlich zitiert Craig sehr häufig englische und amerikanische Autoren, was bei dieser Materie nicht üblich ist, doch versteht er es in seiner schriftstellerischen Phantasie, sie so in den Gesamtfluß der Erzählung einzuschmelzen, als ob er von Haus aus preußischer bzw. deutscher Staatsbürger wäre. So bleibt von seinem angelsächsischen Standpunkt eigentlich nur die positive Distanz übrig, die ihm zur Objektivierung des Themas verhilft. Nur schade, daß er dem Attentat vom 20. Juli so gut wie keinen Raum gönnt. Er hätte dabei bemerken können, daß die Offiziere eigentlich "Fachidioten" waren, und das moralische Argument der Widerständler gegen Hitler kann nicht darüber hinwegtäuschen, daß die Durchführung ihres Putsches dilettantisch angelegt war, ganz zu schweigen von den Konsequenzen für die Lage Deutschlands, die durch ein erfolgreiches Attentat nicht unbedingt verbessert worden wäre. Solche Aspekte fehlen – vielleicht weil das Buch mit dem ersten Erscheinungstermin (1955) noch zu nahe an den Ereignissen dran war.

Insgesamt geht aus Craigs Werk, das für die zeitgeschichtliche Betrachtung dennoch unentbehrlich ist, hervor, daß Montesquieus Wort, eine Armee sei politisch das Dümmste, was es gibt, wohl übertrieben ist. Doch wenn man sich von Craig belehren läßt, daß die führenden Köpfe der deutschen Armee die Zusammenbrüche von 1918 und 1945 teils nicht verhindern konnten, teils durch eigene Unzulänglichkeit auf dem politischen Sektor mitverschuldeten, dann erkennt man, daß Montesquieu sicherlich nicht vollständig irrte. (ri)

Walter Görlitz
Geldgeber der Macht
Wie Hitler, Lenin, Mao Tse-tung, Mussolini, Stalin und Tito finanziert wurden
256 Seiten, DM 6,80 (Fischer)

Wie bereits der Untertitel des 1976 in Hardcover erschienenen, jetzt in einer Taschenbuchausgabe vorliegenden Buches besagt, handelt es sich um ein Nebenthema der Geschichtsschreibung: die Finanzierung der Macht. Eingegrenzt wird die Untersuchung auf das 20. Jahrhundert und hier auf die sechs spektakulärsten "Fälle", auf Hitler, Lenin, Mao Tse-tung, Mussolini, Stalin und Tito. Jeder dieser modernen Diktatoren verstand sich als Revolutionär, der eine "Bewegung" hervorrief oder eine neue politische Ordnung schuf, allen gemeinsam ist, daß sie sich auf die Akklamation durch die Massen stützten, denen sie selber oder in Modifikation bereits bestehender Weltanschauungen den ideologischen Unterbau bereiteten, und daß sie ein totalitäres System aufbauten; die Bereitschaft der Massen zum Umsturz der bestehenden Ordnungen war durch die beiden großen Kriege des Jahrhunderts bereitet worden. Die Geschichte der bolschewistisch-kommunistischen Revolutionen und des Faschismus ist durch die Forschung ausgiebig und bis in die Details erforscht worden (was nicht ausschließt, daß immer wieder neue Betrachtungsstandpunkte entdeckt werden), die Finanzierung des Aufstiegs der Diktatoren zur Macht war meist mehr oder minder von Legenden umrankt oder erschien in der Geschichtsschreibung nur als Randproblem.

Der Publizist Walter Görlitz liefert mit diesem Werk nun eine "historisch-vergleichende Darstellung der finanziellen und allgemeinen wirtschaftlichen Situationen, die den Aufstieg der hervorstechendsten Diktatoren des 20. Jahrhunderts unterstützten". Der geschichtlich interessierte Leser wird neben Bekanntem (etwa daß Lenin und die Bolschewiki vom deutschen Kaiserreich finanziert wurden) auf eine Fülle bisher wenig erhellter Details oder nur am Rande bekannter Fakten stoßen, Propagandathesen, wie sie aus dem politischen Kampf heraus entstanden und noch immer durch die weniger ernsthafte, insbesondere politische Literatur geistern, werden ins Reich der Fabel verwiesen, etwa auch die oft wiederholte These, daß "die deutsche Großindustrie und die preußischen Junker den Adolf Hitler finanziert hätten, bei Licht besehen zwei Popanze, die in dieser Form, nämlich als einheitlich reagierende und agierende Gesellschaftsgruppen, niemals existiert hatten."

Die Arbeit ist gut recherchiert, es werden nicht nur die politischen Hintergründe und Motive der Geldgeber, die Kassenlage der Parteien, die Geschichte des Aufstiegs der Diktatoren dargestellt, sondern auch Zeitstimmungen eingefangen und eine Fülle sonstiger historischer Tatsachen geliefert. Der flüssig und lebendig geschriebene Text macht das Werk zu einer interessanten Lektüre, Literaturhinweise ermöglichen eine weitere Beschäftigung mit dem Thema. Ein für eine breite, zeitgeschichtlich interessierte Leserschaft geeignetes Werk. (pa)

Sebastian Haffner
Die sieben Todsünden des Deutschen Reiches im Ersten Weltkrieg
160 Seiten, 30 zeitgenössische Karikaturen, kartoniert, DM 19,80 (Lübbe)

In einem journalistisch-flotten Stil, der in gar manchen Passagen Geschmackssache ist und gerade dann, wenn er Vergleiche als

Glanzlichter aufsetzt, ziemlich platt wirkt, rechnet der Verfasser mit den Fehlern der deutschen politischen und militärischen Führung im Ersten Weltkrieg ab. Er stützt sich dabei auf Thesen des Historikers Fritz Fischer aus dessen 1961 erschienenem Werk "Griff nach der Weltmacht" und verarbeitet sie, der größeren Plastizität wegen, in "sieben Todsünden". Dabei ist die erste Todsünde, genannt "Abkehr von Bismarcks Politik", sachlich die komplexeste, und für sie verfängt der flotte Stil des Verfassers daher eigentlich überhaupt nicht. Die politischen Verwicklungen, die zum Ausbruch des Ersten Weltkriegs führten, werden recht mit dem Holzhammer nachgezeichnet, wodurch der Leser sich zwar grundsätzlich belehrt fühlen mag, jedoch auf aufdringliche Weise.

Der sachliche Gehalt der festgestellten "Todsünden" ist unbestreitbar; als knappe und politisch erleuchtete Skizze sind besonders die Ausführungen darüber anzusehen, wie Lenin bei der Zusammenarbeit mit Ludendorff kalkulierte. Schlagartig wird es klar, daß Lenin ein politischer Meister war, wenn er den Deutschen deshalb den Frieden von Brest-Litowsk anbot, um nicht weiter Krieg gegen sie führen zu müssen, denn dann wäre seine kleine bolschewistische Partei in der erforderlichen Verbrüderung mit anderen politischen Gruppierungen Rußlands untergegangen. Über die Beschreibung der entscheidenden Stationen des Ersten Weltkriegs hinaus enthält das Büchlein ein Nachwort von 1964 und eines von 1981. Ersteres war wohl polemisch gemeint und sollte damals Diskussion anregen, und das ist eines der klassischen Argumente, mit denen Maßlosigkeit im schreibenden Gewerbe gerechtfertigt wird. Denn die "Unsaturiertheit" der Bundesrepublik infolge unerfüllbaren Wiedervereinigungsgebotes in ihrer Verfassung mit der expansiven Außenpolitik des Kaiserreiches gleichzusetzen, geht zu weit. Wenn Adenauer schon solch ein Fuchs gewesen sein soll, daß er den Deutschen niemals offenbarte, daß das Ziel der Wiedervereinigung durch eine Politik der Härte nicht erreichbar war, dann muß man ihm auch die ganz fundamentale Überlegung zutrauen, daß er wegen der Wiedervereinigung nicht einen Krieg riskiert hätte. Er mußte ja erkennen, daß ein solcher Krieg im Atomzeitalter die Zerstörung Deutschlands bedeuten konnte! Wenn Adenauer also tückisch war, dann war er nicht dumm; und wenn er dumm war, dann kann er nicht tückisch gewesen sein. Auch geistert die sowjetische Wiedervereinigungsofferte von 1952 durch den Text, sie wird als politische Alternative stillschweigend suggeriert. Daß sie das nicht war, erfährt man aus Haffners Redefluß nicht und belegt, daß man ihn als geistvollen Anreger politischer Gedanken nehmen muß, sich aber seine Gedanken im übrigen selber machen sollte.

Das Nachwort von 1981 lobt den außenpolitischen Umschwung in der Bundesrepublik seit 1969, nicht ohne erneut darauf hinzuweisen, daß auch das Bismarck-Reich nicht alle Deutschen umfaßt habe und deshalb eine Wiedervereinigung heute überflüssig ist. Dies erscheint dem Rezensenten als eine leichtfertig gezogene historische Parallele; ebenso ist die Ablehnung der Adenauerschen Politik als "Religionskrieg" einfach zu billig. Denn wenn die Deutschen sich so fabelhaft säkularisiert haben, daß sie über "Religionskriege" die Nase rümpfen, dann können sie das Führen in weltanschaulichen Fragen getrost dem Kommunismus überlassen (der rümpft die Nase da sicherlich nicht!) und dürfen sich über das vielbeklagte geistige Vakuum in der Bundesrepublik nicht wundern. An dem wirkt Haffner mit, eben weil er für "Religionskriege" zu aufgeklärt ist!

Man könnte also sein Nachwort von 1964 eigentlich in der Versenkung verschwinden lassen, aber der Verlag wollte bei der Neuauflage 1981 wohl deswegen nicht darauf verzichten, um dem Thema "Erster Weltkrieg" einen brandaktuellen Anstrich zu geben, wenn nötig, auch mit Gewalt. (ri)

Heinrich Härtle
Die falschen Propheten
128 Seiten, broschiert, DM 19,80 (Vowinckel)

Die hier angeprangerten falschen Propheten sind Marx, Lenin, Stalin und Mao Tse-Tung. Obwohl der Autor häufig darauf hinweist, daß deren Hauptbedeutung eigentlich im Politischen liegt, geht er sie doch vom Philosophisch-Fachlichen her an, worin er professionell bestens Bescheid weiß. Das heißt: er demontiert sie gründlich. Sofern alle vier Persönlichkeiten auch als Philosophen angesehen werden, bleibt von ihnen so gut wie gar nichts übrig, was einer seriösen philosophischen Leistung gleichkäme. Am ehesten noch bei Marx, doch weist der Verfasser in knapper Skizze nach, was man anderswo mit erschrecklichem Aufwand von Gelehrsamkeit ausgebreitet finden würde: daß Marx von der Realität des ökonomischen Lebens keine unmittelbare Anschauung hatte und daher derart rücksichtslos verallgemeinerte, daß die positiven Ansätze seiner Gedanken darunter verkümmerten und seine Dogmen insgesamt recht bald von der geschichtlichen Wirklichkeit widerlegt wurden.

Lenin und Stalin schließlich mußten genau im Widerspruch zu ihren pseudophilosophischen Betrachtungen handeln, sonst wären sie als Politiker nie etwas geworden. Mao ist unter den vieren als Denker am unbedeutendsten. Seine Aufgabe war es eher, durch die beständige Wiederholung von Plattitüden in der Art, wie sie in seinem "Roten Buch" gesammelt sind, in China eine Autorität zu begründen, nachdem das Land durch den Sturz des Kaisertums in jahrzehntelange Anarchie gefallen war.

Dies berichtet der Autor in lockerer und leicht lesbarer Weise, mit aggressivem und manchmal vergnüglich-ironischem Stil. Er gibt dem Bolschewismus und Maoismus bei aller gedanklichen Primitivität, die hier schlagend und allgemeinverständlich aufgezeigt wird, dennoch eine wichtige geistesgeschichtliche Stellung: sein brutaler Materialismus bedeute eine Verstärkung der Aufklärung und diene damit der endgültigen Absetzung des europäischen Geistes vom Mittelalter. Denn im Bewußtsein der Menschen seien die primitiven Behauptungen wirkungsvoller als die komplizierten, also erfülle der Marxismus-Leninismus gewissermaßen eine historisch-pädagogische Funktion. Gerade Deutschland könnte berufen sein — so der Autor —, als Staat an der Schnittstelle zwischen Bolschewismus und Amerikanismus eine geistige Synthese und damit Überwindung des gegenwärtigen weltanschaulichen Antagonismus herbeizuführen. Nun ja.

Insgesamt ersetzt das schmale Bändchen in seiner Sachkompetenz und Verständlichkeit manches dicke philosophische Opus. Nicht einmal die vielberufene Dialektik bleibt ein Gespenst an Kompliziertheit, denn der Autor zeigt kurz und knapp auf, daß sie unter Kommunisten entweder nur zur leichtfertigen Erklärung des allzu peinlichen Umstandes verwendet wird, daß Realität und Lehre bei ihnen diametral auseinanderklaffen, oder daß sie einfach nur die banale Tatsache meint, daß eine Sache unter verschiedenen Voraussetzungen verschieden zu beurteilen ist.

Der Autor hat als Beauftragter des Oberkommandos der Wehrmacht einen Stab von Forschern geleitet, die das Wesen des Bolschewismus erforschen sollten. Im Jahre 1943 hat er eine Untersuchung über den "dialektischen Materialismus" herausgegeben. Selbst wenn wir nun unterstellen, daß er in dieser Schrift der NS-Ideologie seinen Tribut hat zollen müssen, nach Lektüre der "falschen Propheten" dürften wir neugierig sein auf den Inhalt dieses früheren Werkes. Jedenfalls bekommt man nur selten Philosophie und Geistesgeschichte so "schlank" serviert wie in dem vorliegenden Bändchen. (ri)

Gerhard Herm
Auf der Suche nach dem Erbe
Von Karl dem Großen bis Friedrich Krupp
207 Seiten, DM 6,80 (Fischer)

Bei dem Band handelt es sich um historisch-politische Essays, in denen Geschichte und Gegenwart eng verzahnt wurden, um Klischees zu entlarven und zu demontieren. Das Buch beginnt mit einem "Blick von draußen", einem Zerrbild der Deutschen, wie es vor allem für die angelsächsische Trivialliteratur bezeichnend ist, um sich dann mit dem historischen Selbstverständnis der Deutschen auseinanderzusetzen. Herm durchleuchtet dabei die Geschichte Deutschlands von den Anfängen bis zur unmittelbaren Vergangenheit aus dem Blickwinkel des Bildes, das der Deutsche von sich und seiner Geschichte hat: Am Beispiel des Hermanndenkmals zeigt der Autor die Problematik einer Suche nach einer nationalgeschichtlichen Urzeit. Kelten und Wittelsbacher dienen ihm zur Erläuterung des außergewöhnlichen Charakters der Bayern; die Franken zeigt er als tüchtigen, auf alten Grundsätzen beharrenden Volksstamm.

Die Essays sind voller historischer Fakten — Geschichtswissen ist hier aber letztlich nur das Mittel zum literarischen Zweck. Herm bleibt dabei auch eher skeptisch und distanziert gegenüber dem Fach Geschichte und seinen Hilfswissenschaften; etwa wenn er meint, daß es "der Archäologie leichter fällt, eine alte Kloake zu rekonstruieren als eine innere Haltung". Das Buch ist überhaupt voll spitzer Ironie — zum Beispiel wenn die "Suche nach dem Erbe" dargestellt wird als Aufgabe für einen Pressesprecher, Vorbereitungen für ein Firmenjubiläum zu treffen, und Herm diesen Pressesprecher zur definitiven Erkenntnis kommen läßt: "Der Alte will ein Buch". Viel Raum nimmt in dem Essay-Band auch die Auseinandersetzung mit der Dichtung und mit Dichtern ein, auch mit dem Phänomen von Bestsellerlisten. Herms These über Erfolgsautoren:

"Sie schaffen sich nicht selbst, sie werden von denen mitgeschaffen, die ihre Bücher kaufen und sie dadurch ermuntern, immer neue von ähnlicher Machart zu stricken".

Insgesamt kein historisches Buch, aber eines, das einem geschichtsbewußten Publikum Vergnügen — oder, je nach Einstellung, auch Ärger — bereiten mag. (my)

Erwin Hölzle
Amerika und Rußland
Die Entstehung ihres Weltgegensatzes
315 Seiten, geb., Leinen, DM 60,— (Muster-Schmidt)

Unsere Zeit wird vom wachsenden Gegensatz der beiden Großmächte USA und UdSSR geprägt. Da ist es reizvoll, das Verhältnis beider Länder zu einer Zeit zu betrachten, als sie ihre ersten Schritte als Weltmächte machten. Sicher deshalb auch hat die Ranke-Gesellschaft das nachgelassene Werk des Göttinger Historikers Erwin Hölzle zur Entstehung des Gegensatzes zwischen Amerika und Rußland herausgegeben. Der Autor, der 1976 starb, hat sich durch mehrere Werke als profunder Kenner der Materie ausgewiesen. So durch das schon 1953 erschienene Buch "Rußland und Amerika — Aufbruch und Begegnung zweier Weltmächte", dessen unmittelbare Fortsetzung nunmehr vorliegt.

Hölzle beschreibt den Zeitraum von 1868 bis 1917. Zunächst sieht er die Entfremdung und Spannung zwischen beiden Ländern wachsen. Schuld daran ist vor allem, daß die USA als "auserwähltes" Land der Freiheit, die UdSSR unter dem Banner des Panslawismus an die Erweiterung ihres Machtgebietes gehen. Im pazifischen und südostasiatischen Raum prallen die Interessen aufeinander, im russisch-japanischen Krieg beziehen die Vereinigten Staaten Position gegen das Zarenreich. Zudem wächst in der amerikanischen Öffentlichkeit die Kritik an den Judenverfolgungen in Rußland, ja überhaupt an der Unterdrückung jeglicher demokratischer Bewegungen. Erst der gemeinsame Gegensatz zum Deutschen Reich, der dann im Kriegsbündnis des Ersten Weltkriegs mündet, bringt beide Staaten wieder näher. Die Enttäuschung darüber, daß die russische Revolution nicht in Demokratie, sondern in neuer Autokratie mündet, leitet eine erneute Abkehr der USA vom nun herrschenden Sowjetsystem ein.

Diese Entwicklung stellt Hölzle kenntnisreich dar. Auf zwei Schwächen ist allerdings hinzuweisen: Das Manuskript wurde bereits in den 50er Jahren geschrieben, bezieht also nicht die neuesten Forschungsergebnisse auf diesem Gebiet ein. Hölzle ist außerdem der klassischen ideengeschichtlichen Historie verpflichtet, widmet sich oft mehr geistigen Strömungen als realen politischen und wirtschaftlichen Ereignissen. Doch darin liegt — bei aller Skepsis — auch ein Vorzug dieses Werks. Der Autor macht die Motive der Regierenden, die Entwicklung von Ideologie und öffentlicher Meinung verständlich. Daraus resultierte das häufige Mißverstehen beider Staaten, oft unbeabsichtigte gegenseitige Täuschung und Enttäuschung. Bei der Lektüre wird man nicht selten an das Aneinandervorbeireden der heutigen Supermächte erinnert. Überhaupt sind manche Parallelen interessant, so Amerikas Politik der Wirtschaftssanktionen als Antwort auf Menschenrechtsverletzungen im Zarenreich. Weil so manches an der politischen Gegenwart verständlicher wird, hat uns auch das so früh verfaßte Werk Hölzles noch einiges zu sagen.

Juden in Preußen
Ein Kapitel deutscher Geschichte
Herausgegeben vom Bildarchiv Preußischer Kulturbesitz. Offizieller Katalog der Ausstellung "Juden in Preußen" (Berlin 1981)
476 Seiten, 680 Abbildungen, DM 19,80 (Harenberg)
(Die bibliophilen Taschenbücher)

Anläßlich der Preußen-Ausstellung im Jahre 1981 in Berlin kam es auch zu einer Reihe von Sonderausstellungen, u. a. auch zu dem Thema "Juden in Preußen". Das vorliegende Werk stellt den offiziellen Ausstellungskatalog dar. Zweifelsohne konnte es sich bei der Ausstellung nur um einen Teilaspekt des Gesamtproblems "Juden in Europa" oder "Judentum und Abendland", "Judentum und Christentum" handeln — was zugleich auch immer fast 2000jährige Geschichte des Judentums in der Diaspora, zumindest vom jüdischen Selbstverständnis her, ist, wurde doch seit der Zerstörung der Provinz Judäa durch die Römer im Jahre 70 n. Chr. die messianische Hoffnung auf Erez-Israel nie aufgegeben, ein Streben, das in unserem Jahrhundert in Erfüllung gehen sollte mit der Gründung des Staates Israel, im Verständnis des Zionismus angestammte Heimat des jüdischen Volkes. Zerstreut über alle Länder, ohne staatliche Existenz, lebten die Juden ihr religiös-nationales Leben als Volk in den jeweiligen Gastländern weiter — Ansätze zur Assimilation, wie sie zuweilen vorkamen, waren zugleich auch immer Gefährdung der jüdischen Identität; die mit der Französischen Revolution einsetzende jüdische Emanzipation war "zugleich eine grundsätzliche Bedrohung der weiteren jüdischen Existenz in einer nichtjüdischen Welt".

Die nicht erfolgte Assimilation des Judentums ist zweifelsohne ein historisches Phänomen, das vielfache Erklärungen hervorgerufen hat, für den im Katalog sich äußernden protestantischen Theologen Helmut Gollwitzer ist die Erklärung die "besondere Gottesbeziehung", die "besondere Bestimmung" des jüdischen Volkes — der Preis für das Beharren, sich nicht aufsaugen zu lassen, ein "jahrhundertelanges Leidensschicksal sondergleichen". Für die eingeschränkt Heimat gewährende Mehrheit war die jüdische Minderheit immer Prüfstein, heute wissen wir um die Aneinanderreihung von Verfehlungen, bis es schließlich in der Katastrophe unter dem Nationalsozialismus endete. Dennoch wäre es unter dem Eindruck der Tragödie verkehrt, die jüdische Geschichte in der Diaspora nur unter der Tendenz des Leidens und des Scheiterns des Zusammenlebens sehen zu wollen, jüdische Geschichte in der Diaspora ist zugleich auch immer Allgemeingeschichte und nur von daher zu verstehen. Verfolgung, Unterdrückung, Erleiden wurden im Gang der Geschichte nicht nur dem Judentum zuteil, es richtete sich auch gegen andere Minderheiten, sei es in der Inquisition, sei es in Religionswirren etc. Die Darstellung der Geschichte der Juden in der nichtjüdischen Welt wird daher, gerade weil sie in der Katastrophe endete, problembeladen bleiben, dennoch ist es eine Aufgabe, der sich die Forschung stellen muß.

Die Begrenzung der Ausstellung in Berlin auf "Juden in Preußen" war sicherlich eine starke Einschränkung der Thematik, besser wäre es gewesen, "Juden in Deutschland" zu wählen. Gewisse historische Kenntnisse in Allgemeingeschichte setzt auch der Katalog voraus, wenn auch die die Bilder begleitenden Texte sich bemühen, möglichst den geschichtlichen Hintergrund mitzuvermitteln. In 680 Bilddokumenten wird die Geschichte des Aufstiegs und Untergangs der Juden in Preußen als ein Kapitel deutscher Geschichte dargestellt, das gewählte Taschenbuchformat zwingt allerdings dazu, die Bildgrößen vielfach auf Briefmarkenformat herunterzusetzen. Die Texte können die anstehende Problematik zuweilen nur streifen, dennoch entsteht zusammen mit den Abbildungen ein informatives Raster des deutsch-jüdischen Zusammenlebens in Preußen. (pa)

Christian Graf von Krockow
Warnung vor Preußen
224 Seiten, Leinen, DM 30,– (Severin und Siedler)

Die Frage nach dem preußischen Erbe, nach seiner Bedeutung heute und für die Zukunft, in seinen positiven wie in seinen problematischen Aspekten bestimmt den Inhalt dieses Buches. Es handelt sich also in erster Linie nicht so sehr um eine historische Untersuchung, sondern um einen brillanten politischen Essay auf wissenschaftlichem Niveau – zu dem freilich die geschichtliche Perspektive wesentlich dazugehört und den eigentlichen Aufhänger liefert.

Die "Warnung" vor Preußen kommt dabei nicht von einem Außenstehenden, sondern gleichsam von innen: von einem, der nicht bloß selbst aus Preußen stammt und dessen Familie dem preußischen Staat stets Offiziere und Beamte gestellt hat, sondern der auch in sich Neigungen und Abneigungen entdeckt, die gemeinhin mit "typisch preußischen Tugenden oder Untugenden" gleichgesetzt werden (heute ist Graf Krockow freier Wissenschaftler und Publizist in Göttingen). Die These des Autors: Die Verklärung Preußens entspricht nur der Verklärung eines glanzvollen Staates ohne Idee; Einstellungen, Verhaltensweisen und Traditionen aus dem alten Preußen können von heutigen demokratischen Gemeinwesen wie der Bundesrepublik nicht ungeprüft übernommen werden.

Das Bemerkenswerte an dem Werk ist die analytische Distanz, die Graf Krockow gerade zu einem Thema herstellt, dessen Behandlung in der übrigen Literatur meist entweder mit einer Identifikation oder einer Ablehnung verbunden ist. Der Autor verfolgt sein Ziel dennoch mit spürbarem Engagement: Ihm geht es nicht um Schuld und nicht um Abrechnung, schon gar nicht um jene Konstruktionen, die Preußens große Könige oder Bismarck für Hitler verantwortlich machen wollen. Ihm geht es – wie er selbst schreibt – um kritische Aufklärung – nur so ließe sich "das tragfähige Geschichtsbewußtsein schaffen, nach dem so oft und oft so vordergründig gerufen wird".

Lesenswert ist das Buch allein schon wegen der Zusammenstellung der Zitate aus den unterschiedlichsten Quellen, die der Autor verwendet. (my)

Graf Schwerin von Krosigk
Die großen Schauprozesse
Politische Justiz
378 Seiten, Leinen, DM 38,— (Universitas)

Dieses Buch, nach dem Tode des Verfassers herausgebracht und im Manuskript schon ca. 20 Jahre abgeschlossen, behandelt eine Auswahl von politischen Prozessen von der Kreuzigung Christi bis zu den Nürnberger Prozessen 1946/47. Die Moderne ist gut vertreten: Stalins Schauprozesse, Freislers Volksgerichtshof, das Verfahren gegen Marschall Pétain werden vorgeführt. Die Stalinschen Schauprozesse sind eher matt abkonterfeit, Freislers Prozesse umso plastischer, die Nürnberger Prozesse mit Schlaglichtern von grimmiger, auch juristischer Akribie. Hier nämlich ist der Verfasser auch persönlich engagiert, da er unter Admiral Dönitz "Leitender Minister der Geschäftsführenden Reichsregierung" war und als solcher vom amerikanischen Militärgerichtshof verurteilt, 1951 aber begnadigt wurde. Der Verfasser urteilt nicht, sondern stellt nur die Verhandlungsführung dar, speziell in ihren unfairen Zügen (das ist die Art, wie er sein Urteil ausdrückt), und gibt in ruhigem Ton juristische Information. Aus diesem Abschnitt kann der Leser eigentlich nur den Schluß ziehen, daß die Nürnberger Prozesse juristischer Unfug und moralisch ungerecht waren.

Der Verfasser (oder der Verlag?) hat sich bemüht, in die Skizzen eine Systematisierung nach Fallgruppen zu bringen. So werden Konradin und Karl von Anjou unter "Die Macht vernichtet den, der sich ihr entgegenstellt" subsumiert, "die Kollektivschuld wird dem Einzelnen zum Verhängnis" umfaßt neben Freisler, Stalin und Nürnberg auch den Templerprozeß unter Philipp IV. von Frankreich. Diese Einteilung ist an manchen Stellen nicht zwingend, aber das tut wohl nichts zur Sache: man erwartet von einer Darstellung politischer Prozesse, daß die politische Atmosphäre, die sie trägt, dabei auch lebendig und dem Leser in klaren Konturen einsichtig wird, und das leistet der Verfasser in flüssigem Stile allemal. Sogar beim einleitenden Prozeß, dem gegen Christus. Hier hat alles auch politisch Hand und Fuß, das Religiöse drängt sich nicht vor — nur darf man sich fragen, woher der Verfasser denn über den Charakter des Pontius Pilatus so eindeutig Bescheid weiß. Der weite Gang durch die Geschichte bringt es mit sich, daß rechtliche Erörterungen nicht im Mittelpunkt der Darstellungen stehen können, außer bei Freisler und in Nürnberg, obwohl sie durchaus im geistigen Horizont des Verfassers liegen. Es gelingt ihm übrigens, hierbei nicht in unverständliche und Lese-Unlust erzeugende Fachsimpelei zu verfallen, womit er seine Fähigkeit zur Popularisierung von Geschichte auch auf dem steinigen Acker der Prozeßdarstellung überzeugend unter Beweis stellt. Daher kann das Buch insgesamt als verantwortungsvoll zubereitete und sehr eingängige Kost für historisch Interessierte uneingeschränkt empfohlen werden — zumal die Einzelkapitel, abgesehen von Nürnberg, den Umfang von 30 Seiten nicht überschreiten. (ri)

Heiko A. Oberman
Wurzeln des Antisemitismus
Juden im Zeitalter von Humanismus und Reformation
224 Seiten, Leinen, DM 34,– (Severin und Siedler)

Judenhaß und Judenverfolgung sind noch immer unbewältigte Vergangenheit in Europa. Fassungslos stellen wir uns, sei es nach erschütternden Dokumentationen aus Auschwitz oder der Fernsehserie "Holocaust", die Frage: "Wie konnte das geschehen?" Und selbst heute ist der Antisemitismus noch virulent, das zeigen antijüdische Ausschreitungen in Osteuropa und das Programm rechtsextremistischer Grüppchen im Westen. Der Historiker und Theologe Heiko Obermann, der jetzt in Tübingen lehrt, versucht in seinem Buch die "Wurzeln des Antisemitismus" aufzuspüren. Denn zu Recht weist er Ansichten zurück, die die Massenvernichtung in den KZ's als einmaliges Verbrechertum, als einmaligen Rückfall in die Barbarei erklären wollen. Auch Argumente, die in der wirtschaftlichen Stellung der Juden im Mittelalter den ausschlaggebenden Faktor für den Antisemitismus sehen, hält er für zu einseitig. Denn, so fragt Obermann, "warum hat man die Fugger zwar verflucht, die Juden aber verjagt."

Obermann konzentriert seine Untersuchung auf das 16. Jahrhundert, das Zeitalter von Humanismus und Reformation. Damals wurde eine entscheidende Bresche für Menschenrechte, Toleranz und Glaubensfreiheit geschlagen. Drei Gestalten waren der Mittelpunkt dieser Bewegung: Der deutsche Humanist und Hebräist Johannes Reuchlin, der berühmte Erasmus von Rotterdam und der Reformator Martin Luther. Reuchlin, dem die ersten Abschnitte gewidmet sind, trat immerhin noch für besseren Rechtsschutz für Juden ein, jedoch, falls diese sich im christlichen Sinne nicht bessern lassen, dann sollen sie vertrieben werden. Auch bei Erasmus stellt Oberman fest, daß sein Denken von "virulentem Antijudaismus" durchzogen ist, sein erneuertes Europa ist ein Europa ohne Juden. Auch Luther, der im dritten Teil ausführlich behandelt wird, hat eine klare Position: Er tritt zwar für die Beseitigung von Hindernissen ein, die einer Judenbekehrung im Weg stehen; gegen die "verstockten" Juden zieht er aber mit Schmähschriften zu Felde. In der Mitte des Buches, im zweiten Teil, stellt Obermann den Zeitgeist, den Mechanismus der Vertreibungen dar, den Zusammenhang zwischen religiös und ökonomisch motiviertem Judenhaß.

Obermanns Ergebnis erscheint paradox: Während das 16. Jahrhundert Europa mit Renaissance und Reformation einen Neuanfang in Glauben, Bildung und Erziehung brachte, verschlechterten sich für die Juden gesellschaftliche Stellung und Rechtsschutz. "Auch an dieser Entwicklung hatten Reuchlin, Erasmus und Luther ihren Anteil", so Obermanns Resümee. Mit seiner Arbeit ist Obermann tatsächlich auf wichtige Wurzeln des Antisemitismus gestoßen, selbst wenn er dabei an manchem Denkmal kratzt. (pe)

Hans Christian Pilster
Militärmacht Rußland-Sowjetunion
Werden, Wesen, Wirken einer Militärmacht
464 Seiten, 56 Karten, Tabellen, Skizzen im Text sowie 70 Fotos

und Zeichnungen auf Kunstdrucktafeln, geb. Efalinleinen, DM 58,– (Mittler & Sohn)

Leicht liest sich dieses Buch sicherlich nicht, denn es geht ihm jeglicher schöngeistiger Ehrgeiz ab. Was nicht bedeuten soll, daß der Stil unbeholfen ist – er ist nur nüchtern und schmucklos, wie von einem Verfasser nicht anders zu erwarten, der Generalmajor war und Chef der Abteilung Auswertung beim Bundesnachrichtendienst. Was dem Buch jedoch an Leichtverdaulichkeit abgeht, das ersetzt es mehr als reichlich durch Sachinformation, basierend auf souveräner Beherrschung des Stoffes, wie sie in den Berufsjahren des Autors allmählich gewachsen ist. In der richtigen Erkenntnis, daß eine Armee als der Ausdruck des Wehrwillens eines Staates auch in dessen Geschichte verwurzelt sein muß, geht der Autor sein Thema historisch an und kommt nach einer Skizze der militärischen Aktivitäten des Großfürstentums Moskau und der Zaren zügig zur Oktoberrevolution und damit zur Zeitgeschichte. Anhand der Gedanken Lenins zu militärischen Fragen, die sehr eingehend dargelegt werden (besondere Delikatesse: Abdruck eines zentralen Textes aus Clausewitz' Werk "Vom Kriege" mit den Randbemerkungen Lenins), ergibt sich grundsätzlich: die Sowjetarmee ist nicht nur einer der Aspekte der Sowjetmacht, sondern sie ist zusammen mit der Ideologie der wichtigste Bestandteil dieser Macht! Letztlich aus dem Grunde, den Ulrich de Mairzère im Vorwort bereits angibt: der Sowjetunion bleibt gar nichts anderes übrig, als ihre Politik auf militärische Stärke zu stützen, denn allein darin ist sie leistungsfähig. Innerhalb des 20. Jahrhunderts liegt der Hauptakzent der Darstellung auf der unmittelbaren Gegenwart, wobei der Autor sehr ins Detail geht und auch Fakten nicht-militärischer Art eingehend behandelt, sofern sie militärisch von Belang werden können.

Daß die Lektüre auch für Nichtmilitärs sehr empfehlenswert ist, beruht auf dem überragenden Wert der Sowjetarmee auch als politischer Faktor. So ist es auch für "Zivilisten" sehr nützlich zu erfahren, daß die in der DDR stationierten Panzerdivisionen der Sowjetarmee jede ca. 100 Panzer mehr zugewiesen haben als die Standard-Panzerdivisionen, die anderswo stationiert sind. Und da Panzer eindeutig Angriffswaffen sind, ist daraus eigentlich nur der Schluß zu ziehen, daß diese Divisionen besonders der Ausübung politischen Druckes dienen sollen. Der Autor belegt ferner, daß es das Ziel der Sowjetunion ist, mit ihrer Rüstung den Westen nicht einzuholen, sondern zu überholen, und daß sie dies teilweise auch schon erreicht hat. Würden die Einheiten der Sowjetarmee im Konfliktfall loyal sein, oder wäre mit größeren Auflösungserscheinungen zu rechnen? Was ist vom Ausgreifen nach Afrika zu halten? Solche und ähnliche Fragen, die zur Beurteilung der sowjetischen Politik von herausragender Bedeutung sind, versucht der Verfasser zu beantworten, unbestechlich, kühl, rational, wie es seiner Profession zukommt. Er findet die begrenzte Risikobereitschaft, die das Politbüro seit Jahrzehnten gezeigt hat, durchaus vertretbar mit dem Anstreben einer weltweiten Vormachtstellung. Interne Schwierigkeiten, sofern bekannt, stehen dem noch nicht entgegen, und nie stand diesem Streben die Koexistenzpolitik mit dem Westen entgegen. Der Autor, der sich im allgemeinen auf das Militärisch-Fachliche beschränkt, weiß auch, warum: die marxistische Ideologie treibt die Kreml-Gewaltigen vorwärts, und man darf sich nicht davon täuschen lassen, daß sie ihr Ziel mit beträchtlicher Nüchternheit und Rationalität ansteuern. Dementsprechend wird sich nach seiner Prognose auch bis zum Jahr 2000 an der Grundorientierung sowjetischer Politik nichts ändern, heiße der erste Verantwortliche nun Breschnew oder wie auch immer.

Da hier Zeitgeschichte und -analyse in der disziplinierten Denkweise eines Generalstäblers geschrieben werden, dessen Ethos darin besteht, keinerlei Wunschdenken über sich Gewalt gewinnen zu lassen, kann das Buch nicht nur zur Lektüre, sondern auch zum Studium allen uneingeschränkt empfohlen werden, die unbestochene Information über das Thema suchen und die an der politischen Meinungsbildung in unserem Lande in irgendeinem Maße mitwirken. Auch wenn das den Mut zu einem gewissen Pessimismus nicht ausschließt, denn der Autor "bedauert, daß er für die Zukunft und das Zusammenleben mit den Sowjets nicht optimistischer sein kann". Jedenfalls ist er auch das Gegenteil einer hysterischen Kassandra.

(ri)

Karl Springenschmid
Schicksal Südtirol
2. Auflage, 269 Seiten mit 16 Abbildungen, 4 Faksimiles und 2 Karten, Leinen, DM 34,– (Stocker)

Karl Springenschmids Buch "Schicksal Südtirol" zeichnet einen geschichtlichen Bogen von der "Entdeckung" des Brenner als "natürlicher" Grenze Italiens durch die Italiener bis zur "Annexion" des südlichen Teils von Tirol durch den italienischen Staat. Der in Innsbruck geborene Verfasser bekennt sich darin unverhohlen zu einem nationalen, fast nationalistischen Standpunkt. Das Motto des Bandes lautet in diesem Sinne: "Wie Südtirol verloren ging". Erklärtes Ziel ist, "das Unrecht, das Südtirol geschehen ist, klar und überzeugend darzustellen".

Das Buch, 1971 erstmals erschienen, zeichnet sich durch einen flüssigen, wenn auch etwas antiquierten Sprachstil aus. Es hat in mehrfacher Hinsicht dokumentarischen Wert: Zum einen ist es ein Beispiel für Publikationen aus jener jüngsten Vergangenheit, in der die Südtirolfrage noch mit weit stärkeren Emotionen als heute befrachtet war. Zum anderen liefert der Autor – er gehört selbst jener Generation an, die im ersten Weltkrieg als Standschützen, Landsturmmänner, als Kaiserjäger oder Kaiserschützen ihr Land mit der Waffe in der Hand verteidigten – eine sachlich fundierte und detaillierte Rekonstruktion von Vorgängen in seiner und um seine Heimat; das Buch unterscheidet sich insofern vom Niveau her von anderen, propagandistischen Werken zu diesem Thema.

Schließlich wird in dem Band eine umfangreiche Sammlung von Quellen der verschiedensten Art wiedergegeben, wobei auch italienische Geschichtszeugnisse und Standpunkte ihren Niederschlag finden. Zudem baut Springenschmid in den Text eigene Erlebnisschilderungen ein und vermittelt als ein Beteiligter einen hautnahen Einblick in die Kampfmethoden eines – wie er es nennt – "in seiner Existenz bedrohten Volkes".

Springenschmids "Ausblick in die Zukunft" zeigt, gerade wegen seiner Parteinahme, daß das Südtirolproblem als europäischer Konfliktstoff auch für künftige Generationen noch an Aktualität beibehalten dürfte. (my)

Tausend Jahre Nachbarschaft
Deutsche in Südosteuropa
Herausgegeben von der Stiftung Ostdeutscher Kulturrat. Zusammengestellt und eingeführt von Gotthold Rhode. 280 Seiten, 196 Abbildungen, davon 26 in Farbe, Format 23 x 29,5, Leinen, DM 68,- (Bruckmann)

Das Zusammenleben von Völkern gestaltet sich oft schwierig, geht es doch vielfach um die Durchsetzung einander entgegenstehender Interessen auf allen Gebieten des Lebens; zur permanenten Konfliktsituation kann noch die Unterschiedlichkeit in Sprache, Kultur, Denken und Fühlen, in Lebensauffassung und -gestaltung, in Mentalität und psychischer Anlage beitragen, das Unverständliche am Anderen, Fremden beschleunigt oft die Neigung, nachbarschaftliche Probleme nicht auf friedlichem Wege zu lösen, sondern durch die kriegerische Auseinandersetzung mit ihrem für die betroffenen Völker bitteren Leid. Zweifelsohne stellten in Europa die Volkstums- und Nationalitätenkämpfe des 19. und 20. Jahrhunderts einen Höhepunkt dieser Entwicklung dar, seit dem Ende des 2. Weltkriegs ist in die europäischen Völker vielfach die Einsicht eingekehrt — sieht man einmal von der neuen, ideologisch bedingten Kluft zwischen Ost und West ab —, daß der bisherige Weg keine Fortsetzung mehr finden darf.

Daß es neben dem Kampf um Herrschaft und Boden auch ein Mit- und Nebeneinander geben konnte, wurde in den Darstellungen der politischen Geschichte allerhöchstens als Randerscheinung gesehen, dieses nachbarschaftliche Zusammenleben von Völkern aber will das von der Stiftung Ostdeutscher Kulturrat in Bonn herausgegebene Werk "Tausend Jahre Nachbarschaft. Deutsche in Südosteuropa" vermitteln. In dem eine natürliche geographische Einheit bildenden Donau-Karpaten-Raum entwickelte sich unter einer Vielfalt von Völkern und Völkergruppen ein friedliches Mit- und Nebeneinander mit gegenseitigem Geben und Nehmen, ohne daß man deswegen seine Eigenheiten aufgab; das auch vorhandene zeitweilige Gegeneinander steht nicht im Mittelpunkt des Buches. Es zeigt stattdessen das tausendjährige Zusammenleben der Deutschen in Südosteuropa mit ihren verschiedenen Nachbarn auf, wobei entsprechend der Themenstellung weniger das Spektakuläre der politischen Geschichte mit ihren Kämpfen und Querelen als vielmehr das Alltägliche in den Vordergrund rückt. Der gut illustrierte Band besteht aus 35 Beiträgen verschiedener Mitarbeiter, welche aus einer großen Breite von Blickwinkeln sich der Thematik annähern, es entsteht dadurch ein interessantes Bild von der geistigen Vielfalt eines Landschafts- und Kulturraumes, in dem das deutsche Element eine nicht unwesentliche Rolle spielte. Die Fülle der aufgezeigten Details, die Vielfalt der Ansatzpunkte, das breite Spektrum der Betrachtung, das den Bogen von den Reichen und Völkern, dem deutschen Siedlungswesen über die Wirtschaft zu Kunst, Literatur, Theater und Musik spannt, entschädigt für eine gewisse Uneinheitlichkeit in Konzeption und Gestaltung, wie sie notgedrungenermaßen in einem so breit angelegten Sammelwerk mit den unterschiedlichsten Sichtweisen der Mitarbeiter entsteht.

Das aufwendige Werk möchte sich dabei jedoch nicht unbedingt als "Grabgesang" eines deutsch-rumänischen oder deutsch-ungarischen Zusammenlebens verstehen, auch wenn es ein solches in absehbarer Zukunft nicht mehr geben sollte. Das Buch wendet sich an eine breitere Leserschicht, vor allem aber wird es der Leser begrüßen, dem Landschaften und Städte wie Siebenbürgen, Zips, Banat, Bukowina, Kronstadt, Leutschau, Temesvar, Preßburg u. a. m. vertraut sind. Die rasche Orientierung und Einordnung von Ereignissen wird durch eine Zeittafel erleichtert, eine umfangreiche Bibliographie und Namens- und Ortsregister sind noch zu erwähnen. (pa)

Bassam Tibi
Die Krise des modernen Islams
Eine vorindustrielle Kultur im wissenschaftlich-technischen Zeitalter
228 Seiten, DM 19,80 (Beck)

Wenn wir Europäer von der Rennaissance des Islam hören, dann kommen uns zunächst die Schreckensbilder aus dem Fernsehen in den Sinn: Da verbrennen schiitische Studenten vor der amerikanischen Botschaft in Teheran Puppen, die westliche Politiker symbolisieren; im Erdölförderland Saudiarabien werden nach altislamischem Brauch in unseren Augen drakonische Strafen verhängt; und die Mörder des ägyptischen Präsidenten Sadat berufen sich auf den Koran. Bilder, die unsere Vorurteile bestärken ebenso wie die oft allzuschnell zusammengestellten Sachbücher mancher Journalisten über die arabische Welt. Bassam Tibi, Professor für internationale Politik in Göttingen, ist kompetent. Ein Muslim, der in Damaskus aufgewachsen ist und in Frankfurt bei Adorno und Horkheimer studiert hat. So kann er die Entwicklung des Islam, dessen Geschichte und Gegenwart er genau kennt, mit den Methoden der Soziologie und Politologie untersuchen.

Zunächst geht es Tibi darum, den Zusammenstoß der vorindustriellen Kultur des Islam mit den industrialisierten Ländern des Westens zu zeigen und seine Folgen zu analysieren. In einem nächsten Schritt geht der Autor noch weiter in die Vergangenheit und versucht, Wurzeln und Wesen des Islam zu klären. Der dritte Teil der Untersuchung will die Rolle des Islam in der arabischen Welt zeigen, die ja durch das Öl reich geworden ist und sich in einem Modernisierungsprozeß befindet. Den derzeitigen Trend zur Reislamisierung erklärt der Autor als eine aggressive Verteidigung gegenüber einer übermächtigen westlichen Zivilisation. Als Alternative schlägt Tibi vor, daß es wie in Europa zu einer Säkularisierung, zu einer Trennung von Religion und Politik in der arabischen Welt kommen müsse.

Seinem Anspruch, mit dem Buch auch den "interessierten Laien" zu erreichen, ist Tibi nicht ganz gerecht geworden. Die Ausführungen sind schwierig zu lesen, obwohl einzelne Begriffe immer wieder erklärt werden. Wer sich aber, und sei es mit dem Lexikon in der Hand, in die Analyse hineinkniet, der hat eine kenntnisreiche Untersuchung zur Hand. Denn Tibi versucht übergreifende historische Zusammenhänge darzulegen und dadurch die derzeitige Situation im Nahen Osten verständlich zu machen. (pe)

Wilhelm Treue
Der Krimkrieg und seine Bedeutung für die Entstehung der modernen Flotten
2., völlig überarbeitete und erweiterte Auflage 1980
152 Seiten mit 17 Abbildungen, Format 16 x 24 cm, Efalinleinen, DM 29,80 (E.S. Mittler & Sohn)
(Hrsg. von der Deutschen Marine-Akademie, Bd. 2)

Im Krimkrieg von 1854/55 griffen England und Frankreich zugunsten des damaligen Osmanischen Reiches ein, um Rußland davon abzuhalten, sich der Balkan-Fürstentümer sowie der Schwarzmeerausgänge zu bemächtigen. Obgleich dieser Krieg für Jahrzehnte das Bild Europas prägte und obgleich er den Anstoß dafür gab, die Schiffs- und Waffentechnik der großen europäischen Flotten entscheidend umzustellen, war dieses Thema bislang universalgeschichtlich und marinehistorisch wenig beachtet worden. Diese Lücke schließt der aus Berlin stammende Historiker, Prof. Dr. Wilhelm Treue, mit seinem bereits in der zweiten, erweiterten Auflage vorliegenden Buch.

Das Werk erfüllt den Anspruch von Wissenschaftlichkeit und erschließt dieses Spezialthema durch seinen verständlichen Sprachstil gleichzeitig einem breiteren Leserkreis. Treue hat mit Akribie bislang vernachlässigte Quellen aufgearbeitet und liefert — etwa in Bezug auf den Aufbau der beteiligten Flotten oder vom Ablauf der Kriegshandlungen — Details, die bei anderen Historikern oft keine Berücksichtigung finden, Geschichte aber eigentlich erst für die Gegenwart lebendig werden lassen. Dabei bleiben die großen historischen Zusammenhänge bei Treue jedoch stets im Vordergrund.

Der Schwerpunkt der Arbeit liegt eigentlich in der Analyse der flotten- und waffentechnischen Auswirkungen dieses "vergessenen Krieges". Der Verfasser zeigt nebenbei aber zum Beispiel auch das Ergebnis einer geschickten Zeitungspropaganda, die ergebnislose Gefechte zu kriegsentscheidenden Schlachten hochstilisierte.

Der Autor lehrt seit einigen Jahren als Honorarprofessor Wirtschaftsgeschichte an der Universität von Salzburg und ist als Herausgeber mehrerer fachspezifischer Zeitschriften und Buchreihen bekannt. (my)

Zu den Rezensenten

K. Arten: Nach dem Studium von Literaturwissenschaft, Kunst und Geschichte freier Schriftsteller und Mitarbeiter bekannter Tageszeitungen.

Dr. Wolfgang Mayer studierte Geschichte, politische Wissenschaften und Soziologie. Neben wissenschaftlichen Arbeiten auf dem Gebiet der internationalen Beziehungen Mitarbeit an einer Universalgeschichte und einer mehrbändigen enzyklopädischen Weltgeschichte. Dr. Mayer ist Redakteur einer großen deutschen Tageszeitung und Mitarbeiter einer historischen Zeitschrift; er schrieb eine auf breites Interesse stoßende historische Biographie.

Dr. Franz Metzger: Studium der Geschichte, Anglistik und Kunstgeschichte, Dr. phil. Journalist und Chefredakteur einer historischen Zeitschrift. Neben wissenschaftlichen Veröffentlichungen zahlreiche journalistische Arbeiten auf den Gebieten Kultur und Geschichte.

Peter Orzechowski lebt nach dem Studium der Geschichte, Germanistik und Politologie als freier Schriftsteller und Publizist in München. Neben wissenschaftlichen Arbeiten und der Mitarbeit an einer historischen Zeitschrift ist er vor allem als Hörspiel- und Sachbuchautor tätig, unter Pseudonym erschien von ihm ein bekannter historischer Roman.

Hariet Paschke: Studium der Kunstgeschichte, Geschichte, Archäologie und Ur- und Frühgeschichte. Mitarbeit an einer enzyklopädischen Welt- und Kulturgeschichte, Verlagstätigkeit im Bereich Presse und Werbung.

Dr. Uwe Paschke: Studium der Geschichte, Kunstgeschichte, Archäologie, Philosophie, Germanistik. Neben wissenschaftlichen Arbeiten zahlreiche Veröffentlichungen zu universalgeschichtlichen Themen, Mitarbeit an einer 18bändigen Welt- und Kulturgeschichte und Herausgeber zahlreicher enzyklopädischer Reihen und Bücher zu Kunst, Kultur und Geschichte. Tätigkeit als Cheflektor und Verlagsleiter in bekannten deutschen Verlagshäusern und Leitung einer Verlagsagentur mit internationaler Produktion für namhafte deutsche Verlage; Geschäftsführer eines deutschen Verlagshauses und Verleger.

Dr. Hans-Peter von Peschke: Studium der Geschichte, Wirtschaftsgeschichte, Soziologie und Politologie; MA in Pädagogik, Dr. phil. Verfasser wissenschaftlicher Werke und Mitarbeiter von historischen Zeitschriften. Ist als Redakteur im Bayerischen Rundfunk tätig und hält nebenberuflich zahlreiche Vorträge zu geschichtlichen Themen und zur aktuellen politischen Zeitgeschichte.

Rainer Rast lebt als freier Schriftsteller und Publizist in Nürnberg. Journalistische Tätigkeit für Tageszeitungen, Veröffentlichungen von Besprechungen und Kritiken, Hörspielautor, Lesungen über

Robert Musil, Organisator und Diskussionsleiter bei Lesungen fränkischer Dichter.

Bernd Rill: Studium der Jurisprudenz, Geschichte, Philosophie und Politologie. Tätigkeit als Verlagslektor, Mitarbeit an einer historischen Zeitschrift. Veröffentlichte eine Vielzahl geschichtlicher Artikel, von Besprechungen und journalistischen Arbeiten. Autor zweier bedeutender historischer Sachbücher.

Jürgen Wilhelmi: Nach dem Studium der Geschichte, Germanistik und Anglistik Pressereferent und Journalist. Neben der Mitarbeit an Schulbüchern und historischen Zeitschriften Verfasser zahlreicher Artikel und Beiträge zur Geschichte, von Rezensionen und wissenschaftlichen Arbeiten.

Erklärung der Siglen

(ar) = K. Arten
(hp) = Hariet Paschke
(me) = Dr. Franz Metzger
(my) = Dr. Wolfgang Mayer
(or) = Peter Orzechowski
(pa) = Dr. Uwe Paschke
(pe) = Dr. Hans-Peter von Peschke
(ra) = Rainer Rast
(ri) = Bernd Rill
(wi) = Jürgen Wilhelmi

Autorenregister

Arnold, Wolfgang 92
Aron, Raymond 151

Beekman, Frans S.A. 72
Beyreuther, Erich 16
Bleuel, Hans Peter 93
Böddeker, Günter 85
Böhme, Helmut 47
Bönisch, Georg 94
Boetticher, Manfred von (Hrsg.) 148
Bookmann, Hartmut 53
Bracher, Karl Dietrich 153
Bradford, Sarah 94
Buchner, Rudolf 25
Bullock, Alan 96

Cavendish, Richard (Hrsg.) 22
Christoph, Paul (Hrsg.) 146
Colton, Joel 14
Corti, Egon Cäsar Conte 96
Craig, Gordon A. 60, 62, 153

Digel, Werner (Hrsg.) 10
Diwald, Hellmut 97, 98
Dönhoff, Marion Gräfin von 26
Dollinger, Hans 26
Dollinger, Philippe 54
Dornberger, Walter 75

Eberhard, Wolfram 28
Einsiedel, Friedrich 100
Erdmann, Karl Dietrich (Hrsg.) 76
Euler, Heinrich 12

Flemming, Jens (Hrsg.) 77
Furet, François 63

Gall, Lothar 101
Gay, Peter 14
Gaxotte, Pierre 102
Gesche, Helga 48
Godolin, Axel von 29
Görlitz, Walter 103, 154
Grebing, Helga 64
Grube, Frank 86, 87

Härtle, Heinrich 157
Haffner, Sebastian 155
Hahlweg, Werner 104
Hamann, Brigitte 104
Heinrich, Gerd 30
Hellmann, Manfred 106
Hellwig, Gerhard 9
Helmdach, Erich 78
Hentschel, Volker 31
Herm, Gerhard 158
Hilger, Gustav 106
Hiller, Helmut 107
Hillgruber, Andreas 108
Hirsch, Helmut 109
Hölzle, Erwin 159
Horn, Wolfgang 79

Hubensteiner, Benno 32
Hümmert, Ludwig 79
Huyn, Hans Graf 88, 89

Ipser, Karl 110
Irving, David 111

Jäschke, Kurt-Ulrich 55
Jelusich, Mirko 111
Jordan, Karl 112
Junker, Detlef 113

Kennan, George F. 66
Kieser, Egbert 80
Koch, Hansjoachim W. 33
Kohlhaas, Wilhelm 67
Konzelmann, Gerhard 114
Krockow, Christian Graf von 161
Krohn, Claus-Dieter (Hrsg.) 77
Krosigk, Graf Schwerin von 162
Kühner, Hans 17
Kupisch, Karl 18
Kurowski, Franz 34, 72

Lay, Rupert 19
Lehmann, Hans Georg 22
Leonhard, Wolfgang 68
Leuschner, Peter 69
Lichtenstein, Heiner 84
Ling, Trevor O. (Hrsg.) 22
Linne, Gerhard 9, 35
Lorenz, Richard (Hrsg.) 148
Lüdde-Neurath, Walter 81

Maack, Berthold 36
Mahieu, Jacques de 142, 143
Mann, Golo 12, 35, 37
Maser, Werner 115
Mayer, Wolfgang 116
Mondfeld, Wolfram zu 145
Moser, Bruno (Hrsg.) 21
Morozow, Michael 118

Neulen, Hans Werner 82
Noelle, Hermann 49

Obermann, Heiko A. 163

Palmer, Alan 120
Pfister, Kurt 121
Pietrow, Bianka (Hrsg.) 148
Pilster, Hans Christian 163
Pleticha, Heinrich 12, 37 (Hrsg.)
Preis, Kurt 82
Preradovich, Nikolaus von 122

Raddatz, Fritz J. 123
Rauch, Georg von 38, 126
Reiser, Rudolf 39, 40
Rhode, Gotthold (Hrsg.) 166
Richet, Denis 63
Richter, Gerhard 86, 87

Richter, Werner 127, 128, 129
Rill, Bernd 23, 41
Ritter, Gerhard 130
Rößler, Hellmuth (Hrsg.) 74

Salentiny, Fernand 131
Saul, Klaus (Hrsg.) 77
Sauvigny, Guillaume-André de
 Bertier de 43
Seidenstücker, Friedrich 150
Sichelschmidt, Gustav 135
Siefer, Gregor (Hrsg.) 12
Sievers, Leo 58
Smith, Hedrick 135
Spanuth, Jürgen 50
Spieß, Alfred 84
Springenschmid, Karl 137, 165
Schoeps, Hans-Joachim 44
Schramm, Wilhelm von 132
Schreiber, Georg 145
Schüssler, Wilhelm 134
Schultz-Naumann, Joachim 83
Schulze, Hagen (Hrsg.) 76
Schwarzmaier, Hansmartin 56, 57

Stegmann, Dirk (Hrsg.) 77
Sterzl, Anton 50
Steuer, Heiko 51
Stökl, Günther 45
Stromberger, Peter 12
Stürmer, Michael (Hrsg.) 70

Treue, Wilhelm 46, 168
Teichert, Will 12
Tibi, Bassam 167

Ulmschneider, Helgard 151

Valloton, Henry 138, 139
Vandenberg, Philipp 140
Venohr, Wolfgang 141

Wachter, Dorothea 58
Wehler, Hans-Ulrich (Hrsg.) 71
Whittle, Tyler 141
Witt, Peter-Christian (Hrsg.) 77
Wohlfeil, Rainer (Hrsg.) 59

Zierer, Otto 15

Titelverzeichnis

Abraham Lincoln 127
Adolf Hitler 103, 115
Alexander I. Gegenspieler Napoleons 120
Amerika und Rußland 159
Arafat 114
Auf den Spuren der Türken 145
Auf der Suche nach dem Erbe 158

Bayerische Geschichte 32
Bayerische Gesellschaft 39
Bayern vom Königreich zur Diktatur 79
Bismarck 108
Bismarck – Der weiße Revolutionär 101
Bismarcks europäisches System in der Auflösung 66
Blut, Gold und Ehre 145

Carl von Clausewitz 104
Cesare Borgia 94
Chronik der Bundesrepublik Deutschland 1945/49-1981 92
Clausewitz – Den Krieg denken 151
Clausewitz Leben und Werk 132

Danziger Bucht 1945 80
Das christliche Universum 21
Das Imperium der Päpste 17
Das kaiserliche Deutschland 70
Das seltsam wilde Leben des Pandurenoberst Franz von der Trenck 122
Das Unternehmen Tannenberg 84
Das Wikingerreich von Tiahuanacu 142
Daten der Weltgeschichte 9
Der Angriff – Der Vorstoß Moskaus zur Weltherrschaft 88
Der Bauernkrieg 1524-26 59
Der Deutsche Orden 53
Der Georgier 118
Der Kampf um die "Festung Holland" 72
Der Krimkrieg und seine Bedeutung für die Entstehung der modernen Flotten 168
Der Marsch zur Machtergreifung 79
Der Rebell Thomas Cochrane 116
Der Revisionismus 64
Der Sonnenfürst 94
Der Staufer Friedrich II. 110
Der Untergang Roms an Rhein und Mosel 50
Der Zweite Weltkrieg 73
Deutsche Geschichte 37
Deutsche Geschichte 1866-1945 60
Deutsche Geschichte 1919-1945 37

Deutsche Geschichte im europäischen Rahmen 25
Deutsche Geschichte – Von den Anfängen bis zum Ende der Ära Adenauer 46
Deutsche und Polen – Die schwierige Nachbarschaft 41
Die Atlanter 50
Die falschen Propheten 157
Die Flüchtlinge – Die Vertreibung der Deutschen im Osten 85
Die Folgen von Versailles 1919-1924 74
Die Freiheit des geschichtlichen Denkens 18
Die Franken in Köln 51
Die Französische Revolution 63
Die Gaismair Saga 137
Die großen Schauprozesse 162
Die Gründerjahre der Bundesrepublik 86
Die Hanse 54
Die Heimat der Staufer 56
Die Inquisition und ihre Ketzer 23
Die Ketzer 19
Die Krise des modernen Islams 167
Die Langobarden 49
Die letzten dreißig Tage 83
Die preußisch-deutsche Armee 153
Die Republik von Weimar 77
Die russische Revolution 1917 148
Die sieben Todsünden des Deutschen Reiches im Ersten Weltkrieg 155
Die Templer in Amerika oder das Silber der Kathedralen 143
Die Wittelsbacher in Bayern 40

Erzherzog Johann 92
Eurofaschismus im Zweiten Weltkrieg 82
Europäische Wirtschafts- und Sozialgeschichte I 47

Ferdinand Lassale 93
Flucht und Vertreibung 87
Franklin D. Roosevelt 113
Friedrich III. 128
Friedrich Barbarossa 112
Friedrich der Große 102
Friedrich der Große 130
Fritz der König 141
Fünf vor Zwölf 89

Geldgeber der Macht 154
Geschichte Chinas 28
Geschichte der Franzosen 43
Geschichte der Sowjetunion 38
Geschichte des Pietismus 16
Geschichte Europas im 19. und 20. Jahrhundert 62
Geschichte Preußens 30

Geschichte Preußens 33
Geschichte und Gewalt 153
Götz von Berlichingen — Mein Fehd und Handlungen 151
Große Preußen 135

Heinrich I. 100
Hitler 96

Imperialismus 71
Im Zeichen des Adlers 97
Iwan IV. der Schreckliche 106

Juden in Preußen 160

Kaiser Wilhelm-Album 149
Kaiser Wilhelm II. 141
Karl Marx 123
Kurfürst Maximilian I. von Bayern 121

Lenin, Grundlegung des Sowjetsystems 126
Ludwig I. von Bayern 96
Ludwig II. König von Bayern 129

Maria Theresia 138
Maria Theresia — Geheimer Briefwechsel mit Marie Antoinette 146
Metternich — Napoleons großer Gegenspieler 139
Meyers Illustrierte Weltgeschichte in 20 Bänden 10
Militärmacht Rußland-Sowjetunion 163
München unterm Hakenkreuz 82
Mythologie 22

Nero 140
Nur wenige kamen zurück 69

Otto der Große und seine Zeit 107

Panorama der deutschen Geschichte 35
Panorama der Weltgeschichte 12
Peenemünde. Die Geschichte der V-Waffen 75
Preußen 26

Preußen — Geschichte eines Staates 44
Preußen: "Jedem das Seine" 36
Preußens streitbare Geschichte 31
Prinz Eugen 111

Regierung Dönitz 81
Revolution in Deutschland 58
Rom — Welteroberer und Weltorganisator 48
Rommel 111
Ronald Reagan — Weltmacht am Wendepunkt 135
Rudolf — Kronprinz und Rebell 104
Russische Geschichte — Von den Anfängen bis zur Gegenwart 45

Schicksal Südtirol 165
Sie bauten das Reich 58
Soliman der Prächtige 131
Sophie von Hatzfeldt 109
Stalin 106
Staufisches Land und staufische Welt im Übergang 57

Tausend Jahre Nachbarschaft 166

Venedig — Das tausendjährige Weltreich im Mittelmeer 34
Völker hört die Signale 68
Von den Tataren zu den Sowjets 29
Von Weimar bis zum Ende 150

Überfall? Der sowjetisch-deutsche Aufmarsch 78

Wachtmeister Peter mit und gegen Napoleon 67
Wallenstein 98
Warnung vor Preußen 161
Weimar — Selbstpreisgabe einer Demokratie 76
Welt- und Kulturgeschichte 15
Wilhelm II. 134
Wilhelm der Eroberer 55
Wurzeln des Antisemitismus 163
Zeitalter der Menschheit 13

Die Abbildung auf dem Umschlag zeigt das Attentat auf Napoleon am 25. Dezember 1800 um acht Uhr abends in der Rue St. Nicaise. Napoelon befand sich auf dem Weg zur Oper, als dicht bei seiner Kutsche eine Bombe explodierte; sein Leben verdankte er der Tapferkeit seiner Dienerschaft. Zeitgenössischer Stich (Sammlung Dr. Uwe K. Paschke).

Redaktionsschluß: 31. Juli 1982

Bei Bestellungen bedienen Sie sich bitte der diesem Katalog beigefügten Karte.

Preisänderungen bleiben vorbehalten

Edition historica
Das besondere geschichtliche Buch

Wolfgang Mayer
DER REBELL THOMAS COCHRANE
Seeheld, Radikaler, Revolutionär
1775 – 1860

360 Seiten, 17 Abbildungen, 21 x 15 cm, DM 34,–

Die Lebensbeschreibung Thomas Cochranes, überragender englischer Seefahrer und -held der Napoleonischen Kriege, Radikaler und Revolutionär, Befreier von Chile und Peru, zeigt, daß Geschichte der Phantasie eines Romanciers in nichts nachstehen muß. Dieses Buch holt diesen außergewöhnlichen Menschen wieder aus der Vergessenheit hervor.

Bernd Rill
DEUTSCHE UND POLEN
Die schwierige Nachbarschaft

240 Seiten, 20 Abbildungen, 21 x 15 cm, geb., mit farbigem Schutzumschlag, DM 36,80

Klare und allgemeinverständliche Zusammenfassung des Verhältnisses zwischen beiden Völkern in Geschichte und Gegenwart. Hochaktuell und zur Vervollständigung der politischen Bildung bestens geeignet. Verbindet Lesbarkeit und Objektivität mit präzis zusammengefaßter Information.

Bernd Rill
DIE INQUISITION UND IHRE KETZER

480 Seiten, über 40 Abbildungen, 21 x 15 cm, geb., mit farbigem Schutzumschlag, DM 48,–

Dieses Werk behandelt in einer farbigen historischen Darstellung das Phänomen der Inquisition vom Altertum bis zu Teilhard de Chardin und Küng – in seiner übergreifenden Gesamtschau, Allgemeinverständlichkeit und Unparteilichkeit einmalig auf dem aktuellen Büchermarkt.

IDEA Verlag
Postfach 1361 · 8039 Puchheim